武田康裕

日米同盟のコスト

自主防衛と自律の追求

Yasuhiro Takeda

Costs of the Japan-U.S. Alliance

AKISHOBO

日米同盟のコスト

自主防衛と自律の追求

装丁　國枝達也

第2章　トランプ政権の登場と日米同盟の行方

第3章　日本を取り巻く戦略環境

第4章　日米同盟の費用対効果

第5章　弾道ミサイル防衛

第6章　シーレーン防衛

第7章　島嶼防衛と在沖縄海兵隊の代替

序論

1　問題の所在

「誰かが日本を攻撃すれば、我々は直ちに赴いて第三次世界大戦を始めねばならない。だが、もし我々が攻撃されても、日本は我々を助ける必要がない。それはあまりに不公平じゃないか[1]」

これは、２０１５年12月30日、サウスカロライナ州ヒルトン・ヘッドで、ドナルド・トランプ（Donald Trump）候補（当時）が米国大統領選挙に向けて発した演説の一節である。以後、本選までの約1年間、日本が在日米軍の駐留経費を全額負担しない限り、在日米軍の撤退・縮小もありうると繰り返し表明されたのである。

これまでも、対日貿易赤字の是正と絡めて、米国が同盟の負担の分担を日本に迫ることはあった。しかし、米国の歴代政権が、日米同盟の片務性を理由に、在日米軍駐留経費の全額負担や在日米軍の撤退・縮小を公言することはなかった。政権発足から2年が経過し、4年任期の折り返し地点を過ぎた現在、トランプ大統領は高額な防衛装備品の購入を求めているものの、今のところ在日米軍駐留経費や防衛費の増額を明示的に迫ってはいない。

しかし、米国第一主義を掲げ、日本を含む同盟諸国に「応分の負担」を求めるトランプ政権の姿勢は一貫している。2018年7月の北大西洋条約機構（NATO）首脳会議では、国防費の対GDP（国内総生産）比を、欧州が共通目標とする2％から4％へと引き上げるよう迫った。[2] また、在韓米軍の駐留経費をめぐる米韓交渉は難航し、2018年末には米韓防衛費分担金協定が一旦失効してしまった。2018年3月に始まった交渉で、米国は現行水準の倍増を求めてきたといわれる。[3] 結局、2019年2月、これまでの年間8億ドルから10億ドルに引き上げることで両国は合意した。[4]

NATO加盟29か国の中で、国防費の対GDP比2％の目標を達成した国は、2014年で3か国、2018年でも7か国にすぎない。中でも、欧州最大の経済規模と駐留米軍を抱えるドイツでは、国防費の対GDP比は2018年度で1・23％にとどまった。[5] トランプ大統領は、メルケル（Angela Merkel）首相にあてた書簡で、「いくつかの国が集団防衛のための国防費を分担しない一方、米軍が海外で命を犠牲にすることを正当化するのは難しい」との持論を展開した。[6]

翻って、日本の防衛費の対GDP比は、2018年度で0・9％であった。2018年12月に閣議決定した防衛計画の大綱と中期防衛力整備計画は、5年間で過去最大となる27兆円超を計上した。最新鋭のステルス戦闘機F－35Bの導入や同機の艦載を可能にする護衛艦「いずも」の改修、弾道・巡航ミサイルを迎撃する「総合ミサイル防空能力」の整備、長射程ミサイルの整備などが盛り込まれた。その結果、実質的に維持されてきた防衛費の対ＧＤＰ比１％枠を突破し、１・３％に拡大する見通しである。また、防衛費の対ＧＤＰ比の計算方式に、軍人恩給費や国連平和維持活動（ＰＫＯ）分担金なども計上するＮＡＴＯ基準を採用したとしても、日本はドイツ並みの水準に達するにすぎない。２０１７年度に対ＧＤＰ比２・３％を達成している韓国には遠く及ばない。

こうしてトランプ政権の発足を機に過熱する日米同盟の経費分担問題に、日本はどのように対応したらよいのだろうか。つまり、本書の主要な課題は、日米同盟のコストを再考することにある。

政権発足前は在日米軍駐留経費の全額負担に言及し、政権発足後は防衛費の大幅な拡大を通じた「応分の負担」を求めるトランプ政権は、日米同盟の理解が不十分で、米国第一主義を猛進する特異な政権なのであろうか。仮にそうであれば、可能な範囲で米国の要求に応じ、嵐の過ぎるのを待てばよい、という受動的な対応で事足りることになる。おそらくは、現在防衛費の約10％を占める駐留米軍関係経費を最大でも20％に引き上げれば、在日米軍の駐留経費を全額日本が負担することになるだろう。[7] しかし、それは問題の本質に迫ることにはならない。

第１に、トランプ政権は、米国社会で進行する構造的変化の産物である。仮に総得票数ではヒラリー・クリントン（Hillary Clinton）候補が優っていたにせよ、米国の選挙制度の下で、大多数の有権者が選んだ結果であることは紛れもない事実である。特に保守とリベラルに分極化した党派対立が続く中で、今後も２０１６年大統領選挙と類似した政策論争が繰り返される可能性が高い。「ディール（取引）」に象徴される政策アプローチは、トランプ大統領の個性を強く反映したものであるかもしれない。しかし、同盟国に対する「応分の負担」は、民主・共和どちらの政権であろうとも、引き続き政策目標に掲げられることになろう。民主党のオバマ前大統領が、２０１３年にシリア空爆を中止した際、「米国は世界の警察官ではない」と言明した。同様に、2018年12月、シリアからの米軍撤退を発表したトランプ大統領は、「米国は、世界の警察官であり続けることはできない」と語った。米国の経済力の相対的な低下と膨らむ財政赤字が、もはや世界の警察官たる役割を許容しないからにほかならない。

ここから浮上する問題は、「世界の警察官」たる能力と意思を欠き、同盟国に「応分の負担」を求める米国が、果たして有事の際、信頼に足る同盟国として日本を支援してくれるのかどうかである。コミットメントの信頼性が揺らぎはじめると、応分の負担を、日米同盟への追加投資に充てるべきなのか、日本の自主防衛努力に充てるべきなのかという問題が発生する。言い換えれば、日本の安全保障水準を維持するため、同盟への依存と自主防衛のどちらに限られた資源を投入する方が費用対効果が高いのかという論点がここにある。

第2に、トランプ政権が提起した問題は、日米同盟の片務性に由来する米国だけの不満ではない。日米同盟の片務性は、日米双方に内在する不満の源泉でもある。米国は日本を守っているのに、日本は米国を守る必要がない、との発言に込められた不満は、民主党支持者であれ、共和党支持者であれ、大多数の米国民が共有する素朴な認識と一致する。たとえ、在日米軍基地の存在や思いやり予算（ホスト・ネーション・サポート）の実態を説明しようとも、それで日米同盟の片務性への不満が解消されるわけではない。実際、平和憲法の下で、集団的自衛権の行使に制約を抱える日本は、集団防衛に全面的に参加することができない。その点で、NATO諸国や韓国のように、集団防衛に参加しつつも、その貢献の度合いが不十分だとして批判されているのとは根本的に異なる。日米同盟は、そもそも相互防衛条約ではなく安全保障条約に基づく枠組みなのである。

他方で、日米同盟の片務性は、米国民の不満だけでなく、日本国民の不満の源泉でもある。どの国よりも手厚い在日米軍の駐留経費を払っているのに、なおかつどうして一方的に日本国内で米軍基地の提供をしなければならないのか、という不満である。当然のことながら、こうした不満は、米軍の施設・区域が集中する沖縄では特に強い。平和憲法の下で専守防衛に徹する日本が、米軍の拡大抑止（自国の抑止力を同盟国に振り向けること。核の傘及び通常戦力による抑止がある）に頼らざるをえない現実があるとしても、日本国民にとって、在日米軍基地の存在は日米同盟の片務性そのものなのである。それだけに、在日米軍駐留経費や防衛予算を拡大するに際しては、米国民だけでなく、日本国民の不満にも向き合う必要がある。つまり、米国からの「応分の負担」要求に応える際、同盟を通じた安全を確保すると同時に、日本の自律性をどのように回復できるのかを検討することが重要であろう。

2　本書の目的

以上の問題の所在から浮かび上がるキーワードは、安全、自主、自律である。ちなみに、自主（self-reliance）とは、自らの足で立脚することを指し、自主防衛とは他国に頼らず独自の防衛力によって自国を守ることを意味する。他方で、自律（autonomy）とは、他者の命令や意向に従うことなく自身の方向を自分で決めることを指す。対米自律とは、米国に影響されることなく日本が独自に意思決定することを意味する。

本書の第1の目的は、一定の安全保障水準を確保する上で、最適な同盟と自主防衛のバランスを模索することにある。つまり、日米同盟と「自主」防衛の間でどのようにコストを配分すべきかを解明することにある。この問いの前提は、日本にとって、同盟と自主防衛は二者択一の問題ではなく、両者は相互補完的なバランスの問題として位置づけられる点にある。第1章で詳述するように、戦後日本の国際社会への復帰は、1947年の平和憲法の施行と1951年のサンフランシスコ講和条約の締結を経て実現した。片面講和となった講和条約と日米安保条約が不可分一体であった以上、平和憲法に基づく専守防衛と集団的自衛権の制約は、日米同盟とセットになることで日本に安全を保障してきた。したがって、日本が平和憲法を堅持する限り、日米同盟の解体はありえない政策オプションである。日本が直面する現実的な課題は、日本の安全保障水準を一定に維持しつつ、どの程度のコストをかければ自衛隊が在日米軍の提供する拡大抑止機能の代替が可能になるかを算定することである。

　第2の目的は、現行の安全保障水準を下げることなく、日本の自律性を高めるには、どの程度の自主防衛コストが必要になるのかを算定することである。J・モローの「同盟のジレンマ」によれば、同盟における安全と自律はトレード・オフ（二律背反）の関係にある。[8] つまり、安全を享受すればするほど、自律性を犠牲にせざるをえない。逆に、自律性を高めるほど、安全を犠牲にせざるをえない。こうしたトレードオフの関係は、日米同盟でも例外ではない。そこで、完全な自律を求めて日米同盟を解体するのではなく、ある程度の自律性を回復することで低下が予想される安全保障水準を、どの程度の自主防衛コストで補完することが可能かを算定することである。言い換えれば、在日米軍駐留経費の負担を増大することなく、在日米軍基地の負担を軽減した分を、自衛隊が肩代わりするといかほどのコストがかかるのかを算定することである。

　要は、日米同盟が提供する安全保障水準を、自主と自律の回復によって実現させるコストを分析することである。いってみれば、本書の目的は、同盟のコスト分析を手掛かりに、安全、自主、自律からなる連立方程式を解くことにある。

3　分析の方法

同盟のコストを、経費の分担と任務の分担からなる防衛コストと、主権の制約と駐留経費からなる自律性コストに区分した。米国防省が計上する在日米軍の作戦維持経費は米国の防衛コストの経費の分担に相当し、防衛省が計上する駐留米軍関係経費が日本の自律性コストの駐留経費に相当する。現行の日米間の経費分担の実態を、米国の防衛コストと日本の自律性コストとの対比で考察する。

日本の自律性コストを主権の制約を取り除くことで軽減する施策として、在日米軍が分担する任務を自衛隊へ移転するか、在日米軍基地の日米の共同使用が考えられる。具体的には、在日米軍基地の提供を通じて日本が享受してきた米国の拡大抑止機能を、弾道ミサイル防衛、シーレーン防衛、島嶼防衛の3つに区分した。弾道ミサイル防衛に関しては、ミサイルの探知・追尾能力から敵基地攻撃能力、ミサイル迎撃能力、国民保護に至る4段階の能力を想定した。シーレーン防衛に関しては、米海軍の編成を基準としつつ、正規空母と軽空母による2つの機動部隊のシナリオを想定した。島嶼防衛に関しては、在沖縄米軍施設・区域の共同使用と水陸機動団の即応態勢を、米海兵隊の編成を基準に想定した。それぞれのシナリオに必要なコストは、研究開発から調達、そして維持管理から廃棄に至るライフサイクルコストを耐久年数で割った年次経費に換算することで、現行の防衛予算との対比や対GDP比の計算を容易にした。

なお、ライフサイクルコストの見積もりには、米国防省の『選択的取得報告書（Selected Acquisition

Report)』と『兵器体系別のプログラム取得コスト（Program Acquisition Cost by Weapon System)』、米国会計検査院（General Accounting Office: GAO）[9]の各種報告書、防衛装備庁の『ライフサイクルコスト管理年次報告書』を利用した。円とドルの換算は、米国防省が採用している年次為替レートを適宜使用し、可能な限り本文中で明記することにした。

4　本書の構成

本書は7章で構成される。第1章では、同盟のコストとリスクを分析するための方法論を考察した後、旧安保条約以降の同盟のコストを、国際環境の変化と日本が直面したリスク（見捨てられと巻き込まれ）に応じて、日本の防衛コストと自律性コストがどのように推移してきたのかを通じて概観した。第2章では、トランプ政権登場の背景と特徴を考察した上で、米国の対日政策を対中・対北朝鮮政策と対比しつつ概観し、防衛負担の拡大要求と拡大抑止の信頼性について分析した。第3章では、日本を取り巻く戦略環境の変化を、中国の台頭、日本の領土問題、北朝鮮の脅威に対する日米同盟の対応という観点から考察した。第4章では、日米同盟の費用対効果について、日米双方の視点から確認した後、日米間の経費分担の実態を分析した。第5章から第7章は、在日米軍及びインド太平洋軍に代わって、弾道ミサイル防衛能力、シーレーン防衛能力、島嶼防衛能力を自衛隊が拡大するのに必要なコストを算定した。結論では、日本が自主防衛と自律を追求するのに必要な同盟コストを再考した。

1 < https://apnews.com/5d6782e61a5342f993a88400f07592b4 >

2 日本経済新聞、２０１８年７月３日。

3 日本経済新聞、２０１９年１月１日。

4 < https://www3.nhk.or.jp/news/html/20190205/k10011804421000.html >

5 日本経済新聞、２０１９年３月20日。

6 日本経済新聞、２０１８年７月８日。

7 詳細は、第４章第４節を参照。

8 James D. Morrow, "Arms versus Allies: Trade-offs in the Search for Security," *International Organization*, Vol.47, No.2, Spring 1993, p.208.

9 ２００４年以降、政府説明責任局（Goverment Accountability Office: GAO）に改称。

第1章　同盟のコストとリスク

第1節　同盟のジレンマ

1　同盟とは何か

国家の生存や国民の生命・財産を守ることが、重要な政策課題であることはいうまでもない。しかし、安全保障が他の価値を犠牲にしても獲得すべき絶対的かつ唯一至高の価値だとすれば、コストを度外視しても確保せねばならないことになる。しかし、絶対的な安全の追求は不可能であるばかりか、逆効果でもある。なぜなら、どんなに安全を強化しても、完全に不安を払拭することはできない。また、自国の安全強化が他国の不安と対抗措置を招き、結局自国の不安全を導く「安全保障のジレンマ」からは脱却できないからである。

また、安全保障は唯一至高の価値でもない。たとえば、人間の生存にとって水は不可欠であるが、水だけで生き抜くことはできないからだ。生きるためには、最低限の空気や食料も必要である。同様に、領土や国民の命を守るだけでなく、国家の自決権や経済、国民の生活様式も守らねばならない。何より、国家が保有する資源は有限である以上、安全保障だけに全資源を投入することは許されない。軍事への過剰投資によって経済を破綻させることも、福祉への過剰投資によって安全を損なうこともあってはならない。

つまり、安全保障とは相対的な価値であり、他の価値との二律背反（トレードオフ）の関係にあることを考慮した効率的な資源配分が求められる。いわゆる「大砲かバターか」という古典的命題である。要は費用対効果の問題であるとすれば、安全と安全以外の価値の獲得に、予算という限られた資源をどのように配分するかが問われるのと同様に、安全という一定の価値を、どのような方法でどの程度の資源を投入して獲得するかが問われることになる。

世界政府が不在（アナーキー）の国際体系において、国家の安全を保障してくれる政府も大国もいない。したがって、国家は自助によって安全を確保せざるをえない。つまり、国家安全保障の基本は自主防衛である。しかし、国家がすべての脅威に独力で対処できないのもまた現実である。冷戦後唯一の軍事超大国となった米国でさえ、単独で自国の安全を保障できないことは、２００１年9月11日に発生した米国同時多発テロが端的に示す通りである。単独では対処できない脅威に直面した場合、国家は他国と協力して安全を追求することになる。同盟（alliance）とは、こうした安全保障協力の一種で、「特定の状況下における構成国以外の国に対する軍事力の行使（または不行使）のための諸国家間の公式の結び付き」（G・スナイダー）と定義される。[1]

第1に、同盟は、将来の特定の状況における特定の行動を明示的に定めている点で、暗黙の期待と共通の利益に基づく非公式な協力にすぎない「連携（alignment）」とは区別される。日米同盟や米韓同盟は、条約に基づく正真正銘の同盟であるが、日本と戦略的パートナーであるオーストラリア、インド、韓国との協力枠組みは、「連携」にすぎない。同盟は明文化された公式の約束である以上、連携と比べて締約国の協力を確実に得られる可能性が高い。その一方で、締約国の求めに応じて協力を提供する義務も強くなる。したがって、日本の防衛に駆け付けた米軍が攻撃を受けている際に、日本が米軍への援護を怠るようなことが起きたなら、その時点で同盟は破綻することになる。

日本が20世紀以降に結んだ同盟は10件存在するが[2]、日米同盟はその持続性において突出している。日英同盟が、１９０２年から１９２３年まで約20年間続いたのに対し、日米同盟は１９６０年の改定から数えてもすでに半世紀以上も存続し続けている。条約義務違反により、日本が有効期限の満了を待たずして同盟を破棄したことはなく、その点で「同盟に対してはきわめて『律儀』であった」との指摘もある[3]。

第2に、同盟の各締約国は、他の締約国への軍事支援を約束する点で、援助義務規定がなく、危機発生時の調整や協議を定めただけの協商（entente）とは異なる。また、同盟は、相互不可侵に加えて、一方が第三国の攻撃対象になった場合の他方の不介入を定めた中立条約とも異なる。したがって、有事を想定した協力を期待するのであれば、協商よりも同盟でなくてはならない。日露戦争後の１９０７年～１６年までの間、日本は4次にわたる日露協商を締結した。そのうち、1次から3次は東アジアにおける双方の勢力圏と権益を認め合う協商であったが、第４次協商は秘密相互軍事援助を締結した点で、実質的には同盟であった。

第3に、「構成国以外の国に対する軍事力の行使（または不行使）」である点で、脅威を内部化する国連の集団安全保障や、軍事力の行使を想定しない欧州安全保障協力機構（ＯＳＣＥ）のような協調的安全保障の枠組みとも区別される。言い換えれば、同盟は、仮想敵と称されるような特定の共通の敵に軍事的に対処する枠組みであるのに対し、国連の集団的安全保障は不特定の国家による憲章違反行為が国際社会の脅威と認定されてはじめて対処する枠組みである。したがって、厳しい安全保障環境下にある国家が、確実に自国の安全を確保したいのであれば同盟の方が頼りになる。また、軍事的対応を想定しない協調的安全保障は、意図せざる偶発的な軍事衝突を予防することはできるかもしれないが、修正主義国家による意図的な現状変更を抑止し、抑止に失敗した場合に対処できる枠組みは同盟である。

2　同盟のリスクと自主防衛

共同防衛を公約することで、同盟は潜在的脅威国による攻撃を抑止し、抑止に失敗した場合には共同行動によって安全を提供する。さらに、同盟国同士を相互に拘束することで、協力をより確実なものにする効果も期待できる。とはいえ、同盟が、安全保障協力に伴う不確実性を完全に排除できるわけではない。そこには常に同盟国の信頼性と約束不履行のリスクが問題となる。

事実、1816年から1989年までに解体された304件の同盟のうち、34％に当たる105件が、条約義務違反によって有効期限の満了を待たずして破棄されている。それは、同盟が結成当初の目標を達成し、同盟の効用が低下して不要となり、条約期限の満了と共に廃棄された場合（15％）や、締約国の一方が、敗戦、併合、分割、革命などによって当事者能力を喪失して同盟が消滅した場合（11％）を凌駕している[4]。つまり、過去の事例の中で、条約義務違反は同盟解体の最大の原因であったのである。

日米安保条約は、相互に相手の領土を守り合う相互防衛条約ではないが、米国が日本の領土を、日本が在日米軍とその基地を防衛する同盟条約である。ただし、日本への武力攻撃に対しては「共通の危機に対処するよう行動する」が、「自国の憲法上の手続きにしたがって」という留保が付いている。また、いかなる事態にいかなる共同軍事行動を採るのかは曖昧である。つまり、同盟が信頼可能な約束事として応急時に機能するかは必ずしも自明ではない。

国家が深刻な対外的脅威に直面した際、自前の軍備を増強（自主防衛）するか、同盟に依存するかの選択肢が存在する。経済コストだけに限定すれば、国内資源の一部を節約できる同盟の方が、一見安上がりに見える。しかし、同盟を選択した場合のリスクとその機会費用（ある選択をすることによって失われる他の選択可能なもののうちの最大価値をいう）を考慮した場合、一概に自主防衛より同盟の方が低コストとはいえない。

自主防衛は、所要の安全確保に時間がかかり、資源の再配分をめぐる困難な国内調整を覚悟せねばならないが、他国の意思に左右されることなく安全を着実に強化できる。他方、同盟は早急に所要の安全を確保できるが、他国との利害調整が必要になる。何よりも、他国の支援には常に不確実性が付きまとう[5]。つまり、自主防衛は資源の犠牲なくして安全を確保できず、同盟は自律性の犠牲なしには安全を得られない。

この「同盟のジレンマ」と呼ばれる安全と自律性とのトレードオフは、自主防衛にはないリスクを発生させる。一方で、自律性を確保するために同盟への依存を弱めれば「**見捨てられ**」リスクを高め、反対に同盟への依存を強めれば「**巻き込まれ**」リスクを高める。「見捨てられ」リスクを減らそうとすれば、「巻き込まれ」リスクが増えるという意味で両者は二律背反の関係にある。どちらも安全保障水準の低下を招くが、全体の安全保障水準を最適に維持するには、双方のリスクのバランスを維持しなければならない。

力の非対称な同盟において、こうした「同盟のジレンマ」に直面するのは小国の側である。なぜなら、高い安全と高い自律性をもつ大国と、低い安全と高い自律性をもつ小国が同盟を組もうとすれば、自律性を犠牲にしても安全を確保する必要性が高いのは小国の側であるからだ[6]。

日米同盟の基礎は、「物と人との協力」といわれる。米国が前方展開部隊による安全を提供する一方で、日本は駐留米軍に基地の使用を認めて自律性を犠牲にする構図である。漸進的な再軍備、集団的自衛権の不行使（のちに一部行使）、事前協議制などは、「巻き込まれ」リスクへの対応であり、「思いやり予算」、インド洋での海上自衛隊による給油活動、陸上自衛隊のイラク派遣などは「見捨てられ」リスクへの対応である。こうしたリスク対応は、同盟を維持し運用するコストを左右する要因であろう。

第2節　同盟の効用

同盟の効用は、その便益とコストの関係によって決まる。便益がコストを上回れば同盟は維持され、コストが便益を上回れば同盟は解体されやすくなる。ただし、特定の同盟が継続に値するかどうかの判定は、単に費用対効果がプラスであるかだけでなく、他のパートナーとの同盟という選択肢と比べた場合の費用対効果との相違が問題となる。つまり相対的な費用対効果に着目した比較効用こそが決め手となる。戦後一貫して日米同盟が日本の外交・安全保障上の基軸であり続けたのは、日米同盟が他の選択肢と比して圧倒的に比較効用が大きかったからにほかならない。ただし、仮に日米同盟が基軸であるとしても、同盟と自主防衛との比較効用について不断の検討が求められる。そこで、同盟の便益とコストの算定方法を確認しておこう。

1　同盟の便益

同盟が提供する主要な便益とは、①共同防衛（安全保障）、②同盟相手の拘束（政治外交）、③国内資源の節約（経済）の3つである。[7]

第1に、同盟は相互に力を結集することで、潜在的な脅威に対する抑止と対処をより効果的なものとし、安全を強化する。その際、共同防衛に必要なコストをどのように同盟国間で分担するのかが問題となる。特に、同盟を組む国家間に力の格差がある場合、小国の側に過小負担や「ただ乗り」問題が発生しやすい。なぜなら、同盟が提供する安全と平和は、非排他性（すべての締約国に便益が行き渡る）と非競合性（各締約国が受ける便益が変化しない）を有するある種の公共財（厳密には同盟国だけが共有するクラブ財）であるからだ。[8]

日米同盟は、集団的自衛権に基づく対等のパートナーの関係ではない。米国は日本の領土を守る義務を負うが、日本は施政下にある在日米軍とその基地を守るだけで米国本土に対する防衛義務を負わない。日本は、憲法上の制約から、個別的自衛権の行使と専守防衛に限定した防衛戦略を採ってきた。1980年以降、防衛費を国民総生産（GNP）の1％前後に抑える方針を継続し、最低限の防衛力整備に努めてきた。同盟が提供する安全保障に見合った防衛コストを負担しない日本に対し、米国はしばしば「安保ただ乗り」批判を展開した。トランプ政権がNATO加盟諸国に対して、防衛予算の対GDP比を2％以上に引き上げるよう要求するのも、同じ文脈からである。財政赤字の増大によって米国にとって共同防衛の経費負担が重荷になると、同盟国に対して防衛コストの負担増の圧力がかかることになる。

それでは、単独でも高い水準の安全を享受できる大国が、防衛コストを過剰に負担してまで同盟を維持・形成する理由は何なのか。ここに同盟が提供する第2の便益として、大国の小国に対する政治的コントロールがある。大国は、安全を提供する見返りとして同盟関係における影響力を確保する一方で、小国は、安全を供与される代償として、行動の自由が制約され、主権国家としての自律性の低下を甘受せざるをえない。

米国にとって、日米同盟は、第二次世界大戦後の日本が、独自外交と自主防衛路線に走ることを阻止し、西側陣営に日本を編入することを可能にした。他方で、日本は、在日米軍基地の利用を日本本土の防衛に限定せず、極東の安全のためにも使用する許可を米軍に与えた。さらに、在日米軍駐留経費に関して、日米地位協定が定めた施設及び区域の借地料に加え、日本は「思いやり予算」で基地従業員の労務費や施設整備費を負担してきた。

第3に、同盟は、自前の軍備増強に必要な国内資源を節約し、その余剰資源を経済的福利へ再配分することを可能にする。同盟は、軍備に必要な財政負担を軽減するだけでなく、資本や労働力を民生部門に投下することで国民経済の健全な成長を促すことになる。[9] 加えて、同盟は、締約国間の貿易、投資、技術移転などを促進し、広範な経済的便益を提供する。

戦後復興を優先するため、軽軍備に徹することで国家資源を経済再建に優先的に配分しつつ、日米同盟による安全保障を目指した「吉田路線」は、年平均11%以上という1960年代の高度経済成長を実現した。実際、冷戦初期の日本の漸進的な再軍備過程は、米国の対日軍事援助に支えられた。また、日米安保条約の第2条は、「国際経済政策におけるくい違いを除くことに努め、また、両国の間の経済的協力を促進する」と規定した「経済条項」を付加した。米国にとっては、日本と太平洋地域の安定と発展を促進することで、日本を西側陣営に組み込む意図があったが、日本にとっては米国から経済援助を引き出し、米国の後ろ盾によってＩＭＦ・ＧＡＴＴ自由貿易体制への参入を果たした。こうした経済的便益は、日米同

図表1-1　同盟のコスト

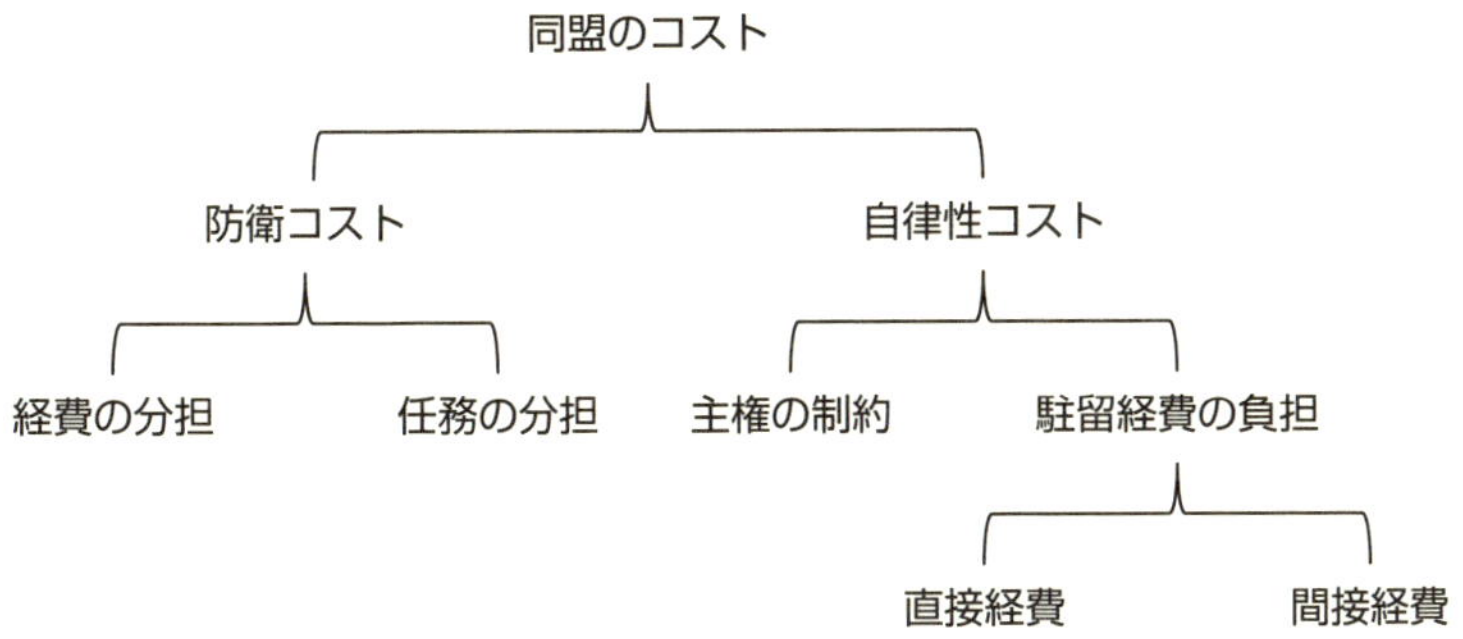

盟が提供する副次的効用ではあるが、同盟から自主防衛に比重を移す場合に発生しうる機会費用となることに留意しなくてはならない。

2　同盟のコスト

同盟のコストには、共同防衛という軍事的貢献に伴う「防衛コスト」と、防衛協力を得る見返りに行動の自由を制約する「自律性コスト」がある（図表1－1参照）。

防衛コストはさらに、「経費の分担（cost-sharing）」と「任務の分担（burden-sharing）」に区分される。経費の分担とは、金銭的な負担を指し、人件・糧食費、維持費、装備品等購入費、基地対策経費、施設整備費、研究開発費などで構成される軍事支出である。他方で、任務の分担とは、物や人による機能的な負担を指し、平時と有事を問わず様々な軍事プレゼンスとなって表れる。

自律性コストの方は、主権の制約と駐留経費の負担に区分される。同盟は、有事に際して部隊を相互に拠出し、装備や武器弾薬等を融通し合うなどの協力行動が期待される。また、平時においては、双方の基地を訪問し、一時的に使用するだけでなく、相手国の領内に基地・施設を設けて常駐することもある。協力行動を採るということは、相手の行動や選好に自国の選好や行動を合わせることである以上、そもそも協力には自律性の制約が伴う。ましてや、自国の領土内で外国による基地・施設の管理と使用を認め、受け入れ国の裁判管轄権が及ばない特権を付与することは、主権の著しい制約であり自律性コスト以外の何物でもない。

米比同盟のように、米国がフィリピンに対して基地使用に対する代価や補償を支払えば、自律性コストは幾分軽減されることになる。しかし、日米同盟のように、基地の維持運営経費を接受国側が負担する場合、自律性コストはさらに拡大する。こうした駐留経費の負担は、基地を利用する土地賃料や基地周辺の環境対策、地方交付金として国から地方自治体に対する基地誘致の補助金などが間接経費として発生する。さらには、駐留軍の維持・運営を支える光熱費や基地労働者の給与、基地・施設の補修・点検といった直接経費に及ぶこともある。いわゆる接受国支援（ホスト・ネーション・サポート）である。

日米同盟に即して、防衛コストと自律性コストに該当する具体的な項目を考察しておこう。

はじめに、防衛コストにおける広義の「経費の分担」は、日米双方の防衛予算が相当する。防衛予算の拡大に応じて日本の防衛力が増強されれば、それは日本を支援する米国の負担軽減に資することになる。同様に、国防予算に応じて米国の軍事力が強化されれば、日本に対する脅威を抑止することにもなる。したがって、トランプ大統領が、米国の国防費の対ＧＤＰ比と比べて、ＧＤＰ比１％前後で推移してきた日本の防衛費を不公平と嘆くのには一理ある。ただし、防衛予算は、同盟の経費であると同時に、自主防衛の経費でもある。このように、広義の経費は、同盟の経費と自主防衛の経費とを厳密に峻別できないところに、算定の難しさがある。しかも、狭義の経費に限定して比較しても、両国の格差は歴然である。なぜなら、日本が日米安保条約第６条で想定された事態（極東における国際の平和及び安全の維持）に協力する防衛経費はほぼゼロであるのに対し、日米安保条約第５条（日本国の施政の下にある領域に対する武力攻撃への対処）の協力として、米国は在日米軍の人件費、作戦維持費、軍事建設費、家族用住宅の建設及び整備費などからなる海外経費を負担する。その額は、米国防省が毎年発行する報告書『維持作戦概観（Operation and Maintenance Overview）』に基づいて算定することが可能で、第４章第２節で詳述するように、国防予算全体の約１％弱が充てられている。

防衛コストにおける「任務の分担」は、人的資源と装備に相当する。米国は、日本及びインド太平洋地域における軍事プレゼンスを維持するため、５万人前後の在日米軍及びインド太平洋軍に属する部隊が、三沢と嘉手納を拠点とする戦術空軍、横須賀と佐世保を母港とする海軍、沖縄に駐留する海兵隊に分散して活動する。他方で、平和安保法制の制定によって集団的自衛権の一部が行使可能になるまで、自衛隊が日本の領土防衛を超えた米軍との防衛協力に資源を供出することはなかった。それは、１、０００海里以内のシーレーン防衛であったり、共同演習や共同訓練、及び国連平和部隊及び多国籍軍の枠組みでの協力にとどまった。ただし、今後は、米軍の防護など、日米安全保障条約第６条事態での任務の分担を拡充する余地は拡大した。

反対に、自律性コストの方は、専ら日本だけに発生するコストである。在日米軍基地による日本の主権の制約の程度は、在日米軍が使用する施設の件数と土地面積から量的に確認することはできるが、これを経費として正確に換算するのは容易ではない。また、米軍横田基地が管轄する空域の存在や在日米軍兵士への裁判管轄権の制約なども、同様である。駐留経費の方は、在日米軍関係経費として計上されるもので、在日米軍の駐留を維持するための自律性コストと、米軍再編経費のように主権の制約を改善するためのコストを含む。また、地位協定に基づく施設賃料や周辺対策費のような間接経費と、特別協定に基づく労務費、光熱費のような直接経費に分けられる。本論を先取りして指摘すれば、米国が国防予算の１％弱を在日米軍の運用経費に支出しているのに対し、日本は防衛予算の約10％を在日米軍関係経費に充てている現実がそこにはある。

3　便益とコストの関係

防衛コストと自律性コストの配分は、各国の安全保障政策によって決まるものである。ただし、非対称な同盟関係において、防衛コストを負担するのは大国、自律性コストを負担するのが小国という構図が浮上する。防衛コストに関しては、国力に比例して大国の方が小国よりも過大負担することになる。他方で、自律性コストに関しては、大国による防衛協力の代償として主権の制約や基地使用の便宜の提供が小国の側に発生する。また、大国には巻き込まれのリスクは発生しても、見捨てられのリスクは発生しない。他方で、小国の方は、見捨てられのリスクだけでなく、巻き込まれのリスクも発生する可能性がある。米国が防衛コストを過大負担し、日本が自律性コストを過大負担する点で、日米同盟も非対称な同盟のコスト分担を共有している。

ただし、各コストの負担の態様に関して、日米同盟の特殊性が見て取れる。一般に、力の非対称な同盟関係において、小国の側はどちらかといえば、経費の分担よりも任務の分担に傾斜する傾向がある。財政を圧迫する経費の分担よりも、そうした影響を抑えつつ、部隊の練度や即応性の維持・向上にも資する任務の分担を優先する方が合理的であるからである。同盟とは異なる文脈ではあるが、国連平和維持活動に対し、多くの発展途上国は、予算分担金を拠出する代わりに部隊の提供を選択するのは、同様の論理からであろう。しかし、平和憲法の下で専守防衛に徹し、集団的自衛権の行使を自制してきた日本は、任務の分担という形で防衛コストを担うことは困難であった。

図表1-2　非対称なコスト分担

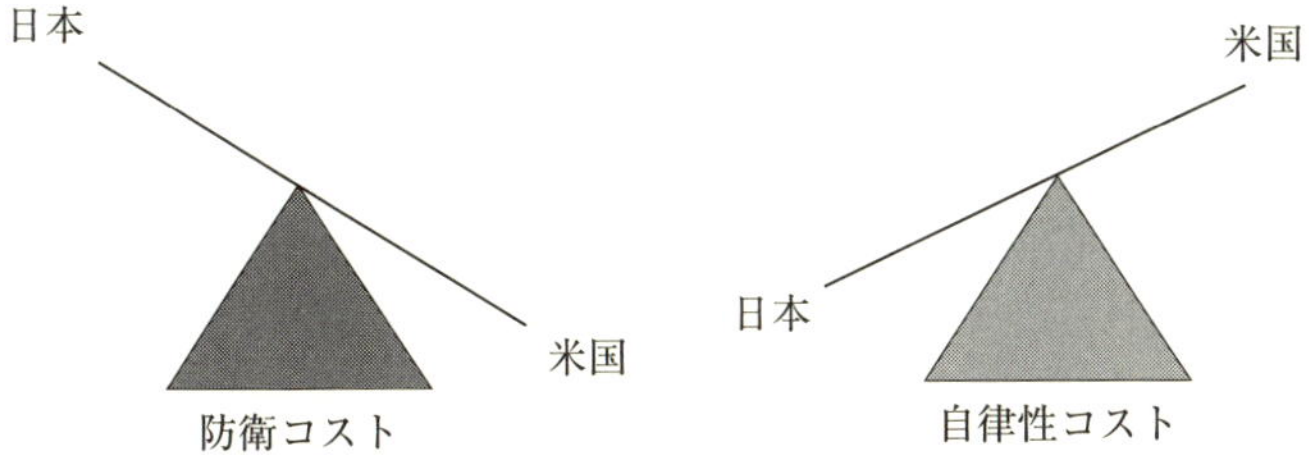

自律性コストに関しては、主権の制約か駐留経費の負担のどちらかを選択するものであり、両方を負担する場合は稀であろう。領土内に基地や施設を提供すること自体が、主権の制約である。それに対する対価を受けるのではなく、さらに駐留経費を追加で負担することは滅多にない。その点で、日本の自律性コストの負担の実態は、通常の同盟関係とは異なるものといえよう。しかも、在日米軍基地は、日本の防衛だけでなく、米軍がアジア太平洋地域に展開する上でも有用であり、米国に安全保障上の便益を提供することになっている。任務の分担という形で防衛コストの分担が困難な日本は、主権の制約と駐留経費の負担を共に甘受することで、大きな自律性コストを負担することになったのである。

日米同盟における便益とコストの関係を単純化すれば、日本は防衛コストを過小負担した分、多大な自律性コストを支払って安全保障と経済上の便益を享受してきた。他方で、米国は防衛コストを過大負担して、安全保障と政治・外交上の便益を享受してきた構図が見て取れる（図表1－2参照）。

米国防総省の2004年度版『共同防衛に対する同盟国の貢献度』によれば、米軍駐留経費負担で日本の負担額は44億1，000万ドルで27か国中第1位、同盟国全体の53％を占めた。その一方で、国内総生産（GDP）に占める防衛費は26位、陸海空の戦闘能力では25位、21位、26位といずれも下位に位置づけられた[10]。つまり、防衛コストの過小負担を自律性コストの過大負担で補う構造は、冷戦後も大きく変化していないことがわかる。２００４年以降の日米間のコスト分担は、第４章で詳述する。

第３節　防衛装備の調達方法とライフサイクルコスト

前節で示した非対称なコスト分担を、防衛コストを増大し、自律性コストを軽減する形で日本が変更しようとする場合、米軍が担ってきた「任務の分担」を日本が肩代わりするのに必要な経費を、どのように算定すればよいのであろうか。本節では、装備の調達方法を整理した後、ライフサイクルコストという算定方法を採用することとする。

１　防衛装備の調達方法

防衛コストと自律性コストは、防衛装備の調達方法に大きく左右される。一般に、防衛装備の調達方法は、①輸入調達、②国内調達（国産）、③ライセンス生産に区別される。

輸入調達は取得単価が低く、調達に要する時間も短い反面、整備や修理の経費は高く、本体や部品の安定供給に不安が残る。他方で、②国内調達（国産）は、取得単価が高く、開発から納入までに時間がかかるものの、安定した供給と維持費の抑制が期待できる。輸入調達と国産の中間に位置する③ライセンス生産の場合、取得単価が高い点では国産と変わりないが、国産よりも維持費は割高となるものの、調達時間は短いという違いがある。こうした特徴から、防衛コストを低く抑えるには輸入調達が最適で、ライセンス生産、そして国産の順に高くなる。反対に、自律性コストを低く抑えるには国産が最適で、ライセンス生産、輸入調達の順に高くなる。いかなる調達方法であれ、防衛装備の調達は防衛コストを発生させる。ただし、ライフサイクルのすべてを日本が独自に管理できる国産は自律性コストを発生させないが、ライセンス生産や輸入調達は、技術移転や販売の決定で米国の影響を受ける以上、自律性コストの発生を回避できない。

日本の防衛調達の特徴は、国産の比率が高い点にある。民生分野で世界有数の技術力を誇る優れた防衛産業の存在が、高い国産比率を支えてきたとはいえ、武器輸出三原則の下での販路の制約を考えるとやや意外でもある。２００７年の実績ベースで、調達総額約2兆円のうち、国内調達は約1兆3、０００億円で全体の65％を占めたが、ライセンス生産は約5、０００億円（25％）、輸入調達は約2、０００億円（10％）にとどまった。事実、自衛隊の主要装備品のうち、戦車や護衛艦は国産、戦闘機はライセンス生産によってその大半が調達されている。また、防衛予算に占める武器輸入の比率は、２００５～０７年の3年間平均で０・97％にすぎず、韓国の5・63％、台湾の5・53％、オーストラリア（3・36％）などの国々より低く抑えられている。[11] こうした国産への依存率の高さは、日米同盟の枠組みを維持しつつも、日本が自主防衛と自律の確保に努力してきた証といえよう。

しかし、自衛隊が保有する最新鋭の装備や防衛システムは、米国からの輸入なしには運用が難しいのが実情である。米国製兵器に頼らざるをえない背景には、日本には兵器の実験や実弾訓練の場が乏しいという現実がある。事実、日本は、サウジアラビア、イスラエル、エジプト、台湾に次ぐ世界第5位の米国製兵器の購入国で、その額は２００７～１０年の対外有償軍事援助（Foreign Military Sales：ＦＭＳ）累積額で約28億ドル（1ドル１００円で換算して約2、８００億円）規模に達している。[12] たとえば、ミサイル搭載護衛艦の船体は国産であっても、それに搭載するイージス兵器システムやスタンダードミサイル３（ＳＭ３）は米国からの輸入品である。また、当初輸入していた弾道ミサイル迎撃用のペトリオットＰＡＣ－３は、ライセンス生産である。準国産のＦ２支援戦闘機にしても、それに搭載される空対地爆弾用精密誘導装置（ＪＤＡＭ）は輸入調達されている。その上、日本の弾道ミサイル防衛は、国産の地上配備型レーダー（ＦＰＳ－５）や自動警戒管制システム（ＪＡＤＧＥ）を配備しても、ミサイル発射時の熱源を赤外線センサーなどで探知する米国の早期警戒衛星がなければシステムとしては有効に稼働しない。

つまり、自主防衛に踏み切ったとしても、費用対効果の観点から日本が最適な調達方法を自由に選択できるわけではなく、予算さえ積めば必要な装備品が確実に調達できるわけでもない。日本が米国の同盟国であるがゆえに装備品等の調達が可能になっているが、一方で、調達の選択肢はかなり制約を受けていることになる。

日本が米国から装備品等を輸入調達する方法には、主にＦＭＳと直接商業売却（Direct Commercial Sales：ＤＣＳ）の２通りがある。ＦＭＳは、政府間で売買される同盟国と友好国への有償軍事援助で、ＤＣＳは民間の防衛企業から直接調達する商業取引である。

どちらも武器輸出管理法（ＡＥＣＡ）と国際武器取引規則（ＩＴＡＲ）に基づいて、米国政府が売却の適格性を審査し、高額な武器及び武器関連技術の場合には議会の承認が必要となる。日本の次期戦闘機の有力候補だったＦ22ラプターを、最先端技術の流出が米国の安全保障上の利益を損ねるとの立場から、米下院歳出委員会が禁輸継続を決定したのは記憶に新しい。

この武器輸出管理法において、日本は、同盟国として北大西洋条約機構（ＮＡＴＯ）諸国、オーストラリア、ニュージーランドと共に適格条件の緩和や迅速な審査手続きといった優遇措置が採られている[13]。日本の自主防衛が米国の安全保障政策や地域の平和と安定に貢献しないと判断された場合には、米国製兵器の輸入機会を得られないことも考えられる。

また、２００５年以降、日米同盟は、共通の戦略目標を実現するため、米軍と自衛隊が装備の相互運用性を高めつつ、統合的運用に向けて動き出している。その結果、共同作戦の費用対効果は向上する一方で、自衛隊の米軍への依存は今まで以上に深まることになった。特に、高度なコンピュータ・システムによって制御される各種装備は、米軍と情報を共有することによって機能している。

以上の点から、自律性コストの軽減には国内調達が最も適切ではあるが、安全保障の水準を落とすことなく、時間をかけずに防衛コストの増大を試みるには、可能な限りライセンス生産と輸入調達を組み合わせて行くのが現実的な選択肢ということになろう。

2　ライフサイクルコスト

さて、本書の課題は、日米同盟の枠組みの中で一定の安全保障水準を維持しつつ、自主防衛と自律を共に高めるには、どの程度の防衛費が必要になるのかを試算することにある。特に、費用を正確に算定し、現行の年次防衛予算との対比で必要な装備を選定するには、ライフサイクルコスト（ＬＣＣ）を運用期間で割った年次経費という数値が有効である。

ライフサイクルコストとは、防衛装備品の調達単価だけに注目するのではなく、その構想から、研究・開発、量産、運用・維持、そして廃棄に至るすべての過程に必要な総経費を考えるものである。ある装備品の単価に関して、構想、研究・開発から量産段階までの「調達経費」は高いものの、その後の運用・維持から廃棄までの「運用経費」は安くなるということもある。また、量産の規模が小さければ、ライフサイクルコストは安くなっても、調達単価は割高にならざるをえない。また、ライフサイクルコストは同じでも、運用期間の長い装備品の方が短い装備品と比べて、年次単価は安くなる。

防衛省装備施設本部（現防衛装備庁）が２０１０年度からＬＣＣ管理を開始した13件の装備品に関しては、本書は防衛省による経費見積りを採用することとする。それ以外の装備品については、米国防省によるＬＣＣを、それが作成された年の為替レートで円換算することとする。ただし、防衛省と米国防省とはＬＣＣの計算方法が異なる。防衛省は、装備品選定の評価基準や整備方式の選定に活用することを目的とした構想開発段階での見積もりである。他方で、米国防省のＬＣＣは、実績データを積み上げてデータベース化した数値である。しかも、防衛省では考慮されていない人件費や信頼性向上や能力向上など近代化にかかる経費、廃棄経費などが含まれた包括的な経費が算定されている。[14]その結果、設計・製造・試験・取得などの調達経費に加重配分される日本と比べ、米国のＬＣＣは維持・運用経費の比重が比較的重くなっている。その反面、米国の最新鋭装備は、多国間で共同開発されていたり、総じて量産の規模が大きいので、調達規模の少ない防衛省の装備品と比べて、単価が安く設定される傾向があることに留意しておく必要がある。

たとえば、第5世代の最新鋭ステルス戦闘機Ｆ－35Ａに関して、航空自衛隊は２０１２年度以降42機の取得を決定し、一部の完成輸入機を除いて国内企業が製造に参画することとなった。その上で、航空総隊隷下の第3航空団（三沢）に２０１８年度中に1個飛行隊を配備し、２０２０年度に1個飛行隊を新設する予定である。装備施設本部が２０１５年3月30日に作成した「平成26年度ライフサイクルコスト管理年次報告書」によれば、[15]1機当たりの運用期間を30年とし、開発段階と量産段階の調達経費が８、１７２億円、運用・維持段階が1兆４、０３８億円でＬＣＣ総額は2兆２、２１６億円と算定された。１機1年当たりのＬＣＣは17億６、０００万円となる。

他方で、米国防省の２０１５年度『選択的取得報告書』（ＳＡＲ）によれば[16]、運用期間30年、運用機数２、４４３機のＦ－35ライトニングのＬＣＣ総額は1兆５、０２８億ドルであった。１機１年あたりのＬＣＣは、（1兆５、０２８億ドル÷30年÷２、４４３機）２、０５０万ドルとなる。２０１５年の為替レートを１ドル１２１円で換算すると、24億８、０００万円となる。各３４０機の調達を予定するＦ－35ＢやＦ－35Ｃが含まれているとはいえ、同じ運用期間でありながら日本より量産機数の多い米国の方がＬＣＣが高く算定されていることがわかる。ちなみに、米国の試算は、調達経費が３、７９０億ドルで全体の約25％に配分されている。しかし、日本のＬＣＣは調達経費が全体の37％を占めている。ここからも、先に指摘したように、運用・維持経費に人件費や後方支援経費まで含めた米国のＬＣＣの方がより正確であることを示している。

第４節　日米同盟の変遷と日本の安全保障コスト

ライフサイクルコストに基づいて、自主防衛と自律を同時に追求する防衛装備の拡充を試算するのに先立ち、日米同盟の結成以来、日本が防衛コストと自律性コストをどのように負担してきたのかを振り返っておこう。その際、日本が直面した「巻き込まれ」リスクと「見捨てられ」リスクに、防衛コストや自律性コストの増減がどのように関係づけられていたのかに着目する。

1　旧安保条約下の日米同盟――1950年代

冷戦下の大国間対立によって国連の集団安全保障体制が機能しない中、敗戦によって武装解除された日本は、講和後の安全保障を米国との同盟に求めた。1952年8月に発効した旧安保条約は、その前文で「直接及び間接の侵略」に対する日本の「漸増的」な再軍備を謳う一方で、「暫定措置」として駐留米軍の継続的基地利用と日本防衛を規定した。こうして「物と人との協力」という日米同盟の原型が作られた。

しかし、駐留米軍の任務は、「外部からの武力攻撃に対する日本国の安全に寄与するために使用することができる」にすぎなかった。他方で、米国は、「極東における国際の平和及び安全の維持」のために日本政府との事前協議なしに駐留米軍を自由に出動できる権利を手に入れた。その結果、日本は意に反して米国の戦争に「巻き込まれ」るリスクに直面せざるをえなかった。その点で、自衛隊の海外出動禁止の決議（1954年）や集団的自衛権行使の違憲解釈（1956年）は、この「巻き込まれ」リスクを回避するための制度的対応であったといえよう。

第1次防衛力整備計画（1958~60年度）は、陸上自衛隊18万人、艦船124、000トン、航空機1、300機の取得を目標に掲げた。[17] 1950年に75、000人の警察予備隊として発足した自衛隊は、60年末には23万人にまで増員された。その一方で、駐留米軍は1950年の115、000人から60年には46、000人にまで削減された。[18] 日本の「漸増的」な防衛力整備と米地上軍の早期撤退を実現させたのが、1954年からの米国による相互安全保障法（MSA）援助だった。

1950年~1960年の間、米国の対日無償援助は総額4、974億円に達し、日本の装備品等調達額1兆575億円の47%を占めた。[19] その結果、防衛関係費の一般会計費に占める割合は1952年の20・76%から1960年の9・99%に、対GNP比は2・78%から1・23%へと低下し、米国の援助により日本の防衛コストは低く抑えられたのだった。ただし、同時期に日本が負担した駐留米軍経費4、203億円は、米国の援助額にほぼ匹敵するものだった。

つまり、日本は防衛コストの代わりに自律性コストを払うことによって日米同盟を維持し、自助努力ではなく米国との防衛協力によって日本の安全を確保する選択をしたことになる。言い換えれば、旧安保条約下の日米同盟は、日本の安全を達成し、軽軍備と経済復興を低い防衛コストで実現するのを可能にした。しかし、それは基地の継続使用だけでなく駐留米軍経費の負担という二重の自律性コストを伴うものであった。

2　安保改定後の日米同盟——1960年代

1960年1月の安保改定により、米国の日本防衛義務が明示され、内乱条項（日本で内乱が起きたときに、米軍が出動、鎮圧できる、とする条項）は撤廃された。行政協定は地位協定に変更され、防衛分担金も廃止された[20]。さらに、事前協議制の導入により、日本は極東有事の際の米軍の基地使用に関して一定の発言権を確保した。こうして旧条約下での不平等性と日本の「巻き込まれ」リスクは軽減された。

1960年代の日本は、ベトナム戦争の激化や中国の核実験にもかかわらず、差し迫った直接的脅威を感じていなかった[21]。そこで、2次防（1962〜66年度）及び3次防（1967〜71年度）は、「相当大規模な武力侵攻」に対する自主防衛の強化ではなく、日米同盟に依存した「在来型兵器の使用による局地戦以下の侵略」に備える防衛体制を目指した。

1971年までに自衛隊の規模は287、000人となり、現在の自衛隊の骨格が概ね整備された。他方で、駐留米軍は、60年末の46、000人から補給部隊を中心とする28、000人にまで縮小された。

69年に日米相互安全保障法（ＭＳＡ）援助は打ち切られ、３次防での装備品等調達額に占める米国の無償軍事援助比率はわずか０・２％となった。こうして本土防衛機能の大半は自衛隊が代替することになり、在日米軍の主要任務は地域防衛に移った。地域紛争への「巻き込まれ」を懸念して、日本は非軍事的手段による地域の安定化に役割を限定した。

日本の駐留米軍経費負担は、50年代の累計額４、２０３億円から60年代には１、３７５億円へと約３分の１に削減された。同時期、年平均の防衛関係費は、１、４１９億円から２、９９１億円へと倍増した。ただし、高度経済成長のおかげで、防衛関係費の対ＧＮＰ比も対一般会計歳出比も低下し続けた。日本は、日米同盟が提供する安全保障と経済の便益を、国情に応じた防衛コストで賄うことができた。つまり、１９５０年代から一転して、１９６０年代の日本は、自律性コストではなく防衛コストによって日米同盟を維持するようになったのである。

日米同盟に変化が訪れる契機となったのは、１９７０年の安保自動延長問題を控えて行われた１９６７～６９年の沖縄返還交渉であった。沖縄返還は、日米の共同防衛区域を拡大すると共に、在沖縄米軍の抑止力が日本及び極東の安全保障に果たす役割を確認させた。日本は、米軍の行動と基地使用に対して直接的な武力行使以外の支援を約束した。こうして日米同盟は、旧条約下での駐留米軍による本土防衛と基地自由使用権との交換関係から、地域防衛に共同責任をもつ新しい体制へと踏み出した。[22]

３　デタントと日米同盟——１９７０年代

１９７０年2月のニクソン・ドクトリンに続く米地上軍のアジア撤退と、71年7月の米中和解に象徴されるデタント（緊張緩和）は、日米同盟を共産主義の封じ込めから地域の平和と安定化の装置へと変化させた。同時に、それは同盟国に対する米国の防衛公約の信頼性を低下させ、日本に「見捨てられ」リスクを意識させるようになった。

４次防の策定当初に浮上した脅威対抗型の所要防衛力構想は、予算の制約と軍拡を懸念する国内外からの批判で否定された。１９７６年10月に閣議決定された「防衛計画の大綱」は、専守防衛に基づく必要最小限の「基盤的防衛力」を求めた。同時に、防衛費を対ＧＮＰ比１％とする決定は、防衛力の拡大に上限を設定するものであった。事実、防衛関係費の対ＧＮＰ比は、１９７０年代を通じて０・79％〜０・９％の間を推移した。一般会計歳出比も、70年の７・２％から79年の５・４％へと低下し続けた。「見捨てられ」リスクが拡大する中での軍備抑制策の帰結として、日米防衛協力を強化する必要性が高まった。１９７８年11月に策定された「日米防衛協力のための指針」（ガイドライン）は、米国の核抑止を明記すると共に、日本有事の際の米軍の来援と日米の役割分担を確認した。ただし、極東有事の際の日米協力については随時協議と研究の推進を謳うにとどまったが、これを機に日米のシーレーン共同防衛や共同演習・訓練が拡充されていった。

沖縄返還後の１９７３年から79年までに、在日米軍の数は６５、０００人から４６、０００人へ、在日米軍施設・区域の施設件数と土地面積は１６５件、４４６万平方キロから１１７件、３３９万平方キロへと縮小した。[23] それに対して、防衛関係予算に占める基地対策費は、１９７２年の６０６億円から80年の２、３２１億円へと約４倍に拡大した。[24] 73年から77年まで、日本は普天間、三沢、岩国基地の施設改善費を負担してきたが、78年以降、日本は「思いやり予算」と称する新たな駐留経費の負担を開始し、基地従業員労務費、施設整備費、光熱水費、訓練移転費にまで拡大していった。それは、世界的なインフレが加速し、円高・ドル安傾向の中で厳しい財政事情に苦しむ米国の駐留経費負担を軽減するためのものであった。

1970年代の日米同盟において、日本は防衛コストを抑制する一方で、自律性コストを大幅に拡大させることで「見捨てられ」リスクの軽減に努めた。

4　新冷戦下の日米同盟――1980年代

1979年12月、ソ連のアフガニスタン侵攻を機にデタントは崩壊し、新冷戦と呼ばれる東西間の軍事的対立が本格化した。ソ連の脅威の拡大は西側の安全保障を一体化し、日米同盟を西側共同防衛の一角に組み込んだ。米国は、日本を地域防衛政策の礎石と位置づけ、経済大国となった日本に応分の負担の分担を求めた。従来までの防衛力の質的転換から量的拡大へと変化した米国の対日要求に対し、日本は、西側の一員として積極的に米国の要求に応じ、日米同盟と日本の安全保障を米国の世界戦略の中に位置づけていった。

1981年5月、鈴木首相（当時）は日米関係を初めて「同盟関係」と表現し、1,000海里のシーレーン防衛を約束した。83年1月には、米国への武器技術の供与を武器輸出三原則の適用除外とした。また、82年以降は、デタントを前提とした基盤的防衛力構想に基づく「防衛計画の大綱」の枠組みは維持しつつも、大綱の定めた防衛力の水準を速やかに達成するのが急務とされた。自衛隊には、対潜哨戒機P3C、E2C早期警戒機、F－15戦闘機、ペトリオット・ミサイルなどによる対潜・防空能力の強化により、米軍の対ソ戦略を補完する能力が求められ、正面装備の拡充と米国製兵器の積極的導入による日米の相互運用性の向上に努めた。

その結果、81年以降は防衛関係費の対GNP比は上昇傾向に転じ、87年1月の閣議決定で1％枠を撤廃した。同様に、一般会計予算に占める防衛関係費の割合も81年を境に上昇し、社会保障や文教・科学振興など他経費を上回る伸び率を示した。その結果、78年～89年までの日本の防衛費の成長率5・3％は、米国の4・2％や米国を除くNATO諸国全体の1・9％をも凌駕した[25]。同時に、在日米軍駐留経費の日本側負担も、1978年の24％から1989年には34％へと拡大した[26]。

70年代の日米防衛協力の強化は、抑制的な防衛力整備を補完するものであり、「見捨てられ」リスクへの受動的対応であった。これに対し、80年代の日米同盟と日本の防衛力の強化は、防衛コストと自律性コストを拡大して、西側の一員として対等な同盟関係を構築しようとするものであった。

5　ポスト冷戦期の日米同盟——1990年代～現在

ソ連という共通の脅威を消失した日米同盟は、冷戦終結直後の「漂流」を経て、①適用範囲の地理的拡大、②協力分野の機能的拡大、そして③統合的な部隊運用という3方向への「深化」を続けた。これは、「物と人との協力」だった日米同盟が、「人と人との協力」へと変容するプロセスでもあった。

(1) 第1期——1990年代

1990年～2000年までの第1期は、1994年の第1次北朝鮮核危機を契機とする同盟「再定義」の時期である。1996年4月の日米安全保障共同宣言に基づき、日米同盟の目的は「アジア太平洋地域の平和と安定の維持」へと変更され、97年の「日米防衛協力の指針」の改定（新ガイドライン）によって、協力の力点が「日本有事」から「周辺事態」へと移行した。

この間、日本の防衛関係費は増え続け、1997年のピーク時には4兆9、414億円と90年の18・8％増となった。一般会計歳出に占める防衛関係費の比率も、99年までは一貫して6％台を超えていた。

図表1-3　日本の同盟コストの変遷――1991年～2017年（単位：億円）

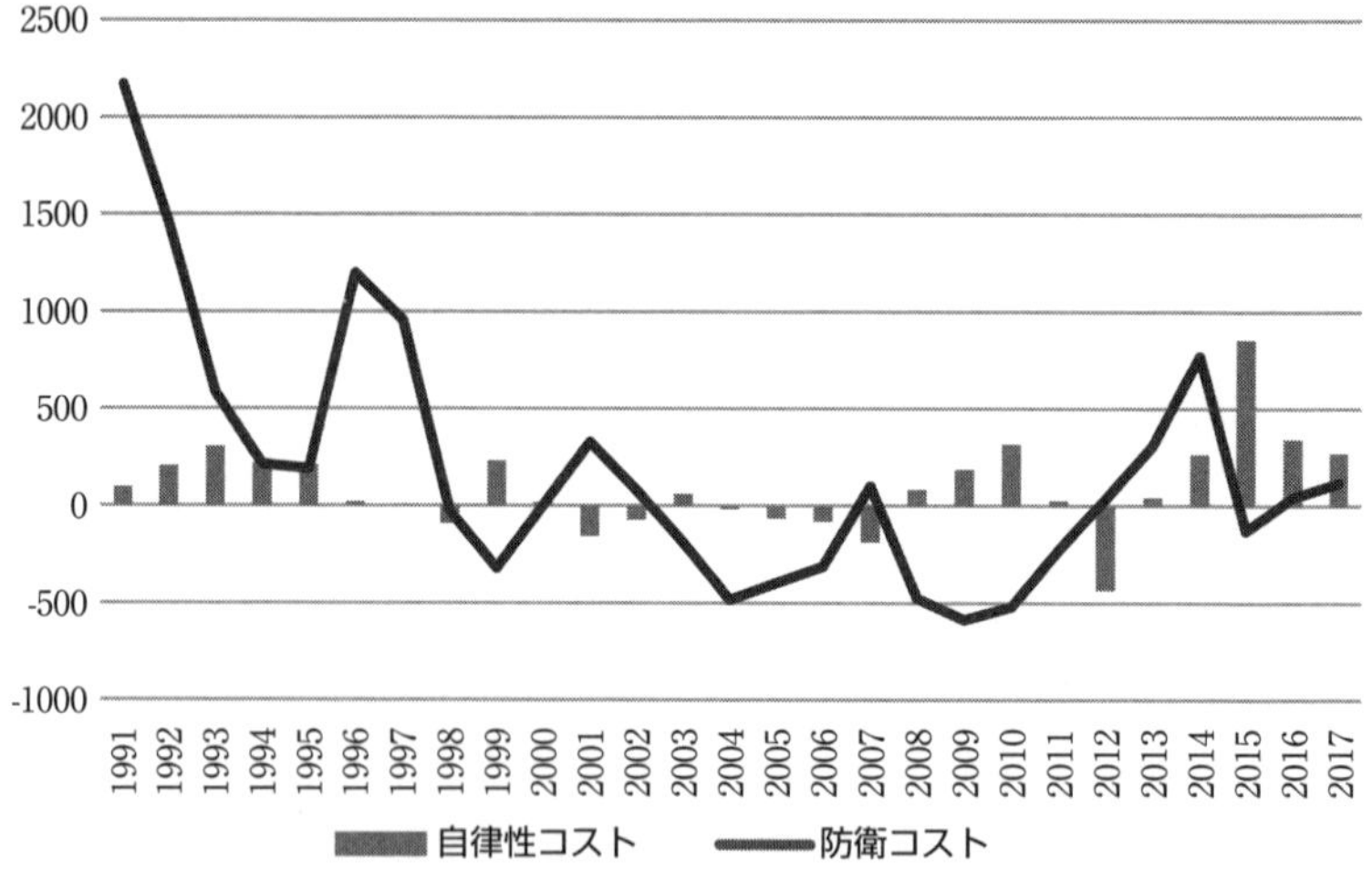

出典：筆者作成。
注：防衛コストは防衛関係費から駐留米軍関係経費を引いた額の増減幅、自律性コストは駐留米軍経費の増減幅を示す。0より上方が増加傾向、0より下方が減少傾向を示す。

しかし、対GNP比は、新冷戦下で1％枠が撤廃されたにもかかわらず、一度もそれを超えることはなかった。防衛関係費の推移と連動して、日本の在日米軍駐留費負担（HNS）も、1990年から99年までは増加し続けた。特に91年からは基地従業員の労務費（基本給）が、96年からは空母艦載機の夜間着陸訓練の厚木から硫黄島への移転費が新たに追加された。その結果、防衛関係費は歳出ベースで、90年から99年までに64％の増大となった。こうして北朝鮮の核・ミサイル開発という冷戦期のソ連以上の差し迫った脅威に対し、日本は防衛コストと自律性コストを共に増大させて対応した（図表1－3参照）。特に自律性コストの大幅な増大は、対米同盟からの「見捨てられ」リスクの軽減に貢献した。

（2）第2期―2000年代

２００１年から２０１１年に至る第2期の特徴は、２００１年の9・11米国同時多発テロ事件を契機とする同盟の「変革と再編」である。05年2月の「2プラス2」会合では、「地域及び世界における日米共通の戦略目標」が確認され、06年6月の日米首脳会談において、世界の中の日米同盟として地球的規模の協力に合意した。

こうした同盟国たる日本の役割、任務、能力の強化の前提に、米軍再編があった。２００１年に発表された「4年ごとの国防見直し（ＱＤＲ）」で米国が「グローバルな態勢の見直し」を強調した背景には、主権国家間の大規模通常戦争よりも非国家主体による非対称的な攻撃を重視する脅威認識の変化があった。[27] 06年5月の「再編実施のための日米のロードマップ」において、在沖縄海兵隊8、０００人のグアム移転をはじめとする在日米軍基地の再編が決定された。一連の日米協議と並行して、在日米軍兵力は01年の51、７００人から10年の３４、０００人に削減された。

２０００年代に入り、北朝鮮の核・ミサイル開発が継続し、中国の軍事的台頭が加速する中で、日本の安全保障環境はさらに悪化した。こうした中での米軍再編は、米軍の抑止力に対する不安を与え、日本の「見捨てられ」リスクを一層増幅させた。日本は、米国主導の有志連合の一員として、インド洋やイラクへ自衛隊を派遣し、対テロ戦争や「拡散に対する安全保障構想」（ＰＳＩ）に協力するなど、日米同盟を深化させることで、「巻き込まれ」リスクの拡大を覚悟して「見捨てられ」リスクの軽減に努力した。

こうした任務分担の強化とは逆に、２０００年代に入ると、日本の防衛関係費は一転して横這いから減少傾向を見せはじめた。それに伴い、一般会計歳出に占める防衛関係費の比率も低下し続け、１９９５年の6・65％をピークに２０１０年には5・07％まで縮小した。防衛関係費に占める装備購入費や研究開発費の比率は20％前後とほぼ一定であった。財政事情の悪化により、日本の在日米軍駐留費負担も減少を続け、２０１０年には、ピークだった99年の２、７５６億円よりも８７５億円少ない１、８８１億円で約32％減となった。ただし、97年から開始されたＳＡＣＯ（沖縄に関する特別行動委員会）経費と08年からの米軍再編関係経費を併せると、在日米軍関係経費の総額は07年から再び増加傾向に転じている。２０１０年は、歳出ベースで、在日米軍駐留費負担１、８８１億円、ＳＡＣＯ経費１６９億円、米軍再編関係経費９０９億円となり、総額２、９５９億円まで回復した。

こうして日本は、厳しい財政事情の中で防衛コストを抑制する一方で、任務の分担と自律性コストの拡大を図ることで、「見捨てられ」リスクの増幅に対応した。在日米軍駐留費の負担が、自律性を犠牲にして米国の防衛協力を得るためのコストであったのに対し、米軍再編関係経費の負担は、それが国外への基地移転を促進するものである限り、自律性を回復するためのコストであった。

しかし、２００９年８月の日本の政権交代を機に、自民党政権下で合意された普天間飛行場の辺野古移転が事実上撤回され、米軍再編計画に遅れが出始めた。２０１２年度予算では米軍再編関係経費が半減されたが、米軍のローテーション配置の拠点となる北マリアナ諸島連邦（テニアン）の訓練場整備費やフィリピンの訓練施設整備を日本が拠出することとなり、それは在日米軍基地移転のための自律性コストとなった。テニアン訓練場の設計費12億円が２０１５年度予算に計上され、陸上自衛隊と在沖縄第31海兵遠征隊との共同訓練が、グアムとテニアンで開始された。また、２０１４年に署名された防衛協力強化に関する協定（Enhanced Defense Cooperation Agreement：ＥＤＣＡ）」に基づいて、能力構築支援に加え、フィリピン国内での米軍のローテーション展開等のための施設整備を日本が拠出することも検討された。

（3）第3期―2010年代

2012年から現在に至る第3期は、第2次安倍政権期と一致する。この間、日中・日朝の外交関係は悪化し、日本を取り巻く安全保障環境は劇的に厳しさを増していった。中国公船による常態的な領海侵入や、海軍艦艇による火器管制レーダー照射事案の発生などが続き、日中関係は1972年の国交正常化以来、最も厳しいと評される状況が続いた。また、北朝鮮は、2012年4月と12月に弾道ミサイルを発射、2013年2月に3回目の核実験を強行するなど挑発的な行動を繰り返した。2016年1月と同年9月には、1年間に2回の核実験と米本土も射程に入る大陸間弾道ミサイルの試射準備が最終段階に近づき、国連総会において安倍首相は北朝鮮の脅威が「異なる次元に達した」との認識を表明するに至った。

こうした脅威の高まりに対応して、2013年7月、日本は外交・安保の司令塔となる国家安全保障会議を創設し、外交防衛に関する基本方針を定めた国家安全保障戦略（NSS）を策定した。国際協調主義に基づく積極的平和主義の下、2013年1月に閣議決定された新防衛計画大綱は、「統合機動防衛力」をキーワードとし、自衛隊各組織の統合によるシームレスな運用と機動力の高い部隊の整備により、即応性等の向上を目指した。特に南西地域の防衛態勢を強化し、具体的に島嶼部攻撃等を想定した防衛力の構築を目指した。

2015年12月に閣議決定された新しい中期防衛計画は、約10年程度を見据えた新防衛大綱の当初5年間（2014年～2018年）に、約24兆6、700億円の防衛力整備を謳った。その結果、2013年度から5年連続で増額された防衛予算は、2017年度には過去最高額となる5兆1、251億円が計上された。2012年から2017年までの5年間、防衛関係費の増加と連動して在日米軍関係経費も増加した。5年間の平均増加率は、防衛コストが1％前後であったのに対して、自律性コストは11・9％であった。

また、２０１５年4月に合意された日米協力のガイドラインの見直しで、①日本に対する武力攻撃への対処能力の確保、②同盟のグローバルな性質を反映する協力範囲の拡大、③地域の他のパートナーとのより緊密な安全保障協力の促進、④シームレスな二国間協力が可能となるような協議・調整メカニズムの強化、⑤相互の能力強化に基づく適切な役割分担、⑥緊急事態における防衛協力の指針となる概念の評価、⑦同盟強化を可能とする追加的な方策の探求など、日米間の防衛協力の質と範囲がさらに拡がった。これと連動して、同年5月に閣議決定された平和安全法制は、従来の憲法解釈と整合性を保ちつつも限定的な集団的自衛権の行使を認めた。また、自衛隊の海外派遣における「駆けつけ警護」や安全確保任務に伴う武器使用権限が認められるようになった。そして、周辺事態安全確保法を重要影響事態安全確保法に改正することで、米軍に限られていた支援対象も支援が実施される地域も拡大されることとなった。

この間、オバマ政権は、２０１１年11月に世界戦略を見直してアジア太平洋地域を重視する「リバランス」戦略を打ち出し、兵力規模を縮小する一方、アジア太平洋地域への軍事力の重点配備、日本、韓国、オーストラリアなど同盟国との関係強化の重要性を訴えた。

朝鮮半島情勢が緊迫する２０１７年4月下旬から5月上旬にかけて、米原子力空母「カールビンソン」と海自護衛艦ならびに空母艦載機と空自戦闘機との共同訓練が実施された。また、ヘリコプター搭載護衛艦「いずも」が、２０１６年3月に施行された安全保障関連法で可能になった米海軍補給艦に対して初の「米艦防護」を実施した。また、同年11月には米空母3隻が参加する合同演習に、航空自衛隊や海上自衛隊が加わった。こうして日米海空軍の一体運用を推進することで、核・ミサイル開発を行う北朝鮮に対する抑止と中国への牽制が期待された（トランプ政権以降は次章で詳述）。

図表1-4　日本が直面したリスクとコスト負担の推移

	1950年代	1960年代	1970年代	1980年代	ポスト冷戦期 第1期	 第2期	 第3期
リスク			見捨てられ		見捨てられ		
	巻き込まれ	巻き込まれ		巻き込まれ			
防衛コスト							
経費負担	↓	↓	↓	↑	↑	↓	↑
任務負担	×	×	×	○	○	○	○
自律性コスト							
経費負担	↑	↓	↑	↑	↑	↑	↑
主権制約	○	○	○	○	○	○	△

出典：筆者作成
注：上矢印は増加傾向、下矢印は減少傾向を示す。任務負担や主権制約の○×は有無を示し、△は部分的軽減を意味する。

小括

　日米同盟を維持するための日本の費用負担には際立った特徴がある（図表１－４参照）。通時的に眺めてみると、ポスト冷戦期の第２期を例外として、日本が直面した脅威が高まると防衛コスト（防衛予算）を拡大し、脅威が低減すると削減してきた。他方で、60年代を例外として、一貫して自律性コスト（在日米軍関係経費）を拡大してきたことが読み取れる。つまり、80年代以降の防衛コストの上昇にもかかわらず、自律性コストは低下することがなかった。ここからも、自律性コストの負担によって防衛コストを抑制する日本と、防衛コストの負担によって自律性コストを抑制する米国という日米同盟の非対称構造は、基本的に変わることがなかったことがわかる。

　同盟の効用理論に基づけば、本来は防衛コストの低下を自律性コストの上昇で補完するか、反対に防衛コストの上昇が自律性コストの低下を導くはずであった。しかも、80年代以降の自衛隊は狭義の本土防衛だけでなく、米軍の前方展開を支援する任務を担うようになり、ポスト冷戦期には日米の統合的な運用へと「深化」し、日米同盟は「物と人の協力」から「人と人の協力」へと変容した。さらに、自律性コストを構成する主権の制約は、冷戦期・ポスト冷戦期を通じてほとんど軽減されていない。たとえば、在日米軍施設の区域件数と土地面積の推移を見ると、区域件数は安保改定時の２４１件から２０１０年の84件へと約3分の1に縮小したものの、土地面積はほとんど変化していない。２０００年代に入ってからの米軍再編にもかかわらず、土地面積は沖縄返還前の水準にまでは戻っていない。つまり、任務分担の拡大で防衛コストの上昇があっても、自律性コストは上昇し続けてきたのである。

防衛コストの低下を自律性コストの上昇で補完するか、反対に防衛コストの上昇が自律性コストの低下を導くという理屈に合致した動きを見せたのは50年代、70年代、ポスト冷戦期第2期だけであり、それ以外の時期は防衛コストと自律性コストの間に相互補完関係は見て取れなかった。これは、2つのコストが別々の論理によって規定されていることを物語っている。

防衛コストに関して、脅威認識に連動しているのは任務負担の方である。経費負担は一見脅威認識と連動して増大傾向を示しているようにも見えるが、実際には防衛関係費が一般会計予算やＧＤＰに占める比率は必ずしも上昇しておらず、経費負担は財政の制約を受けた結果にすぎない。他方で、自律性コストの方は、特に80年代以降、任務負担の増加にもかかわらず増え続けていることになる。ただし、ポスト冷戦期に関しては、自律性コストの経費負担のうち、在日米軍駐留経費は減少傾向を示す一方で、米軍再編関係経費は増大傾向を示している点に注目する必要がある。これは、ポスト冷戦期の「見捨てられ」リスクへの対応と解釈することができよう。

1 Glenn H. Snyder, *Alliance Politics* (Ithaca: Cornell University Press, 1997) p.4.
2 １９０２年の日英同盟、１９１６年の日露同盟、１９１８年の日華同盟、１９３２年の日満同盟、１９４０年の日独伊３国同盟、１９４１年の日泰同盟、１９４３年の日比同盟、日緬同盟、日華同盟、１９５１年の日米同盟である。
3 戸部良一「20世紀における日本の同盟政策」『平成22年度戦争史国際フォーラム報告書』（防衛研究所、平成23年3月）１４５頁。
4 Brett Ashley Leeds and Bureu Savun, "Terminating Alliance: Why Do States Abrogate Agreement?" *Journal of Politics*, Vol.69, No.4, November 2007, p.1125.
5 James D. Morrow, "Arms versus Allies: Trade-offs in the Search for Security," *International Organization*, Vol.47, No.2, Spring 1993, p.208.
6 James D. Morrow, "Alliances and Asymmetry: An Alternative to the Capability Aggregation Model of Alliances," *American Journal of Political Science*, Vol.35, No.4, November. 1991, p.913.
7 Michael F. Altfeld, "The Decision to Ally: a Theory and Test," *Western Political Quarterly*, Vol.37, 1984, p.524.
8 Todd Sandler, "The Economic Theory of Alliance," *Journal of Conflict Resolution*, Vol.37, No.3, September 1993, pp.446-448.
9 軍事支出の増加が、長期的に失業率の上昇や国民消費の減少等を通じて経済のマイナス成長を導くとする分析が数多く存在する一方で、軍事支出と経済成長の間に有意な関係はないとする説もある。Uk Heo, "The Relationship between Defense Spending and Economic Growth in the United States," *Political Research Quarerly*, Vol.63, No.4, December 2010, pp.760-770.
10 USDOD, *2004 Statistical Compendium on Allied Contributions to the Common Defense*.
11 < http://www.kantei.go.jp/jp/singi/shin-ampo bouei2010/dai6/siryou2.pdf >
12 Richard F. Grimmett, "U.S. Arms Sales: Agreement with and Deliveries to Major Clients, 2003-10," *CRS Report*, December 16, 2011, p.6.
13 Arms Export Control Act, (P.L. 90-629) p.373.
14 松村昌廣編著『防衛調達の制度改革を考える—制度的制約の除去・緩和に向けて』防衛基盤整備協会、平成26年3月、29～30頁。
15 < www.mod.go.jp/atla/souhon/.../26lifecyclecost_houkokusyo.p.. >［２０１７年10月24日アクセス］
16 USDOD, F-35 Lightning II Program Fact Sheet, *Selected Acquisition Report* (*SAR*) *2015 Cost Data*.
17 １９６０年末の達成規模は、陸上自衛隊17万人、艦船９９、０００トン、航空機１、４４９機であった。「日本の長期統計系列」第31章より。

18 < http://siadapp.dmdc.osd.mil/personnel/MILITARY/history/309hist.htm >
19 『防衛白書　昭和60年度』p.337.
20 防衛分担金とは、行政協定25条2項ｂに基づき、在日米軍が必要とする経費のうち、駐留に伴って発生する物資や役務の調達などの派生的経費を賄うために、日本政府から在日米軍に供与された交付金のこと。
21 田中明彦『安全保障―戦後50年の模索』読売新聞社、１９９７年、２１９～２２０頁。
22 室山義正『日米安保体制　上』有斐閣、１９９２年、２８９頁。
23 朝雲新聞社『防衛ハンドブック２０１１』５５４頁。
24 < http://www.stat.go.jp/data/chouki/31.htm >
25 室山義正『日米安保体制　下』有斐閣、１９９２年、４８３頁。
26 同上、５１３頁。
27 福田毅「米軍の変革と在日米軍の再編」『調査と情報』４５５号、２００４年9月24日、５～７頁。

第2章　トランプ政権の登場と日米同盟の行方

日本の安全保障が、日本を取り巻く戦略環境に大きく影響されることはいうまでもない。しかし、平和憲法の下で専守防衛に徹する日本の安全保障は、拡大抑止を提供する日米同盟に決定的に依存しており、自助努力や米国以外の国家との協力で代替することは極めて難しい。米国による拡大抑止が機能するかどうかで対外脅威の深刻度が変化するという点で、日本の安全保障は、米国歴代政権の政策選択の関数であるといっても過言ではない。

そこで、本章では、トランプ政権を産んだ米国社会の構造的要因を分析した上で、その外交行動の特徴を、歴代政権との継続と変化の視点から考察する。そして、トランプ政権が求める防衛負担の分担要求に対応する際の方向性を見据えるために、拡大抑止の信頼性を検討する。

第1節　トランプ政権を産んだ米国社会の構造的変化

1　トランプ大統領が訴えた「チェンジ」

２０１６年12月、米国大統領選挙の数週間前から、トランプ陣営の選挙演説会場には、８年前にオバマ大統領の当選をもたらした熱気とよく似た雰囲気が醸成されはじめていた。「チェンジ」という聞き慣れた有権者のフレーズがそこにはあった。しかし、トランプ候補を支持する人々の「チェンジ」は、オバマ政権を産んだ人々のそれとは異なるものであった。

第１は、８年間のオバマ政権下の政策と成果を否定する「チェンジ」である。政権交代によって前政権の施策が否定されるのは常とはいえ、医療保険制度改革（オバマケア）をはじめとする国内政策だけでなく、元来継続性が重視される外交・安全保障政策に関してまでも、全否定されようとしていた。特に２０１４年から２０１６年までの２期目後半のオバマ政権時代は、共和党が支配する議会とホワイトハウスとが対立した結果、多くの法案がぎりぎりの多数派工作でかろうじて通過するか、議会の承認を必要としない大統領令で政策化されていた。２０１０年３月に難産の末に成立したオバマケアは、トランプ大統領就任直後の大統領令で見直しが指示された。しかし、全廃か改廃かをめぐり共和党内の意見が割れた。何よりも、上院の共和党優位は、民主党によるフィリバスター（長時間討論による議事進行の遅延）を阻止するだけの議席（60議席以上）をもつほどではない以上、前政権の否定が政党間の勢力バランスだけで決まるわけではない。そこには、後述する特異なトランプ政権を産んだ米国社会の構造的変化が影を落としていた。

このほかにも、オバマ政権期からの政策転換は、外交・安保面でも随所に出始めている。２０１７年２月の米議会における施政方針演説では、オバマ前政権時に開始された国防費の強制削減措置を廃止し、米国史上最大級の国防費増額を米議会に求めることを表明した。対北朝政策をめぐっては、オバマ政権による「戦略的忍耐」の終焉を宣言し、90年代より封印されてきた軍事的選択肢の可能性を模索しはじめた。同様に、歴代政権は、台湾が求める新型戦闘機、潜水艦、イージス駆逐艦の売却を見送ってきたが、トランプ政権は最新鋭ステルス戦闘機やミサイル防衛システムの売却の検討に入ったといわれる。[1] また、２０１７年6月には、人権状況の改善が見られないとして、オバマ政権の対キューバ制裁緩和政策を見直す決定をした。

第2の「チェンジ」は、強烈な排外意識と反イスラム意識である。米国人の雇用を奪い、治安を悪化させている原因を外国からの移民や難民に求め、テロの温床とイスラムとを一致させた。米国の活力や原動力でもあった移民をここまで忌避する政権は過去に登場したことがない。9・11同時多発テロに直面したブッシュ共和党政権も、「愛国法」によって徹底的なテロリストの監視を行ったものの、テロとイスラムとを同一視することはなかった。これには、トランプ大統領の最側近として政権中枢に座ったスティーブン・バノン主席戦略官・上級顧問の存在が大きい（２０１７年8月退任）。同氏は、「オルトライト（ネット右翼）」を掲げるウェブサイト「ブライトバート・ニュース」の会長を務める白人至上主義者といわれる。トランプはこうした思想の持ち主を、一時は国家情報長官や統合参謀本部議長を非常任に降格させ、安全保障の最高意思決定機関である国家安全保障会議（ＮＳＣ）の常任メンバーに起用した。

人権や民主主義に対する理念を語ることなく、こうして異質な他者に対する非寛容な態度を指向する

「チェンジ」は、すでにメキシコ国境の壁建設、イスラム7か国からの入国制限、難民受け入れ停止など、就任早々に連発された大統領令に結び付いている。その後、イスラム圏からの入国制限は連邦地方裁判所が差し止めの仮処分を行った。また、膨大な予算を伴うメキシコ国境の壁建設については、一部の初期費用が2018会計年度予算に盛り込まれるにとどまった。2019会計年度予算は、国境の壁建設予算をめぐってホワイトハウスと議会が対立し、政府機関の閉鎖にまで至った。とはいえ、見逃せない点は、2019年1月の世論調査によれば米国民の40%、共和党支持者の82%がこのメキシコ国境の壁建設の拡大に賛成しているという事実である。[2] イスラム7か国からの入国制限に関する大統領令には、国民全体の48%、トランプ支持者の95%が支持していた。[3]

第3は、将来への変化よりも過去の良き時代への回帰を強調している点にある。「偉大な米国を再び」というトランプ陣営が選挙運動中から掲げてきた目標は、1981年にレーガン陣営が大統領選挙で使用したそれと重なる。しかし、高い失業率とインフレという米国経済の悪化を背景に米国全体の国益を念頭に置いたレーガン時代の目標とは異なり、トランプ政権のそれはグローバル化の中で、没落した白人中間層や労働者層に向けられたものであった。実際、2016年の大統領選挙においてトランプ当選の原動力となったのは、長年民主党の地盤だったラストベルト（さび付いた工業地帯）と呼ばれる中西部諸州の票が動いたことにあった。

米国内の保守・リベラルを問わず、出自や身分に関係なく努力によって大成功を収められるアメリカンドリームが自由主義に支えられているのに対し、郷愁を帯びた過去への回帰は世界中で台頭しつつある極右思想やポピュリズム（大衆迎合主義）と連動する危険性を秘めている。実際、欧州で台頭する極右勢力と先に指摘したトランプ政権の排外主義を連鎖させる基調がここにある。

2　米国社会の構造的変化

上記3つの「チェンジ」は、トランプ大統領という特異な個性や思想がもたらしたものというよりは、過去20年来の米国社会で起きてきた構造的な地殻変動の産物と見るべきであろう。それだけに、トランプ政権下での一過性の問題として片づけられず、第2期トランプ政権の有無にかかわらず、米国社会と国際社会が直面する長期的な課題として考えておかねばならない。

米国社会が抱える第1の構造的変化は、国民世論における政治イデオロギーの分極化傾向である。米国の政治イデオロギーを構成する2大潮流は、保守主義とリベラリズムである。一般的に、保守主義とは、①自由競争、②伝統的規範や倫理、③孤立主義を重視する立場を、リベラリズムは、①福祉の充実、②個人の自由裁量権の保護、③国際主義を重視する立場を指す。2017年に実施されたピュー・リサーチ・センターの調査によれば、1994年には平均的な民主党支持者よりも保守的傾向の強い共和党支持者は64%であったが、2004年にその割合は70%に増大し、2017年には実に95%に達した。反対に、1994年には平均的共和党支持者よりリベラルな傾向の民主党支持者は70%、2004年に68%であったが、2017年には97%に達した（図表2－1参照）。つまり、過去四半世紀の間に、共和党支持者はより保守的に、民主党支持者はよりリベラルになった。元来、保守層は共和党を支持し、リベラル層は民主党を支持する傾向があるが、特に2000年代に入って政党支持者間の分極化は著しく進行してきたのである。

国民世論の政治的分極化は、政党間のギャップに直結する要因である。事実、2004年以降、政党間の様々な争点をめぐる見解の格差が平均17%から36%へ拡大していたが、人種、宗教、教育水準、年齢による格差には大きな変化は見られなかった。[4] 党派間の格差の拡大は、政治的妥協を困難にし、選挙戦

図表2-1　民主・共和両党支持者のイデオロギー分布

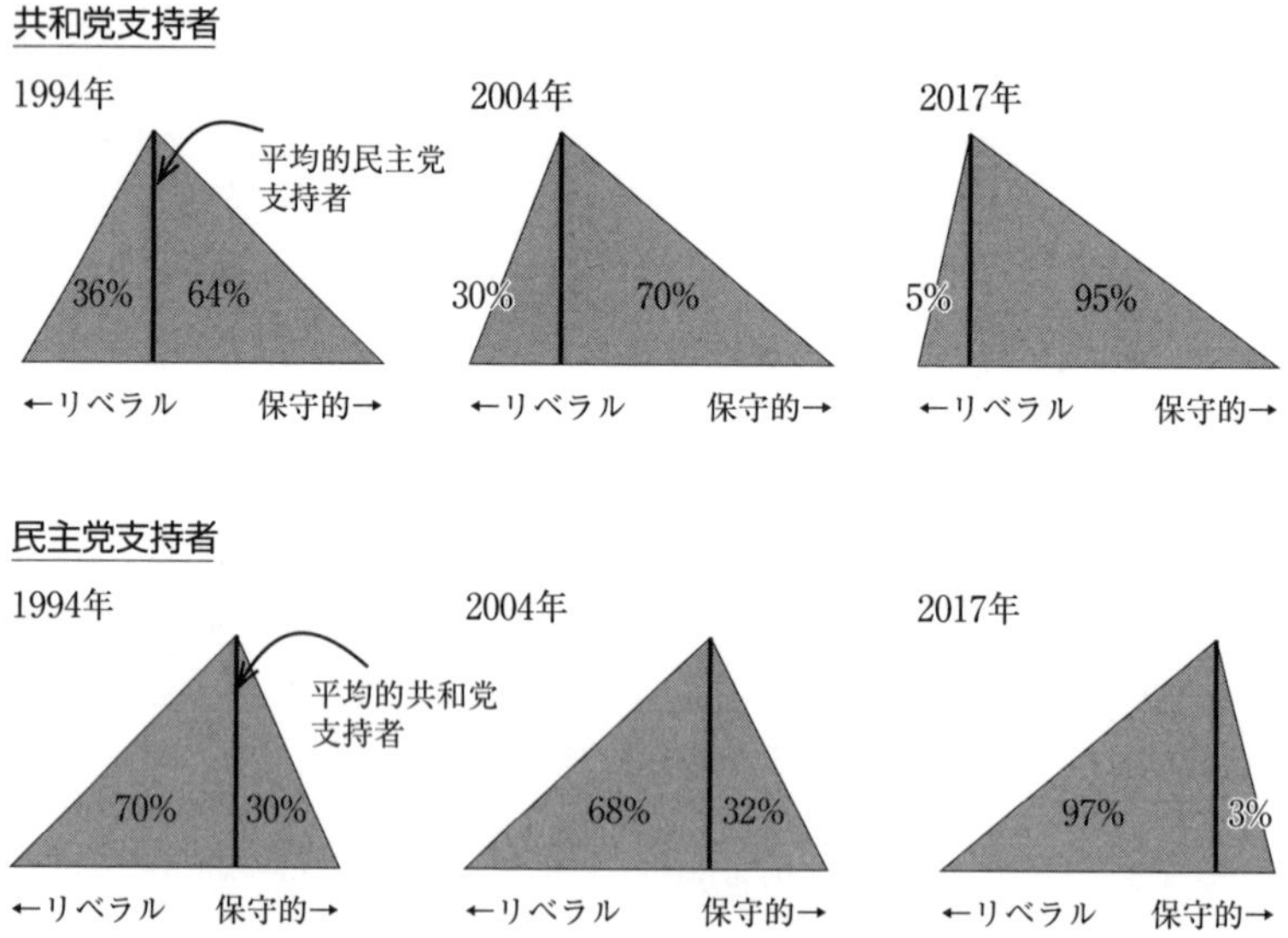

出典：< http://www.people-press.org/2017/10/05/1-partisan-divides-over-political-values-widen > より筆者作成

や政策論争の激化をもたらすであろう。２０００年以来、大統領選挙の勝敗は僅差で決してきた。たとえば２０００年のブッシュ対ゴアの選挙戦では、一般投票の得票差はわずか54万票で投票数全体の０・51％で勝敗が決まった。２０１６年の大統領選挙では、実に敗者のクリントン候補の方が得票率で１・88％、得票数で２５５万票も上回っていた。[5]実際、２０１６年11月の大統領選挙直後に実施されたＣＮＮの出口調査によれば、共和党支持者の88％と保守層の81％がトランプ大統領に投票したのに対し、民主党支持者の89％とリベラル層の84％がクリントン候補に投票した。[6]

　第２の地殻変動は、人種構成の変化である。２００８年に実施されたピュー・リサーチ・センターの調査によれば、１９６０年に全人口の85％を占めていた白人層は、２００５年には67％にまで減少

図表2-2　米国社会の人種構成

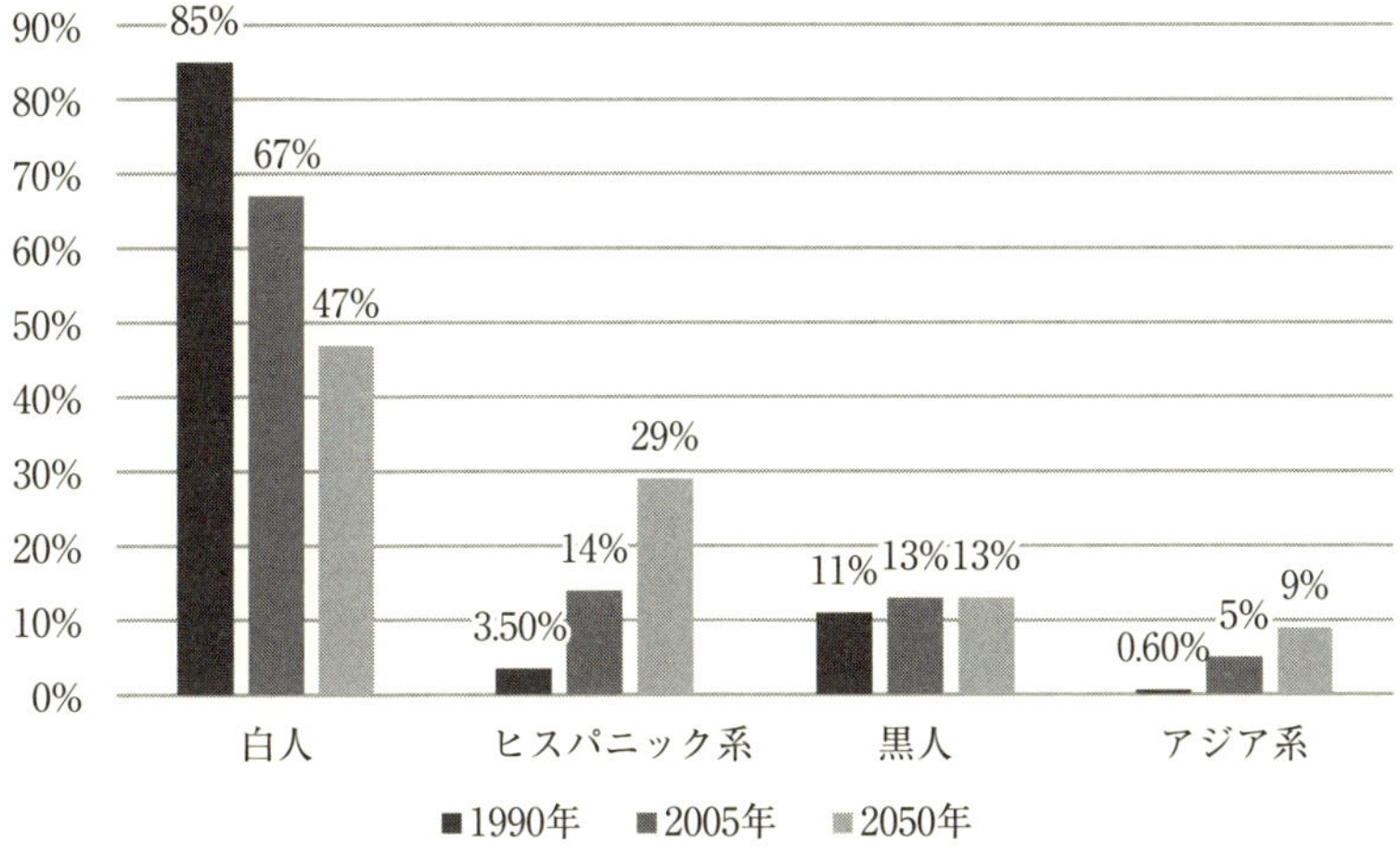

出典：< http://assets.pewresearch.org/wp-content/uploads/sites/3/2010/10/85.pdf > より筆者作成

し、２０５０年には47％と過半数を割り込むことが予想されていた（図表２－２参照）。都市圏に限ると米国社会の人種構成はより劇的に変化している。人口１００万人を超える９大都市のうち、すでに２０１０年の時点でニューヨーク、シカゴ、フィラデルフィアで過半数を割っており、７都市で50％台にまで落ち込んでいる実態がある。２０１２年～２０１６年に実施された最新の調査では、都市部における白人層は全体の44％にすぎず、すでに白人層は少数派に転落しているのである。[7]

　上記の人種構成の変化に対応して、登録済み有権者全体に占める白人の割合は、１９９２年の84％から２０１６年には70％へと14％縮小した。その結果、民主党支持者の中で白人の比率は、１９９２年の76％から57％へと19％減少したのに対し、共和党支持者に占める白人の比率は、同時期に93％から86％へと7％しか減少しなかった。つまり、共和党に占める白人の割合は、有権者全体の割合より16％も高く、政党支持者に占める白人の比重が民主党よりも相対的に大きいことがわかる。また、白人の中でも、特に劇的に共和党の支持層が拡大しているのは、男性、50歳以上の高齢者、高卒以下の低学歴層であった。２００８年と２０１６年の差は、白人男性では10％、白人高齢者で12～13％、低学歴層で14％の増加を示していた。[8]実際、ＣＮＮの出口調査では、白人男性の57％、45歳以上の白人高齢層の58～62％、高卒以下の白人の65％がトランプ候補に投票しており、白人の高齢層や低学歴層がトランプ支持の中核であったことが示されていた。[9]

第３の変化は、所得格差の拡大である。２０１５年現在、米国民の中で所得区分上位10％の人々の平均年収は３１２、５３６ドルで、下位90％の人々の平均年収３４、０７４ドルの約10倍に相当する。最上位０・１％の６７４万７、４３９ドルと比べると、約２００倍の開きが存在する[10]（図表２－３参照）。実際、所得格差を示すジニ係数も、70年代までは横這いだったものが、80年代以降は上昇に転じている。米連邦準備理事会（ＦＲＢ）の発表によれば、２０１３年までの過去３年で上位10％の所得区分の人々の所得は10％向上しているが、下位20％の所得区分の人々の所得は８％下降している。そして、米国社会を支えてきた中間層が急速に縮小してきている。世帯全体の総所得に占める中所得層のシェアは、１９８０年に60％だったのが２０１４年には43％に低下、逆に高所得層のシェアは30％から49％に上昇した。そして、中所得層に属する18歳以上の成人比率は１９８１年では59％だったが、２０１５年には50％に低下し、いまや中所得層がアメリカ社会を象徴する多数派ではなくなっているのである。[11]２０１７年１月のトランプ大統領就任演説で語られた「中間層の富が、その家庭から奪われ、世界中に再分配されてきた」との指摘は、[12]こうした深刻な実態と符合している。

２０１６年11月の大統領選挙直後に実施されたＣＮＮの出口調査によれば、年収５万ドルから10万ドルの中間層でトランプ候補に投票したのは、全国平均では49％であった。しかし、ラストベルトに位置する

図表2-3　米国人の所得格差

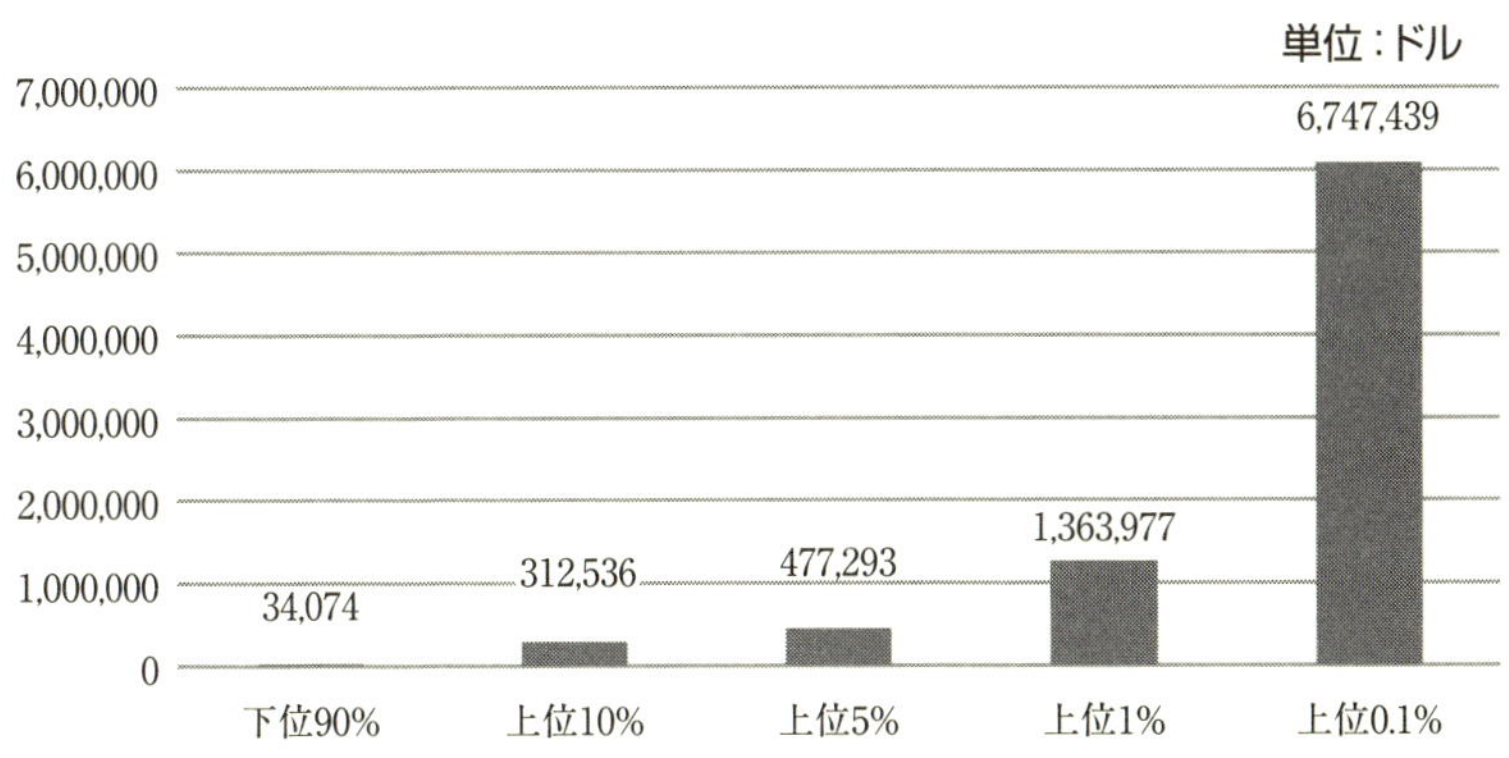

出典：<http://inequality.org/income-inequality/> より筆者作成

インディアナ州では63%、ペンシルベニア州とオハイオ州で55%、ウィンスコンシン州で52%、ミシガン州で51%と全国平均を上回っていた。つまり、トランプ大統領の当選を左右したラストベルトでは、中間層の投票行動が重要な役割を演じていたことが確認できる。[13]

トランプ政権の登場は、保守とリベラルとに極端に分極化した米国社会の中で、少数派に転落し、生活水準の悪化によって中間層の地位を享受できなくなった白人層の鬱積した感情を代弁したものであったといえよう。これは、２０１６年大統領選挙で、民主党左派に支持されたサンダース候補が本命だったクリントン候補に肉薄した実態とも符合する。そして、前述の通り、米国社会で進行するこうした地殻変動が、容易に克服できない構造的な問題である以上、トランプ政権の掲げる「米国第一主義」が決して一過性のものではないことに留意する必要があるだろう。[14]言い換えれば、米国第一主義を支える内向き志向と理念より利益を重視するポピュリズム（大衆迎合主義）は、２０２０年大統領選挙の行方にかかわらず、程度の差こそあれ米国政治が直面せざるをえない現実だろうと思われる。

第2節　トランプ政権の特徴——孤立主義、単独主義、軍事力の行使

次に、トランプ政権の外交・安全保障政策の特徴を、歴代のオバマ民主党政権（２００９～２０１６）とブッシュ共和党政権（２００１～２００８）との比較から浮き彫りにしてみよう。その際に使用する３つの尺度は、①国際問題への取り組み方（孤立主義 vs 国際主義）、②他国との連携（単独主義 vs 多国間主義）、軍事力の行使（積極性 vs 消極性）である。通常、孤立主義は、外交上のフリーハンドを確保する単独主義と、国際紛争への不介入や戦争の回避を目指す軍事力行使の消極性に結び付く傾向がある。しかし、図表２－４が示す通り、歴代政権の実態は、どれも理念上の理論的組み合わせからは逸脱している。

1　孤立主義 vs 国際主義

第1の尺度は、国際問題に積極的に関与する国際主義を採るか、消極的な孤立主義を採るかである。「米国第一主義」を掲げ、大統領就任演説において、「貿易、税金、移民、外交についてのすべての決定は、アメリカの労働者と家族の利益のために下される」と述べたトランプ大統領は、極めて孤立主義的な外交姿勢を鮮明にしてきた。[15] こうした米国民への恩恵を唯一の判断基準とする内向き志向は、オバマ政権ともブッシュ政権とも異なるトランプ政権の際立った特徴の一つといえよう。

２０１７年5月の主要7か国（G７）首脳会議では、中露を加えたG７の枠組み変更論や保護主義を主張するなどして、独自の路線を貫いた。同年6月には、選挙運動中の公約通り、気候温暖化対策の「パリ

図表2-4　歴代政権の外交・安全保障に関する基本姿勢

	国際問題への取り組み方	他国との連携	軍事力の行使
トランプ政権	**孤立主義** > 国際主義	**単独主義** > 多国間主義	**積極的** > 消極的
オバマ政権	孤立主義 < **国際主義**	単独主義 < **多国間主義**	積極的 < **消極的**
ブッシュ政権	孤立主義 < **国際主義**	**単独主義** > 多国間主義	**積極的** > 消極的

出典：筆者作成

協定」からの離脱を宣言した。政権内には、長女のイバンカ大統領補佐官やティラーソン国務長官（当時）らの「残留派」とバノン首席戦略官・上級顧問やプルーイット米環境保護庁長官らの「離脱派」との対立があったとも伝えられていたが、「パリ協定は認めがたい法的リスク」を米国に課すとの理由で離脱派が押し切った。[16] ２０１７年7月に開催されたG20では、自由貿易と気候温暖化対策が話題となったが、全体の結束を犠牲にしても米国第一主義を譲らない米国の姿勢が鮮明となった。また、同年9月、就任後初めてとなる国連総会の一般討論演説で、トランプ大統領は、国民の利益と主権国家の権利の尊重という米国第一主義を強調した。

元来、米国の外交姿勢は、国際主義と孤立主義の間を振り子のように行き来するといわれてきた。トランプ流孤立主義は、一見伝統的な米国の外交姿勢への回帰のようにも見える。しかし、第二次大戦後の米国は、戦後の秩序を覇権国として維持・形成してきたのであり、世論は孤立主義的傾向を強めることがあっても、政権の政策は一貫して国際主義を貫いてきたのである。

ネオコン（Neo-Conservative：新保守主義）の強い影響を受けたブッシュ政権の軍事・外交戦略は、力を背景に米国流の自由と民主主義を世界に拡大する国際主義であった。２０００年1月の就任演説で、ブッシュ大統領は「米国は世界（の問題）に関与し続ける。（中略）米国は同盟国と自らの国益を守る」と述べた。これは、選挙運動中に示唆されていた孤立主義への回帰の懸念を払拭すると同時に、世界への関与は国益の実現と密接に結び付いていた点に特徴があった。

2013年9月のテレビ演説において、当時のオバマ大統領は「米国は世界の警察官ではない」と明言した。国際主義を掲げるオバマ大統領ではあったが、巨額の財政赤字を抱え、世界秩序を維持するための軍事的関与能力の不足を認めた瞬間であった。とはいえ、オバマ政権は、気候温暖化対策や自由貿易体制のような非軍事分野で、世界秩序のルール作りに積極的に関与する意思を持ち続けていた。

2017年12月の国家安全保障戦略（NSS）において、トランプ政権の外交・安全保障政策は、「道義的な現実主義」と規定された。国家安全保障会議の解説に従えば、「グローバルな競争を見据えている点で現実主義的」であり、「米国の価値観を促進することが世界に平和と繁栄をもたらすための鍵であるとの認識を根拠にしている点で道義的である」としている。[17] 言い換えれば、イラク戦争を主導した第1期ブッシュ政権のような理想主義的な対外関与とは一線を画す一方で、イランやキューバと接近したオバマ政権のように道義や価値を無視した現実主義も排除するものと位置づけられた。こうした政権発足時からの国益一辺倒を幾分修正する姿勢は、孤立主義に基づく対外不介入の旗頭だったバノン主席戦略官・上級顧問の退任と無縁ではないだろう。

しかし、トランプ政権の「道義的な現実主義」が国際主義に回帰したとはいいがたい。オバマ政権と同様に「世界の警察官」を放棄したトランプ政権は、パクス・アメリカーナ（米国による平和）ではなく、米国優位の勢力バランスを推進しようとしている。同時に、自由貿易体制の推進よりも保護主義的な経済政策を追求しようとしている。先述のNSSでも、「世界に関与することは、主権国家としての米国の権利と義務を放棄したり、自国の安全保障で妥協すべきことを意味しない」と指摘している。[18] それは、国際主義に基づく安全保障・経済分野での覇権的秩序を維持する能力と意思を欠いた孤立主義の表れともいえよう。

図表2-5　党派別世論調査——孤立主義と国際主義

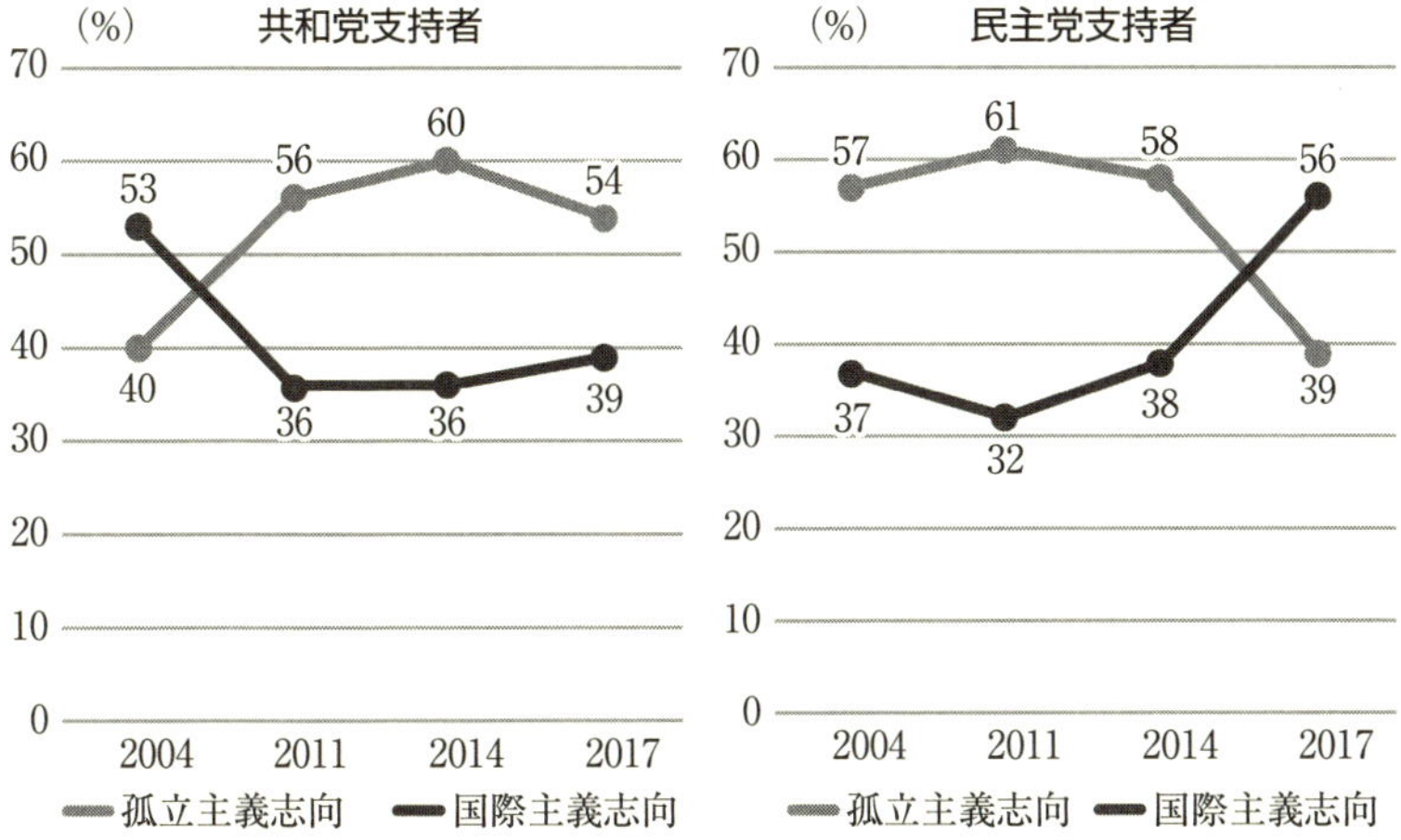

出典：Pew Research Center, The Partisan Divide on Political Values Grows Even Wider:, October 5, 2017, p.21 < http://www.people-press.org/wp-content/uploads/sites/4/2017/10/10-05-2017-Political-landscape-release.pdf > より筆者作成

ちなみに、２０１７年6~7月に実施されたピュー・リサーチ・センターの世論調査によれば、共和党支持者のうち、「米国は国際問題にあまり関心を払うべきではない」と答えたのは54%で、「米国が国際問題に積極的であることが国の将来にとって最善である」と答えたのは39%にすぎなかった。反対に、民主党支持者のうち、消極的関与に同意したのは39%で、全体の56%は積極的関与に同意した（図表２－５参照）。ただし、保守的もしくは穏健な民主党支持者では、消極的関与が48%、積極的関与が46%で、わずかながら消極的関与が上回っていた。つまり、トランプ政権の支持層には、孤立主義的志向が強いことがわかる。[19]

2　単独主義 vs 多国間主義

第2の尺度は、外交上の取り組みにおいて、二国間の交渉と合意を重視する単独主義か、3か国以上の連携と強調を重視する多国間主義かの相違である。

ブッシュ政権は、米国独自の価値判断と米国流の方法で国際秩序を支配する単独主義外交が顕著であった。2002年には、地球温暖化防止の京都議定書から離脱する一方で、米国独自のガス削減計画を作成した。また、国連人口基金への拠出を中止する一方で、国連拠出金の倍以上の資金を投入して米国独自の人口政策を展開した。包括的核実験禁止条約の批准を中止して新核戦略を構築し、ロシアとの弾道弾迎撃ミサイル制限条約（ABM）から一方的に離脱してミサイル防衛を推進した。

元来、単独主義外交は孤立主義と結びつく傾向が強いが、ネオコンの影響を受けたブッシュ政権下では、単独主義と国際主義が結合することになった。ただし、政権発足当初の単独主義は、同時多発テロを契機に〝状況に応じた多国間主義（a la carte multilateralism）〟との併用に移行した。ハース国務省政策企画局長は、「多国間主義は目的ではなく手段である」とし、多国間主義が国益に貢献しなければ、国益擁護を優先しなければならないと強調していた[20]。

他方で、ブッシュ政権期の単独行動主義と決別し、同盟国や新興国との連携と国連等の多国間枠組みを活用した多国間主義を重視したのがオバマ政権であった。クリントン国務長官は、共通の地球的課題の解決を図るための〝新たな外交と開発の時代（a new era of diplomacy and development）〟と称し、金融危機や核不拡散、気候変動、感染症や貧困等の諸問題に対し、アジア諸国と連携して関与し続ける決意を示した[21]。

国際主義の下で戦術的に多国間主義を採用したブッシュ政権とは異なり、トランプ政権では、孤立主義に内在する主権至上主義と国益重視の単独主義が直結した。オバマ政権が主導した気候変動パリ協定や環太平洋戦略的経済連携協定（TPP）から離脱し、二国間交渉に固執する姿勢はその証左である。

２０１８年に入ると国際的枠組みの軽視はさらに加速した。同年5月のイラン核合意からの離脱表明を皮切りに、6月に国連人権理事会、10月には万国郵便連合からの離脱を表明し、同年12月には25％を上回る国連平和維持活動予算への拠出を拒否した。

２０１７年6～7月に実施されたピュー・リサーチ・センターの世論調査によれば、米国世論の59％は「米国は外交政策において同盟諸国の利益を考慮すべきである」と答え、「米国は自国の国益に従うべき」は36％であった。党派別に見ると、民主党支持者の74％が「米国は同盟諸国の利益を考慮すべき」と答え、共和党支持者の54％は「米国は自国の国益に従うべき」であった。共和党支持者の中でも、保守層の58％が「米国は自国の国益に従うべき」と答えたが、穏健・リベラル層では47％にすぎず、むしろ49％が「米国は同盟諸国の利益を考慮すべき」と答えていた。元来、共和党支持者は２００４年と２０１１年の時点では、どちらの意見も過半数を超えなかった。つまり、トランプ政権の単独主義的傾向は、与党共和党の一部の賛成しか得られておらず、その支持基盤は決して強固なものではない。[22]

3　軍事力行使の消極性 vs 積極性

第3に、米国歴代政権の軍事力の行使をめぐる姿勢（積極性と消極性）は、上記の単独主義と国際主義の動向と深く関係している。単独主義のブッシュ政権がアフガニスタンやイラクへの軍事介入を推進した一方で、国際主義を掲げたオバマ政権がシリアへの軍事介入に躊躇したのはその証左であろう。同時に、ベトナム戦争以来、介入に伴う米軍の人的犠牲の発生に極めて敏感な状況が続く中[23]、歴代政権の軍事力行使への基本姿勢は、前政権による軍事介入の成否を教訓にしていた。

たとえば、オバマ政権は、特殊作戦部隊によるテロ指導者の捕捉と有志連合の活用によって米兵の犠牲の発生を抑えようとした。これは、ブッシュ政権が地上軍を派遣した対テロ戦争が泥沼化したことへの反省によるものであった。実際、ブッシュ政権下で実施されたイラク戦争では4２、２２9名、アフガニスタン戦争では６３５名以上の米兵の命が失われた。２つの戦争を引き継いだオバマ政権は、犠牲者数を前政権時の約60％程度削減した。また、オバマ政権が着手したイスラム国への軍事作戦では15名の犠牲者しか出さなかった。その一方で、ブッシュ政権はパキスタンで51回もの無人機攻撃を実施したが、オバマ政権ではその7倍以上に及ぶ３７２回の作戦が確認されている。[24]

加えて、オバマ政権は、財政赤字削減策の一環として国防予算の削減に着手した。中国の軍事的台頭、ロシアによるクリミア併合、イスラム国の勢力拡大など、米軍の対応を必要とする戦略環境の下で、財政上の要請を優先して国防予算を大幅に削減した。２０１１年予算管理法に基づく連邦政府予算の強制削減（sequestration）が発動され、２０１３年3月には、国防予算は10年間で約1兆ドル削減されることになった。こうした点からも、オバマ政権では、国際紛争の解決手段として、軍事力よりも外交を重視する姿勢が端的に見て取れる。

トランプ政権は、オバマ政権における外交中心路線を転換し、圧倒的な軍事力を背景に紛争を抑止する「力による平和」の構築を目指す方針を打ち出した。大統領就任前にはアフガニスタンからの早期撤退を主張していたが、実際には国防省の要請に応じて増派を容認し、アフガニスタン、シリア、イエメンでの爆撃作戦は強化された。しかし、軍部の反対を押し切って拙速にシリアからの撤退を決めるなど、長期にわたる軍事介入と米兵の犠牲を極力回避しようとする点に孤立主義的な一面も垣間見られる。アメリカ的価値の拡散を目指す国際主義と積極的な武力行使が結び付いたブッシュ政権と、孤立主義の下で理念なき「力による平和」を掲げるトランプ政権との相違は、軍事力行使の一貫性の相違に見ることができる。

選挙運動中の公約では、連邦政府予算の強制削減の撤回と共に、陸軍の現役兵員数を479,000人から54万人に、海兵隊の大隊数を23個から36個に、海軍の艦艇数を276隻から350隻に、空軍の戦闘機数を1,113機から1,200機に増強することを掲げていた。2017年5月の予算教書では、国防予算の大幅増額が謳われ、核戦力の増強にも乗り出した。しかし、2018会計年度の国防予算案は、前年度比約10%増にとどまり、18年度は8隻の建造を求めただけで、トランプ大統領が主張してきた「国防費の歴史的拡大」は実質的に先送りとなった。[25] 2017年6月、下院軍事委員会のシーパワー・投射戦力小委員会は、空母の建造ペースを従来の5年に1隻から3年に1隻に加速させ、2023年以降は現行の10隻体制から12隻体制を維持することを義務付ける条項を国防権限法に盛り込んだ。[26] ただし、2018年の中間選挙で予算を審議する下院で民主党が多数派を握り、連邦財政の赤字が続く限り、強制削減が撤回されたとしても国防省の予算を急増することは難しいだろう。

2017年6~7月に実施されたピュー・リサーチ・センターの世論調査によれば、米国世論の61%は「平和の維持に最善の方法は軍事よりも外交である」と答え、「軍事」と答えたのは30%にすぎなかった。こうした米国世論の傾向は、1994年以来一貫している。しかし、党派別に見ると、民主党支持者の「外交」志向は1994年に66%、2014年には77%と増加傾向を示してきたのに対し、共和党支持者のそれは一貫して低下傾向にある。1994年の「外交」志向は50%であったが、2014年には44%に低下し、2017年には33%にまで落ち込んでいる。

つまり、トランプ政権の掲げる「力による平和」は、長年にわたる共和党支持者の志向と一致した傾向であることがわかる。[27]

第3節　トランプ政権のアジア政策

トランプ政権のアジア外交は、オバマ政権の「アジア・リバランス」の中核である環太平洋戦略的経済連携協定（ＴＰＰ）の否定から始まった。しかし、高官人事の任命手続きが遅れたため、独自の体系的な地域戦略の策定には時間がかかった。２０１７年9月時点で、上院承認の必要な６００近くのポストの内、トランプ政権が指名したのは３１７人で、同時期のオバマ政権の４２５人と比べても少ない。承認されたポストは、オバマ政権の３１０人に対してトランプ政権は１２４人にとどまった。[28] 特に、外交・安全保障分野では、東アジアを担当する局長級の国務、国防両次官補ポストや主要な大使ポストでさえ空白が目立った。

包括的なアジア戦略を初めて表明したのは、２０１７年11月のアジア太平洋経済協力会議（ＡＰＥＣ）首脳会議の場であった。トランプ大統領は、「自由で開かれたインド太平洋」をテーマとする演説を行い、インド太平洋諸国との絆と友情を強化し、繁栄と安全を促進するための新たなパートナーシップを提案して同地域へのコミットメントの継続を明言した。その一方で、「自らの手を縛る大きな合意には入らない」と述べて多国間主義を否定し、「相互信頼と互恵に基づく二国間の貿易を推進する」と表明した。[29]

1　対中政策

米国の対中政策は、ブッシュ政権期の「責任ある利害関係国」からオバマ政権期の「戦略的再保証」へと変化したが、両政権下で作成された２００２年と２０１５年の国家安全保障戦略（ＮＳＳ）は、共に「米国は安定し、平和的で繁栄した中国の台頭を歓迎する」とのまったく同じ認識が表明されていた。特に第2期オバマ政権では、協力の拡大と建設的な管理によって米中間の相違を克服して、「新型の大国間関係」の構築が模索された。つまり、米国にとって、中国は冷戦期のソ連のような封じ込めの対象ではなく、安全保障面では対立しても経済面では協調可能な関与の対象であった。

ところが、トランプ政権になって、中国の位置づけは関与から封じ込めの対象へと変質しつつある。２０１７年12月のＮＳＳは、「中国の台頭と戦後国際秩序への統合を支援すれば、中国を自由化するであろうという信念」が間違いであったことを認めた。その上で、「我々の希望に反し、中国は、他国の主権を犠牲にしてパワーを拡張し、（中略）インド太平洋において米国に取って代わることを模索」する「修正主義国家」と位置づけた。[30] ２０１８年1月に公表された米国国防戦略も、中国を「戦略的競争者」とし、その覇権主義を批判した。同年10月、ペンス副大統領も、「歴代政権は中国の行動をほとんど無視してきました。そして、多くの場合、中国に有利に導いてきました。しかし、そうした日々は終わりです」と述べ、過去の政策との決別を宣言した。その上で、「米国が中国に対して新たな対外姿勢を取ることを明らかにし、（中略）そのための強力かつ迅速な行動」を強調した。[31]

２０１７年3月1日、トランプ政権は「２０１７年通商政策課題」を発表し、ＴＰＰからの離脱と同時に米通商法を強化して中国市場へのアクセスを迫る政策に着手した。[32] ２０１８年3月の通商法３０１条に基づく対中制裁措置の発動を契機に、米中貿易摩擦はエスカレートした。２０１８年9月の時点で、3回に及ぶ中国輸入品への関税引き上げの総額は2、５００億ドルに達した。２０１８年8月に成立した２０１９会計年度国防権限法は、中国通信機器の政府調達を禁止し、先端技術の輸出と投資の大幅な規制を定めた。こうした関税の引き上げと対中技術移転の抑制を手段とする貿易戦争は、経済成長という中国共産党の正統性の基盤に打撃を与え、中国の台頭を抑え込む戦術になっている。政権内では、保護主義に抵抗してきたコーン国家経済会議（ＮＥＣ）委員長のような対中穏健派が去り、ピーター・ナバロ大統領補佐官やロバート・ライトハイザー米通商代表部（ＵＳＴＲ）代表などの対中強硬派が政策を主導している。

安全保障面では、南シナ海と東シナ海におけるパトロールが強化された。特に南シナ海では、２０１７年5月以降、航行の自由作戦を2か月に1回のペースで定例化する方針が打ち出された。これは、政治的配慮から海軍の提案をアドホックに承認していたオバマ政権からの転換であった。２０１８年3月、ティラーソン国務長官とマクマスター国家安全保障補佐官に代わり、対中強硬派のポンペオＣＩＡ長官とボルトン元国連大使が起用された。同年5月には、南シナ海での中国の軍事拠点化を批判し、２０１４年と２０１６年に中国の参加を承認してきた環太平洋合同演習（ＲＩＭＰＡＣ）への招待を撤回した[33]。また、２０１８年10月に表明した１９８７年に旧ソ連と結んだ中距離核戦力（ＩＮＦ）全廃条約からの離脱は、中国の中距離核兵器を念頭に置いた政策の転換と見ることもできる。

2　対北朝鮮政策

「北朝鮮の非核化に対する過去20年間の外交その他のアプローチは失敗であった」との認識に基づき、トランプ政権はオバマ政権が採用してきた戦略的忍耐（strategic patience）政策からの決別と、軍事オプションを含むすべての選択肢の存在を明確にした[34]。２０１７年9月の国連演説において、トランプ大統領は北朝鮮を「完全に破壊」する選択肢に言及し、必要に応じて武力行使を行う意思と能力が整っていることとを示した。[35] こうして、歴代政権とは異なる新しいアプローチを模索したトランプ政権は、２０１８年６月、史上初となる米朝首脳会議で、「朝鮮半島の継続的かつ安定的な平和体制の構築」と「朝鮮半島の完全な非核化」に合意した。[36]

１９９４年10月の米朝枠組み合意以来となる二国間合意によって、２０１６年以降の危機的状況は回避された。しかし、共同声明には「完全な非核化」が謳われたものの、従来米国が主張してきた「完全、検証可能かつ不可逆的な非核化（Complete, Verifiable, Irreversible Denuclearization：ＣＶＩＤ）」が明記されることはなく、それを実現するための具体的な道筋も見えていない。何より、米朝首脳会議での合意が、北朝鮮の非核化ではなく朝鮮半島の非核化である点に注目すべきである。これは、２０１８年４月の南北首脳会談で合意された「完全な非核化を通じた核のない朝鮮半島」とも一致した表現である。すでに、１９９０年代に米国が韓国に配備した戦術核兵器を撤去した以上、北朝鮮にとって朝鮮半島の非核化は米国の韓国に対する拡大核抑止（核の傘）が外れることを意味するであろう。それは、北朝鮮がＣＶＩＤを拒否する理由としてきた米国の「敵視政策」や「体制保証」の要求とも一致する。

戦略的忍耐を失敗と結論付けたトランプ政権が、採用しようとしている新しいアプローチとは一体何なのか。戦略的忍耐は、北朝鮮が２００９年4月に六者協議から離脱し、同年5月に第2回核実験を実施した後、クリントン国務長官が導入したアプローチであった。それは、核廃棄に至る前の核無能力化の段階で経済制裁やテロ支援国家指定の解除に踏み切ってしまった第2期ブッシュ政権への反省に立っていた。そこで、戦略的忍耐は、北朝鮮がＣＶＩＤを実行しなければ直接協議を含む一切の見返りを提供しないというものであった。言い換えれば、ＣＶＩＤという前提条件が満たされれば、二国間関係の正常化、停戦協定に代わる和平協定の締結、経済制裁の解除といった報奨を約束するものであった。しかし、戦略的忍耐は、度重なる核実験と米国本土を射程に収める長距離弾道ミサイルの開発を抑止できなかったのは事実である。

米朝首脳会談後の交渉が行き詰まりを見せているように、米国が平和体制の構築という報奨の約束を条件に北朝鮮にＣＶＩＤの履行という現状変更を強制する限り交渉の難航は必至であろう。またそれは基本的に戦略的忍耐の構図と変わりはない。トランプ政権のアプローチの新規性は、武力行使という制裁の脅迫によって核・ミサイル開発の中止という現状維持を実現した点にある。第1期ブッシュ政権時も、核施設に対する軍事攻撃は選択肢として排除されていたわけではなかったが、平和的かつ外交的な核兵器開発の廃棄の方が優先されていた。その結果、脅迫の信憑性は決して高いものではなかった。他方で、２０１７年末にトランプ政権から発信されたメッセージは、「我々がコミットしているのは解決であって平和的解決ではない」とし、先制軍事攻撃の可能性が示唆されていた。[37] クリントン政権下の試算で、北朝鮮へ米国が軍事行動に踏み切った場合、開戦後90日間で米軍の戦死者は５２，０００人、韓国軍49万人に達すると出ていた。第1期ブッシュ政権で軍事制裁を忌避させたこうした悲観的試算の影響は、トランプ政権下では小さくなっていた。２０１８年2月に公表された核戦略見直しで、「核なき世界」から「使える核」への転換が謳われ、核の先制不使用を否定したことも、[38] トランプ政権の脅迫の信憑性を高めた。

3　対日政策

トランプ政権の対中政策や対北朝鮮政策が、歴代政権の政策から大きく変化を見せる一方で、対日政策は選挙期間中の厳しい批判に反して、概ね伝統的な路線が維持された。特に、「自由で開かれたインド太平洋」戦略を日米両国が共有し、外交・安保政策と経済政策を重層的に調整する共通の枠組みを構築した点に、日米関係の絆の強さを見て取ることができる。

大統領就任直後の2017年2月に実施された日米首脳会談で、日米両国は同盟を強化し、「アジア太平洋地域と世界の平和と繁栄のために、日米両国で主導的役割を果たしていくこと」を確認した。共同声明では、「核及び通常戦力の双方によるあらゆる種類の米国の軍事力を使った日本の防衛に対する米国のコミットメント」が再確認され、「日米安全保障条約第5条が尖閣諸島に適用される」ことが明記された。選挙期間中、トランプ大統領は、日本が米軍駐留経費を全額負担しない場合、米軍撤退を示唆する発言を行っていたが、会談で米軍駐留経費の問題が取り上げられることはなかった。

日米同盟の抑止力・対処力の強化という点では、2015年4月に改定された「日米防衛協力のための指針」（新ガイドライン）で設けられた自衛隊と米軍との連携・協力の枠組みがトランプ政権下で具体的に動き出した。2017年4月以降に実施された海上自衛隊の護衛艦と米軍の空母や補給艦との共同演習は、「同盟調整メカニズム」（ACM）を平時から活用することで相互運用性の強化を目指すものであった。[39]

外交・安全保障面では同盟重視の対日政策が採用された一方で、経済面では公約通りの保護主義的な通商政策が影を落とした。2017年1月にTPPから離脱し、NAFTAの再交渉を宣言したトランプ政権は、同年2月の日米首脳会談で、「二国間の枠組みで経済対話に従事する」ことが謳われた。2018年6月の日米首脳会談では、麻生副総理とペンス副大統領による日米経済対話の下に、茂木内閣府特命担当大臣（経済財政担当）とライトハイザーUSTR代表との間で「自由で公正かつ相互的な貿易取引のための協議（FFR）」が設置された。同年9月の首脳会談では、農業品や工業品の関税を引き下げるための新たな二国間貿易協定交渉となる日米物品貿易協定（TAG）の交渉開始が合意された。米国の貿易赤字全体に占める対日貿易赤字の比率は8・6％にすぎない。46・3％を占める中国との貿易戦争のような事態にはならないであろうが、保護主義に傾斜する民主党が中間選挙によって下院を支配する事態となったため、対日圧力は強化される可能性が高い。

第4節　防衛負担の拡大と拡大抑止の信頼性

「米国第一主義」を掲げるトランプ政権の登場により、日米同盟を動揺させる2つの課題に日本は直面することとなった。第1に、トランプ大統領が、「適正な防衛の対価」として、在日米軍駐留経費の負担増や国内総生産（GDP）に占める防衛費の割合拡大を日本に求める可能性である。第2に、米国が孤立主義と単独主義に傾斜することで、日本に提供される拡大抑止の信頼性が低下する懸念である。

1　防衛負担の拡大

2017年2月4日、トランプ政権の閣僚として初来日したマティス米国防長官は、在日米軍駐留経費の日本側負担を「他国にとってお手本」[40]と評価した。続いて、同年2月11日の日米首脳会談の共同声明で、「核および通常戦力の双方による、あらゆる種類の米国の軍事力を使った日本の防衛に対する米国のコミットメントは揺るぎない」と確認された。さらに、「日米安全保障条約第5条が尖閣諸島に適用される」ことが、初めて文書で確認された。こうして、在日米軍駐留経費の増額要求と米国による拡大抑止の信頼性への不安は、新政権発足後早々に払拭されたように思える。

しかし、米国からの同盟諸国に対する防衛負担の要求は、実はトランプ政権に始まったことではない。1970年代に米国の経済的優位が相対的に低下し、財政赤字が拡大するたびに、米国は同盟国への負担の分担を求めてきた。最近では、オバマ政権下で作成された国家安全保障戦略（NSS）の中でも、国益が直接脅かされない限り軍事行動の敷居は高く、そうした場合に同盟国や友好国に負担の分担を求めることが明記されている[41]。

駐留米軍経費の問題は、同盟国としての国防費の負担の分担と密接に関係している。2014年、ロシアのクリミア併合後に開かれた北大西洋条約機構（NATO）首脳会議で、当時のオバマ大統領は「自由はただではない」と訴え、加盟国に国防費の増額を求めた。2016年7月、ワルシャワで開かれたNATO首脳会議は、加盟国の国防費をGDP比2％にまで増額することで一致した。ただし、当時目標値をクリアしていたのは、米国の3・62％の他は、ギリシャの2・46％、ポーランド、エストニア、英国の4か国にすぎなかった。2017年2月のNATO国防相理事会で、マティス国防長官は国防支出の目標が達成されない場合、NATOへの関与を縮小する可能性を示唆した[42]。こうした米国の強い働きかけを受けて、同年3月末の外相理事会では、GDP比2％以上とする目標達成のための工程表を策定することで一致した。こうしたトランプ政権の強い圧力を受け、米国を除くNATO加盟諸国の2017年の国防費の合計は、前年比の4・3％増となった。

このNATO基準をアジアの同盟国に適用すると、目標値2％を達成しているのは2・6％の韓国だけで、1・8％のオーストラリアも1・0％の日本もクリアしていない。選挙運動中にトランプ陣営の国家安全保障顧問を務めたジェフリー・ゴードン元国防総省報道官は、米軍駐留経費の増額圧力がかかるのは韓国よりも日本の方であると指摘した[43]。他方で、日本の米軍駐留経費の負担は、他の同盟国と比して突出している。米国防総省の2004年度版『共同防衛に対する同盟国の貢献度』によれば、2002年の米軍駐留経費で日本の負担額は44億1、000万ドルで27か国中第1位であった。負担率でも、日本は74・5%で、韓国の40・0%、ドイツの32・6%を大きく引き離していた。加えて、2006年5月の在日米軍再編に関する最終合意で、8、000人規模の沖縄海兵隊のグアム移転関連経費の約59%を負担することになった。

とはいえ、「適正な防衛の対価」を求める米国に対し、日本は、防衛費の対GDP比を増大させるか、在日米軍駐留経費の負担をいま以上に増大させるか、という難題に直面する可能性は捨てきれない。無論、GDP比2%にまで引き上げるということは、現在GDP比約1%、約5兆1251億円の防衛費を2倍にすることを意味する。2017会計年度の米国の在日米軍駐留経費予算が48億700万ドル（約5、288億円）であるから、[44] 在日米軍駐留経費を仮に日本が全額負担したとしても、防衛費の10分の1前後の増額で対応が可能ということになる。

しかし、金額的に低く抑えられるからといって、在日米軍駐留経費の負担を増額する形で米国の防衛負担の拡大要求に応えることが、日本の国益にかなうとはいえない。在日米軍駐留経費の負担増は、自律性コストの拡大を意味し、日本の防衛に間接的に資するものであっても、直接的に貢献するものではないからである。ここに、日本が直面するもう一つの課題である拡大抑止の信頼性の低下という懸念を克服するカギが潜んでいる。

2 拡大抑止の信頼性

政権発足直後の日米首脳会議の共同声明で拡大抑止の提供が明記されたとはいえ、これで懸念が払拭されたわけではない。米国第一主義を掲げ、孤立主義と単独主義に傾斜する限り、トランプ政権による拡大抑止の信頼性は案件毎に常に問い直す必要性がある。また、トランプ政権を産んだ米国社会の構造的変化が続く限り、それはトランプ政権だけに限ったことではなく、今後の日米同盟が継続して直面し続ける課題かもしれない。

たとえば、尖閣諸島に対して中国の準軍事組織によって上陸作戦が開始され、事実上、日本の実効支配が揺らぎはじめた際、どの段階でどの程度の米軍の支援が得られるかどうかは不確実性が伴う。あるいは、米国本土に届く北朝鮮の長距離弾道ミサイルが実戦配備された時、米国市民の危険を冒しても北朝鮮の軍事的威嚇に対抗して米国の拡大核抑止が効くかどうかにも不確実性が伴う。そもそも、弾道ミサイル防衛システムは、多弾頭のミサイルやミサイル攻撃が繰り返し行われた場合、必ずしも有効に迎撃できない。また、抑止とは、攻撃が行われた際に事後的に対処するものである以上、最初の攻撃自体を阻止することはできない[45]。特に、日本では、被害の最小化を目的とする国民保護が著しく遅れている点にも留意する必要がある。

拡大抑止の信頼性を高める施策として、米国のコミットメントを政策宣言レベルで確認するだけでなく、２０１０年以降は日米拡大抑止協議が年2回の割合で実施されてきた。こうした外交努力に加え、新たな安保法制によって集団的自衛権を行使する条件が整えられた。つまり、「わが国の存立が脅かされ、国民の生命、自由及び幸福追求の権利が根底から覆される明白な危険がある場合において、これを排除し、我が国の存立を全うし、国民を守るために他に適当な手段がないときに、必要最小限度の実力を行使」できることになった。この通称「存立危機事態」に対処する能力を高めるために必要なのは、在日米軍駐留経費の負担増による「自律性コスト」ではなく、軍事的貢献に必要な防衛予算と部隊運用による任務分担などの「防衛コスト」の方であろう。

1 読売新聞、２０１７年４月２日。
2 < http://www.people-press.org/2019/01/16/most-border-wall-opponents-supporters-say-shutdown-concessions-are-unacceptable >
3 Ariel Edwards-Levy, "Americans Are Split Over Donald Trump's Travel Ban: Most View the Executive Order as Specifically Intended to Target Muslims," *The Huffington Post*, February 2, 2017.
4 Pew Research Center, *The Partisan Divide on Political Values Grows Even Wider*, October 5, 2017, p.3 , p.6. < http://www.people-press.org/wp-content/uploads/sites/4/2017/10/10-05-2017-Political-landscape-release.pdf >
5 一般投票の敗者が当選したのは、各州で定められた大統領選挙人を選ぶ独特の大統領選挙において、人口の多い接戦州で勝者総取り方式で選挙人が選ばれたからである。詳細は、滝井光夫「もう一つの大統領選挙結果：一般投票ではクリントンの圧勝」< http://www.iti.or.jp/flash308.htm >を参照。
6 < https://edition.cnn.com/election/2016/results/exit-polls >
7 Pew Research Center, *What Unites and Divides: Urban, Suburban and Rural Communities*, p.24. < file:///C:/Users/takeda/AppData/Local/Packages/Microsoft.MicrosoftEdge_8wekyb3d8bbwe/TempState/Downloads/Pew-Research-Center-Community-Type-Full-Report-FINAL.pdf >
8 Pew Research Center, *The Parties on the Eve of the 2016 Election: Two Coalitions, Moving Further Apart: Trends in voter party identification 1992-2016*, September 13, 2016, p.7, p.21. < https://www.people-press.org/2016/09/13/the-parties-on-the-eve-of-the-2016-election-two-coalitions-moving-further-apart/ >
9 < https://edition.cnn.com/election/2016/results/exit-polls >
10 < https://inequality.org/facts/income-inequality/ >
11 Pew Research Center, *The American Middle Class is Losing Ground* < http://www.pewsocialtrends.org/2015/12/09/the-american-middle-class-is-losing-ground/ >
12 Remarks of President Donald J. Trump, Inaugural Address, January 20, 2017. < https://www.whitehouse.gov/briefings-

statements/the-inaugural-address/ >

13 < https://edition.cnn.com/election/2016/results/exit-polls >

14 米国第一主義は、トランプ大統領の専売特許ではない。１９９２年大統領選挙で勝利した民主党のクリントン大統領も、ブッシュ（父）政権による湾岸戦争に伴う景気の悪化を批判した際に米国第一主義を掲げていた。それは国内経済の重視という点では内向きではあったが、決して孤立主義を志向するものではなく、国益重視の姿勢が形を変えたにすぎない。

15 Remarks of President Donald J. Trump, Inaugural Address, January 20, 2017.

16 読売新聞、２０１７年6月3日。

17 Fact Sheets, President Donald Trump Announces a National Security Strategy to Advance America's Interests, Issued on: December 18, 2017, National Security Council < https://www.whitehouse.gov/briefings-statements/president-donald-j-trump-announces-national-security-strategyadvance-americas-interests/ >

18 *National Security Strategy*, December 2017, ii, p.7< http://nssarchive.us/wp-content/uploads/2017/12/2017.pdf >
< http://nssarchive.us/wp-content/uploads/2017/12/2017.pdf >

19 Pew Research Center, *The Partisan Divide on Political Values Grous Even Wider*, October 5, 2017, p.21.

20 Richard N. Haass, Multilateralism for a Global Era < https://2001-2009.state.gov/s/p/rem/6134.htm >

21 Hillary Clinton, U.S. and Asia: Two Transatlantic and Transpacific < http://www.state.gov/secretary/rm>/2009a/02/117333.htm >

22 Pew Research Center, *The Partisan Divide on Political Values Grous Even Wider*, p.24.

23 これを米国に限った現象として捉えた場合、一般にベトナム症候群と呼ばれてきた。米国に限らず、アフガニスタンに侵攻した旧ソ連や多くの現代国家に共通する現象として、「ポストヒロイック（人命重視）」の時代と称されることもある。エドワード・ルトワック、武田康裕・塚本勝也共訳『エドワード・ルトワックの戦略論—戦争と平和の論理』毎日新聞出版、２０１４年、１１２頁。

24 < https://www.politico.com/story/2017/02/poll-trump-immigration-order-234601 >［２０１７年11月15日アクセス］

25 産経新聞、２０１７年5月25日。

26 産経新聞、２０１７年7月23日。

27 Pew Research Center, *The Partisan Divide on Political Values Grous Even Wider*, p.25.

28 産経新聞、２０１７年9月12日。

29 Remarks by President Trump at APEC CEO Summit, November 10, 2017. < https://vn.usembassy.gov/20171110-remarks-president-trump-apec-ceo-summit/ >

30 *National Security Strategy*, December 2017, p.25.

31 ペンス演説が、対中関与政策の不可逆的な終焉を訴えたものかどうかは慎重な判断が求められる。演説の最後で、「中国の支配者たちが、方針を変更し、数十年前の関係の始まりを特徴づけた改革と開放の精神にまだ戻ることはできます」とも指摘しているからである。Vice President Mike Pence's Remarks on the Administration's Policy Towards China, October 4, 2018.< https://www.hudson.org/events/1610-vice-president-mike-pence-s-remarks-on-the-administration-s-policy-towards-china102018 >

32 Office of the United States Trade Representative, *2017 Trade Policy Agenda and 2016 Annual Report of the President of the United States on the Trade Agreements Program*, pp.4-6. < https://ustr.gov/sites/default/files/files/reports/2017/AnnualReport/AnnualReport2017.pdf >

33 Ronald O'Rourke, "China's Actions in South and East China Seas: Implications for U.S. Interests—Background and Issues for Congress, " *Congressional Research Service Report*, August 1, 2018, pp.33-42 < https://fas.org/sgp/crs/row/R42784.pdf >

34 Rex W. Tillerson, Remarks with Foreign Minister Yun Byung-se Before Their Meeting < https://www.state.gov/secretary/20172018tillerson/remarks/2017/03/268501.htm >

35 Remarks by President Trump to the 72nd Session of the United Nations General Assembly < https://www.whitehouse.gov/briefings-statements/remarks-president-trump-72nd-session-united-nations-general-assembly/ >

36 Joint Statement of President Donald J. Trump of the United States of America and Chairman Kim Jong Un of the Democratic People's Republic of Korea at the Singapore Summit< https://www.whitehouse.gov/briefings-statements/joint-statement-president-donald-j-trump-united-states-america-chairman-kim-jong-un-democratic-peoples-republic-korea-singapore-summit/ >

37 < https://www.independent.co.uk/news/world/americas/us-politics/north-korea-crisis-h-r-mcmaster-us-kim-jong-un-nuclear-weapons-give-up-all-options-donald-trump-a8117851.html >

38 Office of the Secretary of Defense, *Nuclear Posture Review*, February 2018. < https://media.defense.gov/2018/Feb/02/2001872886/-1/-1/1/2018-NUCLEAR-POSTURE-REVIEW-FINAL-REPORT.PDF >

39 ＡＣＭは、自衛隊と米軍の活動に関する政策面の調整を担う「同盟調整グループ（ＡＣＧ）」、運用面の調整を行う「共同運用調整所（ＢＯＣＣ）」、各軍種レベルが連携する「自衛隊・米軍間の調整所（ＣＣＣｓ）」で構成される。ＡＣＧは外務・防衛当局、国家安全保障局などを中心に局長級、課長級、担当級で組織され、日米合同委員会とも情報共有する。ＢＯＣＣは自衛隊と米軍の幹部級、ＣＣＣｓは陸海空各軍種の代表から成る。< https://www.sankei.com/politics/news/151103/plt1511030026-n1.html >

40 読売新聞、２０１７年２月５日。

41 *National Security Strategy*, February 2015, p.8< http://nssarchive.us/wp-content/uploads/2015/02/2015.pdf >

42 産経新聞、２０１７年２月17日。

43 中央日報、２０１６年11月28日。

44 Office of the Under Secretary of Defense, *Operation and Maintenance Overview Fiscal Year 2017 Budget Estimates*, p.201.

45 高橋杉雄「北朝鮮核問題と拡大抑止」28～29頁。< http://www2.jiia.or.jp/pdf/research/H28_Security_Policy/02-takahashi.pdf#search=%27%E6%8B%A1%E5%A4%A7%E6%8A%91%E6%AD%A2%E3%81%AE%E4%BF%A1%E9%A0%BC%E6%80%A7%27 >

第3章　日本を取り巻く戦略環境

日本の安全保障は、米国歴代政権の政策選択の関数である。とはいえ、日本の防衛予算は、日本を取り巻く戦略環境に対する世論と政府の感受性に左右されてきた。本章では、第1節で、中国の台頭が引き起こす地域秩序と海洋戦略の変化を踏まえ、東シナ海、南シナ海、台湾海峡における戦略環境を分析する。第2節では、尖閣諸島、北方領土、竹島を取り上げて日本の領土問題と日米同盟との関係を考察する。第3節で、北朝鮮の核・ミサイル開発と体制崩壊危機をめぐる脅威と日米同盟との関係を考察する。

第1節　中国の台頭と日米同盟

1　米中双極下の地域秩序

中国の台頭は、アジア太平洋地域の国際構造と安全保障秩序を劇的に変容させる可能性がある。冷戦後にアジア太平洋地域に出現した1超（米）多強（日・中・露・印）構造は、2010年以降、米中双極構

図表3-1　主要大国の国力推移予測（2000年～2023年）

	2000	2010	2018	2019	2020	2021	2022	2023
日本	33	30	27	27	27	26	26	26
米国	100	100	100	100	100	100	100	100
中国	36	83	123	128	133	139	145	151
インド	20	35	51	53	56	60	63	67
ロシア	16	22	20	20	20	20	20	20
日米印			178	180	183	186	189	192
中露			143	148	153	159	165	171

出典：IMF, *World Economic and Financial Surveys, World Economic Outlook Database*より筆者作成
注：購買力平価で換算したGDP現行価格に関して、米国を100として指数化した数値。

造へと変化してきた。米軍のプレゼンスと同盟網に支えられた1超多強構造下の安全保障秩序は、中国をはじめとする現状変更勢力の挑戦に直面している。また、米中双極構造下で懸念される事態は、米中戦争の可能性である。衰退する覇権国と台頭する新興大国が陥りやすい「ツゥキュディデスの罠（戦争不可避な状態）」が、米中関係において現実のものになるかどうかが問われている。[1]

ゴールドマン・サックスが2007年3月に発表した報告書は、ブラジル、ロシア、インド、中国、南アフリカなど新興5か国（BRICS）の台頭を世界に喧伝した。特に、中国の経済規模は、2010年に日本を抜き、2030年までに米国をも凌駕する可能性が指摘された。[2] その後、「中所得国の罠（1人当たりGDP1万ドルあたりで成長が鈍化することをいう）」にはまった新興諸国は、一様にその経済成長を鈍化させた。中国もその例外ではなく、2000年代には二桁を記録した経済成長率は、2018年には6％台まで低下した。しかし、経済規模の拡大は着実に続いている。

図表3－1は、国際通貨基金（IMF）の予測に基づいて、主要国のドル建て現行価格の国内総生産（GDP）を購買力

平価に換算し、当該年の米国の値を100として指数化したものである。購買力平価を使用するのは、経済規模の時系列変化よりも量的な空間比較の方が、年次別の相対的な国力比較という目的に合致するからである。

上記の指数化された経済規模を国力に見立てると、2010年~2018年までの間に、米国と中国の国力比は、100対83から100対123へと逆転した。つまり、米国と中国の地位が交代し、2000年代の1超（米）多強（日・中・露・印）構造に代わり、2010年代には米中双極構造が出現したことになる。その後トランプ政権の第1期が終了する2020年までに、米国の相対的地位の更なる後退とインドの地位の向上が予想される。そして、2023年時には、米国と中国の国力比は100対151にまで拡大する一方で、米国とインドの国力比は100対67まで縮小することが予想される。

アジア太平洋地域における1超多強構造下の安全保障秩序は、米国の圧倒的な軍事プレゼンスとハブ・アンド・スポーク型の同盟網に支えられていた。2010年代の米中双極構造が中国優位で進行する中、現状の安全保障秩序が維持できるかどうかは、ひとえに現状維持勢力と現状変更勢力とのパワー・バランスにかかっている。2018年現在、米国と日本の国力の合計は127で、中国の123をわずかに上回る。しかし、2020年までに、日米と中国の国力比は127対133と逆転し、日米同盟だけでは現状変更志向の中国を抑え込むことは困難である。さらに、現状変更志向のロシアが中国に加担することになれば、日米と中露の勢力比は、2018年が127対143、2020年が127対153、2023年には126対171となり、現状変更勢力の優位が決定的になる。

現状変更の動きは、ロシアによるクリミア併合や中国による南シナ海での人工島造成のような力による領土拡大にとどまらず、北朝鮮の核保有による不拡散体制の動揺にも見て取れる。特に北朝鮮の核・ミサイル問題では、圧力よりも対話を重視する方向で中露は同調した。２０１６年９月、プーチン大統領は、南シナ海問題に関する「仲裁判決を認めない中国の立場を支持する」と言明した。[3] ２０１６年に南シナ海で実施された中露海軍合同演習は、２０１７年にはオホーツク海や日本海でも実施された。また、２０１８年９月、ロシア軍と中国人民解放軍が、１９８１年以来最大規模となる軍事演習「ヴォストーク（東方）２０１８」を実施した。「ヴォストーク２０１８」はロシア国内の東部軍管区で行われた実戦形式の演習で、ロシアが中国を「同盟国」と呼称し、中露両国の軍事的連携が一層強化された。[4]

ここでアジア太平洋の安全保障秩序を左右するのがインドの動向である。インドが民主主義国として日米との連携を重視すれば現状維持が続くことになるが、ＢＲＩＣＳの一員たるアイデンティティを重視して中露に加担すれば現状変更が加速することになる。日米印（ＪＡＩ）の枠組みは、日米が主導する「自由で開かれたインド太平洋」構想の下で、法の支配と市場経済という価値を共有する3か国の協力を志向する。２０１７年からは、日米印3か国の海上共同訓練「マラバール」が実施されている。

他方で、露中印（ＲＣＩ）は、ＢＲＩＣＳの一部が安全保障を議論する枠組みとして上海協力機構（ＳＣＯ）の会合を利用して「広範な共通利益に基づく連携」を志向してきた。２０１８年８月、大型対テロ演習「平和の使命２０１８」にインドは初参加した。また、米国の意に反してインドはロシア製の最新鋭地対空ミサイルシステム「Ｓ４００」を約54億ドルで購入するなど、[5] 独自路線を採ろうとしている。こうしてモディ政権下のインドは、いずれかの枠組みに一辺倒になることを避け、慎重なバランス外交を展開しているように見える。

ところで、上記の経済力から見た国力の推移は、米中両国が「ツゥキュディデスの罠」に陥る際の動機や心理の一端を説明するものである。しかし、衰退する覇権国の恐れと台頭する新興大国の自信をより端

図表3-2　主要大国の軍事支出の推移　2001年～2017年

（単位：100万ドル，2016年固定価格）

	2001	2010	2011	2012	2013	2014	2015	2016	2017
米国	423,911	768,466	758,988	715,838	659,064	618,341	603,625	600,106	597,178
中国	49,878	138,028	149,022	161,797	176,860	191,917	204,505	216,031	228,173
日本	46,197	45,595	46,209	45,653	45,459	45,944	46,754	46,471	46,556
インド	28,291	48,600	49,071	48,896	48,536	50,909	51,393	56,638	59,757
ロシア	22,056	43,121	46,022	53,317	55,922	59,929	64,593	69,245	55,327

出典：SIPRI, *Military Expenditure Database*より筆者作成

的に示すのは軍事力であろう。図表3－2は、ストックホルム国際平和研究所（SIPRI）のデータベースに基づく主要大国の軍事支出をドル建ての2016年固定価格で表示したものである。これを見る限り、2017年現在、米国の軍事支出は約5、972億ドルで、2、282億ドルの中国の2倍以上、553億ドルのロシアの実に10倍以上を誇る。つまり、軍事支出の絶対額を見る限り、「ツゥキュディデスの罠」に陥る兆候はまったくない。加えて、複合的な相互依存関係にある世界第1位と第2位の経済大国が、合理的な計算の下に戦争を行う可能性は低い。

しかし、今後の10年間を見据えた場合、米中両国の軍事支出はかなり接近してくる可能性がある。第1に、中国は経済成長率を上回るスピードで軍事支出を増加させている。たとえば、2016年度の国防予算は、前年比7・6％増の約9、543億元（約15兆8、000億円）と6年ぶりに増加率が10％を割り込んだものの、2017年度予算も前年比7％増の1兆443億9、700万元（約17兆2、000億円）となり、日本の防衛費5兆1、251億円の3・3倍で、引き続き経済成長率を上回る水準が続いた[6]。

他方、中国の著しい軍事的台頭とは対照的に、2010年代の米国の軍事力は大幅に縮小されてきた。2011年予算削減法に基づく財政支出の大幅削減を受けて、5年間で2、600億ドル、10年間では4、870億ド

ルの国防予算の削減を行うことになった。事実、図表3－2が示す通り、2011年から2017年の軍事支出は、中国が53％増加したのに対して米国は21％の減少となった。これにより、陸軍8万人と海兵隊2万人が削減され、1990年と比べて艦船数は546隻から263隻に、戦闘機は4,355機から1,739機に減少された。オバマ政権は、2012年1月の米国防戦略見直しでアジア回帰を打ち出した。また、トランプ政権も、2018年の国防戦略で中露両国を現状変更勢力と規定し、これに対抗する方針を打ち出した。しかし、いずれも裏付けとなる国防費を確保できず、具体的な政策を打ち出すことはできなかった。

2018年11月に米議会が設置した超党派の諮問機関「国家防衛戦略委員会」の報告書『共通防衛の提供』は、米国の軍事的優位が危険な水準に低下し、「中国かロシアのどちらか一方との戦いでは、何とか勝てるかもしれないが、敗北の恐れもある」との懸念を表明した。その根拠として、2012年〜16年までの予算削減措置によって、米国の陸海空戦力が第二次世界大戦以来の最低水準に落ち込んだことを指摘する。ただし、同報告書が使用した米・中・露の相対的な戦力比では、2001年から2017年までの間、米国の海上艦艇は40％から35％へ、核弾頭は53％から44％へ低下した一方で、戦闘機は45％から53％へ、装甲車両は33％から43％へと増大していた。[7]

2　中国の海洋戦略

中国は、21世紀最初の20年間を、総合国力の増進に有利な「戦略的な好機」と位置づけてきた。人民解放軍海軍の長期発展戦略は、2010年までに、日本から南に向けて台湾を通りフィリピンに至る「第1列島線」の内側で「接近阻止」能力を確保し、2025年までにはアリューシャン列島の西側から小笠原

図表3-3　中国の海洋進出の動向

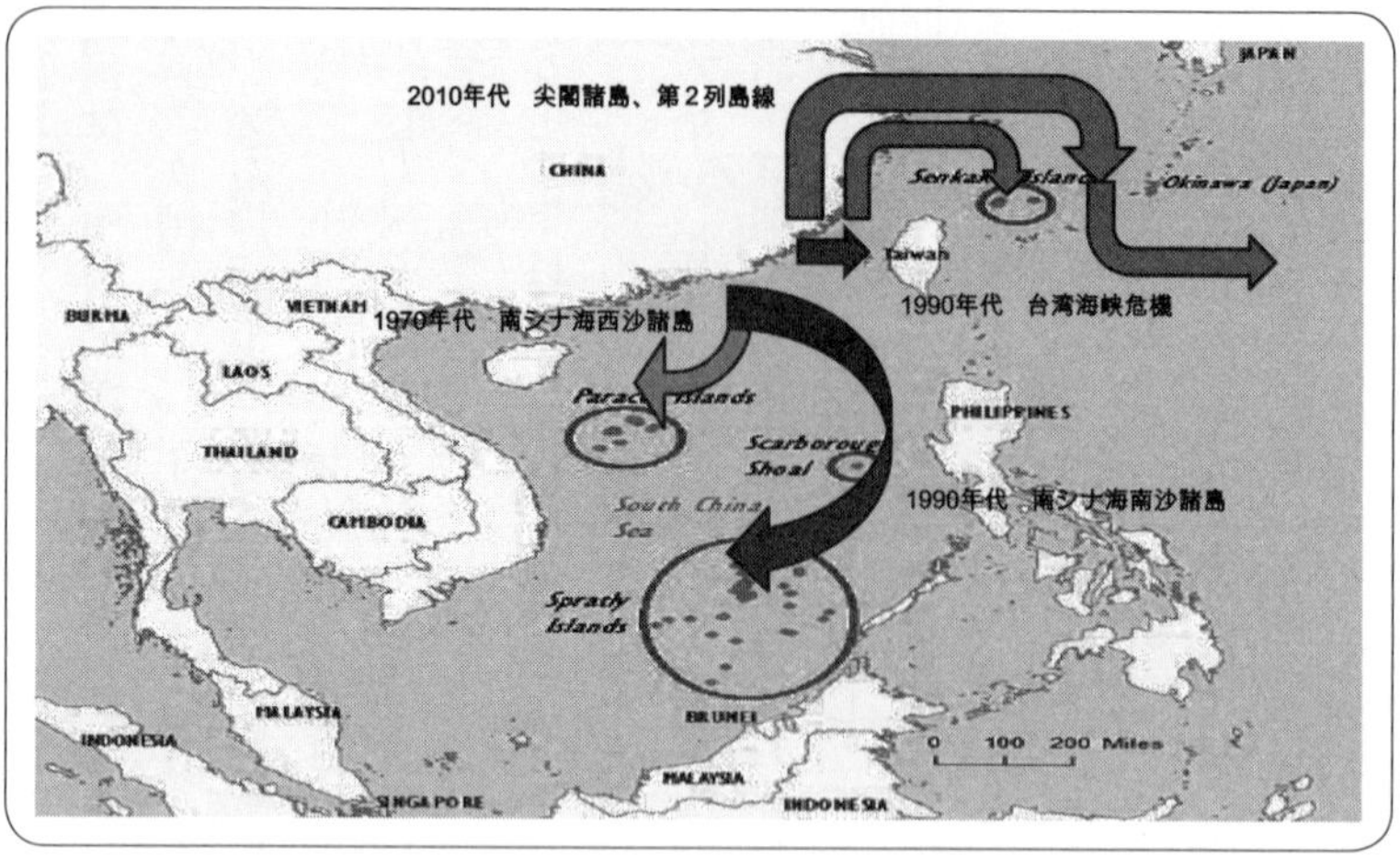

出典：筆者作成

諸島、グアムを結ぶ「第2列島線」の内側で「領域拒否」能力をもつプレゼンスを確保することになっている。[8]２０００年代に入り、中国海軍は従来までの「近海防御」に、「遠海防衛（護衛）」を新たな戦略に加えた。第１列島線内の黄海、東シナ海、南シナ海を作戦海域とする近海防御は、第１列島線の外側の西太平洋及びインド洋へと延びる遠海防衛へと活動の範囲が広域化すると共に、それを支える装備の量と質も向上していった。２０１２年11月に開催された第18回全国人民代表大会で、胡錦濤総書記は「海洋強国の建設」を謳い上げ、従来経済発展の文脈で重視されてきた海洋空間に、軍事や安全保障の色彩を付与した。[9]

事実、中国は１９７４年に南シナ海の西沙諸島、80年代に南シナ海の南沙諸島に進出した後、２０１０年代には東シナ海の尖閣諸島から西太平洋へと活動の範囲を拡大させてきた。そうした活動範囲の拡大の背景には、艦艇や航空機などの装備と組織の近代化がある。

２０１２年９月に就役した空母「遼寧」に続き、２０１７年４月には排水量５万トン級の国産空母が建造された。1990年代から始まった新型駆逐艦とフリゲートの充実は70隻を数え、垂直ミサイル発射システムを備えた中国海軍最大規模のレンハイ級駆逐艦が開発・増産されている。また、原子力潜水艦と静粛性に優れたキロ級潜水艦12隻と国産のユアン級潜水艦16隻を保有する。ステルス性を有する第5世代戦闘機J－20の実戦配備も2018年2月から始まった。特に、接近阻止・領域拒否（A2AD）能力の中核は、命中精度の高い中距離の対艦弾道ミサイル（DF－21）及び巡航ミサイル（DH－10）の配備である。[10]

中国は、南シナ海を担当する南海艦隊に属していた海軍陸戦隊（海兵隊）を格上げし、北海艦隊、東海艦隊、南海艦隊と並ぶ海軍直轄とした。これにより、管轄を超えた横断的な運用が可能となり、東シナ海の尖閣諸島などにも投入される可能性が出てきた。2018年8月、米国防総省による中国の軍事・安全保障に関する年次報告書によれば、中国は、現状約1万人規模（2個旅団）の陸戦隊を、2020年までに3万人規模（7個旅団）まで拡大させる計画である。また、潜水艦の保有数を現行の56隻から69～78隻に増強するほか、初のカタパルト装備の空母の建造を開始した。[11]

2006年10月には、沖縄近海で、中国のソン級潜水艦が米空母キティホークの近傍に浮上した。2010年4月、中国海軍の東海艦隊に所属する駆逐艦2隻、フリゲート艦3隻、潜水艦2隻など計10隻からなる艦隊が、沖縄本島と宮古島の間の海峡を通過して西太平洋に進出し、様々な訓練を行った。その際、警戒監視中の海上自衛隊の艦船に対し、艦載ヘリを異常に接近させるという挑発的な行為を行った。2011年3月及び4月にも、警戒監視中の海自護衛艦に対して、中国国家海洋局所属のヘリが近接飛行する事案が複数回発生している。米国との間では、中国が主張する排他的経済水域（EEZ）における米国艦船の「航行の自由」をめぐる新たな対立が発生した。中国の強硬な姿勢は、日本と米国の安全保障協力をもたらした。２０１０年５月、日米両国は、活発化する中国海軍の活動に対応するために協力を深めることで合意した。

トランプ政権の発足を前に、中国は２０１６年末から西太平洋及び南シナ海において、空母「遼寧」の遠洋航海訓練を実施し、２０１７年２月には南海艦隊のミサイル駆逐艦２隻と補給艦１隻が南シナ海で「実戦化訓練」を実施した。これに対して、２０１７年２月、米海軍は原子力空母カールビンソンを中心とする空母打撃群を南シナ海に投入し、哨戒活動を開始させた。これは抑制の利いたオバマ政権下での「航行の自由」よりも踏み込んで、中国の動きをけん制する狙いがあると思われる。

中国の軍事的台頭がもたらすA２AD環境下で、米国の前方展開能力の脆弱性を克服する対応として、３つの選択肢が提示されてきた。第１は、２０１０年に公表された「４年ごとの国防計画の見直し（QDR２０１０）」で登場した「統合エアシーバトル構想（Joint Air-Sea Battle Concept）」である。[12]本構想は、米軍の前方展開戦力をA２AD圏外に退避させたのち、海空軍を軸に中国内陸部への長距離攻撃能力を確立することで紛争を抑止することに主眼が置かれている。日本にミサイル防衛や対潜戦への貢献が期待されるものの、在日米軍基地の役割は低下する。第２は、米国防大学国家戦略研究所の『戦略フォーラム』２０１２年６月号で発表された「オフショア・コントロール戦略」である。同戦略は軍種間統合を強化し、第１列島線上での海上封鎖により、中国が開始した軍事紛争の終結を目指す。第３は、現行の前方展開能力とプレゼンスの強化を求めるもので、２０１６年１月に戦略国際問題研究所（CSIS）が発表した報告書『アジア太平洋リバランス２０２５』に代表される。[13]これは、オバマ政権下で提唱されたアジアリバランス政策を徹底するもので、同盟諸国への展開を増強する一環として、横須賀への２隻目の空母派遣や佐世保への水陸両用部隊の追加展開が提言されている。

２００５年2月、日米安全保障協議委員会（日米「２＋２」）は、日米の「共通戦略目標」を発表し、日米安保に関する公式文書で初めて中国の存在に言及した。同年5月には、活発化する中国海軍の活動に対応するために協力を深めることで日米両国は合意した。ただし、「中国が地域及び世界において責任ある建設的な役割を果たすことを歓迎し、中国との協力関係を発展させる」としており、その内容は中国を脅威として特定するのではなく、極めて抑制の利いたものになっていた。その後、リバランス政策の中で米国が中国の提唱する「新しい大国間関係」に距離を置きはじめると、中国による「力による現状変更の試み」を警戒し、日米安保条約第５条の適用対象に尖閣諸島が含まれることを２０１４年4月の日米首脳会談は確認した。２０１７年12月の国家安全保障戦略でトランプ政権は中国を修正主義国に位置づけ、１９７２年のニクソン訪中以来の関与政策から封じ込め政策へと方針を転換した。２０１８年4月の日米首脳会談では、東シナ海、南シナ海及び尖閣諸島を念頭に、現状変更を試みるいかなる一方的行動にも反対することが確認された。

３　東シナ海

豊富な天然ガスと石油が埋蔵される東シナ海は、排他的経済水域（ＥＥＺ）の境界線がいまだ確定しておらず、日中間の開発競争が武力衝突に発展する危険性を秘めている。

日中両国の排他的経済水域が重複する海域の境界線として、沿岸から等距離の中間線を主張する日本は、中間線の中国側海域での中国の行動を静観する一方で、日本側海域についてはこれを係争海域とみなし、紛争悪化の回避を最優先して海洋資源の自主開発を自制してきた。他方で、沖縄トラフまでの大陸棚全体を排他的経済水域として主張する中国は、日本の主張する中間線西側海域ではすでにパイプラインによる原油の輸送を開始する一方で、中間線東側海域では日本側の抗議を無視した調査活動を実施してきた。

２００５年９月には、樫（中国名「天外天」）ガス田付近をソブレメンヌイ級駆逐艦１隻を含む５隻の中国艦艇が航行し、その一部が同ガス田の採掘施設を周回した。２０１１年だけで中国海洋調査船による通報海域外での活動について、海上保安庁は過去最高となる延べ30隻を確認している。[14] 日中両政府は、２００８年６月、①東シナ海の北部における共同開発、②白樺（中国名「春暁」）のガス田開発への日本法人の参加を合意した。２０１０年７月には同合意実施のための第１回国際約束締結交渉が行われ、双方は本交渉の早期の妥結を目指すことで一致した。しかし、中国は第２回交渉の「延期」を一方的に発表し、ガス田開発を継続しており、白樺ガス田ではすでに中国国有企業による生産・掘削段階にある。

米議会が設置した超党派の諮問機関「米中経済安保見直し委員会」は、２０１１年11月の報告書の中で、中国の軍事戦略が「接近阻止・領域拒否（Ａ２ＡＤ）」から、東シナ海や南シナ海での「領域支配」に拡大したと指摘し、先制攻撃で米軍の戦力を低下させ、日本周辺を含む東シナ海までの海洋権益を支配しようとしていると警告した。[15] 軍事力を後ろ盾に、中国は排他的経済水域とその上空空域の支配に乗り出した。これは米国のＱＤＲ２０１０が指摘したグローバル・コモンズ（国際公共財）への挑戦にほかならず、[16] 日米同盟の強化が求められる。

２０１２年11月の中国共産党第18回大会は、国家の海洋権益を断固として守り、海洋強国を建設する方針を打ち出した。以後、東シナ海における現状変更の動きが加速し、２０１３年11月には尖閣諸島上空を含む東シナ海全域に防空識別圏（ＡＤＩＺ）を設定した。また、２０１３年６月から２０１５年６月までの間に、「白樺」など既存の４基のほかに、新たな海洋プラットフォーム12基が設置されたことを外務省は確認した。[17] ２０１８年９月からは移動式掘削船が投入され、17番目の永続的施設の建設が懸念される。

海上保安庁の調査によれば、２０１２年から２０１６年までの5年間に、中国が東シナ海の日本のＥＥＺ内で実施した無許可調査は63件にのぼった。さらに中国は、日本のＥＥＺ周辺で海底地形調査を行い、国際水路機関に50件もの中国語による命名申請を行っている。[18] こうした動きは、沖縄トラフまでの大陸棚の延伸を申請している国連大陸棚限界委員会に対し、近い将来科学的データを提出してくる可能性がある。また、中国だけでなく、近年では台湾も日本のＥＥＺ内で海洋調査を活発化させている。２００８年以降、台湾は日本の同意を得ずに毎年海洋調査を実施してきた。２０１４年以降は3年連続で増加し、２０１６年は過去最多の8件を記録した。[19]

中国が防空識別圏を設定した２０１３年11月当初、米政府は自国の民間航空機に対して飛行計画書の提出を求めるなどして、識別圏の存在自体を認めない日本との相違が垣間見られた。これは、日中間の衝突に発展しかねない尖閣諸島と比べて、東シナ海における排他的経済水域をめぐる対立の重要性を米国がそれほど強く認識していなかった証左かもしれない。しかし、翌12月にバイデン副大統領が防空識別圏を認めない旨を習近平主席に伝えることで、日米の立場の不一致は修復された。米国は、２０１４年9月の「航行の自由」（Freedom of Navigation：ＦＯＮ）プログラムに関する年次報告書で、「領空侵犯する意図がない他国の航空機の飛行を制限している」として中国の防空識別圏を批判した上で、ＦＯＮ作戦を実施したことを明らかにした。[20]

２００８年に日中両国は海洋境界の確定までの期間、資源開発に協力することで合意したにもかかわらず、中国側は合意を無視して開発を進め、中間線の中国側海域には16基のガス田採掘施設がすでに設置されている。その周辺では天然ガスの生産活動が確認され、加えて移動式採掘船による試掘、さらには資源開発以外の目的のヘリパットや小型レーダー施設などが設置される恐れも出ている。[21]

4　南シナ海

国力の増強と海洋戦略に基づき、中国が最も積極的に現状変更を試みてきた地域が南シナ海である。中国は南シナ海の南沙諸島と西沙諸島、及び「九段線」の内側にある海域について領有権を主張し、ベトナム、フィリピン、マレーシア、ブルネイ、台湾、近年ではインドネシアとも対立してきた。

ベトナム戦争末期の１９７４年、中国はベトナムとの海戦で西沙諸島を奪取した。冷戦が終焉し、１９９２年に在比米軍基地が撤去されると、中国は南沙諸島への進出を開始する。１９９５年にフィリピンが領有権を主張していたミスチーフ礁に上陸し、中国は主権ポストを立てた。以来、構造物の建築と埋め立て工事による人工島の建設が進み、港湾及び滑走路等の施設が作られた。すでに、西沙のウッディ島、南沙のファイアリー・クロス礁、ミスチーフ礁、スビ礁などには3、０００メートル級の滑走路と作戦機24機が収納できる格納庫が建設され、航空作戦が可能になりつつある。

２０１５年9月の時点で、中国が埋め立てた面積は約12平方キロメーターで、他の紛争当事国が40年かけて埋め立てた土地の約17倍に匹敵する面積をわずか20か月で埋め立てた。それは、南沙諸島において埋め立てられた土地の90%を占めた。[22]米国防総省による中国の軍事・安全保障に関する年次報告書では、２０１６年以降、中国が南沙諸島に造成した人工島で戦闘機72機分を収容可能な施設を建設したとする。[23]また、対艦弾道ミサイルの配備によって「Ａ２ＡＤ」戦略が確立されれば、南シナ海一帯は中国の戦略原潜の聖域になりうる。

米国は、南シナ海での領土主権をめぐる問題には特定の立場を採ることを回避し、武力ではなく国際法に基づく平和的解決を紛争当事国に求めている。２０１５年10月、「航行の自由（ＦＯＮ）」プログラムの一環として、米国駆逐艦ラッセンは中国が埋め立てたスビ礁の12海里以内を航行した。これは、中国が埋め立てた土地が、国際法上の領域主権を主張する根拠にはなりえないことを示すものであった。また、インドネシア、マレーシア、フィリピン、タイ、ベトナムに対して援助と訓練を提供する「東南アジア海洋安全保障イニシアティブ」を開始した。ＦＯＮ作戦は２０１５年以来2～3か月に1回のペースで実施されてきたが、トランプ政権になってからは戦略爆撃機を投入するなど対中圧力が強化されてきた。２０１８年5月には、２０１４年以来続いてきた環太平洋合同演習（リムパック）への中国の参加を拒否した。中国の挑発行動がエスカレートする中、米中軍艦の偶発的な衝突のリスクも高まっている。

２０１５年10月、フィリピンの要請を受けて、国連海洋法条約第15部に基づく仲裁裁判所が、中比間で係争中の諸問題について管轄権をもつとの判断を示した。中比両国はスカボロー礁及びセカンド・トーマス礁に対して主権を主張し、２０１２年から中国海警局がスカボロー礁で巡視活動を続ける一方で、セカンド・トーマス礁では１９９９年以来軍事要員を駐留させてきた。２０１６年7月、仲裁裁判所は、中国が主張する「九段線」について、国際海洋法条約上の根拠がないとする判決を出した。これに対し、日米両国はＡＳＥＡＮ諸国と共に「法の支配」を強調し、中国に対して判決の受け入れを迫った。中国は判決を無効として事実上の棚上げを図る一方で、ロシアとの合同軍事演習を南シナ海で展開し、日米に対抗する姿勢を示した。プーチン大統領は、２０１６年9月、「仲裁判決を認めない中国の立場を支持する」と言明した。

２０１３年から始まっていた行動規範の策定交渉は、軍事拠点化を進める中国の慎重姿勢で長期化していた。２０１８年11月の中比首脳会談で、「南シナ海はすでに中国の手にある」と既成事実化を容認するドゥテルテ比大統領の発言に呼応する形で、習近平国家主席は、「3年以内の協議完了」を明言した。[24] しかし、行動規範が法的拘束力をもつかどうかは疑問である。

5　台湾問題

台湾問題は、「一つの中国」を主張する中国と独立志向を強める台湾との間で武力衝突の可能性を秘めた争点であると同時に、台湾の地位をめぐって米中の衝突を引き起こしかねない争点でもある。同時に、台湾有事は、日米安保条約第6条で「極東」における在日米軍の作戦を支援する日本の安全保障にも密接にかかわる問題である。1995〜96年の台湾海峡危機は、台湾の独立志向を契機とする米中の軍事的対応が交錯した事件であったが、結果的に台湾をめぐる日米協力を強化した。

台湾海峡危機から20年が経過し、台湾問題には、奇妙な2つのジレンマが内在している。第1に、台湾関係法に基づいて台湾の民主化を条件に武器援助をしてきた米国にとって、民主化後の台湾が独立志向を強めたことで中台関係の不安定化を導いた。その結果、台湾海峡における軍事バランスが中国優位で進行する中で、米台が協力して中国の現状変更を抑え込むよりも、米中が協力して台湾の現状変更を抑え込むという構図が生まれた。第2に、中台関係の経済交流と平和発展により中国は中台関係の安定と統一を期待したが、中台交流の増大は台湾人意識を強化し、統一の道筋が見えにくくなるというジレンマに中国は直面している。

中国の台頭は、A2AD能力をもつ人民解放軍に、台湾海峡を超える戦力投射能力と統合作戦能力を付与しつつある。台湾国防部が発行する『国防報告書』によれば、2020年までに人民解放軍が台湾進攻を可能とする戦力を完全にもつと予想している。[25] こうした状況が予想される中で、米国には相反する政策オプションが議論されている。第1は、台湾海峡での中国の行動を抑止するため、米台の軍事・安全保障協力を強化して台湾の防衛力を強化することである。これは、台湾の戦略的重要性を高め、対中包囲網の一角に日本がより深く組み込まれていくことを示唆する。第2は、米中戦争のリスクを回避するために、米国が台湾へのコミットメントを減らすものである。この台湾放棄論は、日本が台湾有事に巻き込まれるリスクを低減する一方で、南シナ海と東シナ海を結ぶシーレーンが脅かされ、第1列島線で中国を封じ込めるシナリオの崩壊を意味する。同時に、この台湾放棄論と連動するオフショア・バランシング（米国が後景に退き、当該の地域国が防衛上の責務を負うこと）戦略での下で、地域の安全保障に対する日本の負担はより大きなものとなることが予想される。

トランプ政権が孤立主義的な姿勢を強化する場合、台湾放棄論に傾斜していく可能性も排除できない。しかし、中国の平和的台頭を期待したオバマ政権下での「戦略的再保証」政策を否定し、２０１８年以降、トランプ政権の対中政策は協調から対立へと舵を切った。その結果、米国は台湾の防衛力を強化する第１の政策オプションを選択してきた。事実、２０１８年8月に成立した２０１９会計年度国防授権法は、共同演習や武器売却による台湾の防衛力強化が、議会の意思であることを明記した。[26] オバマ政権下での台湾武器売却は8年間で3回であったが、トランプ政権は就任後2年連続して売却を実施してきた。そして、２０１８年末に成立した「アジア再保証推進法」で、定期的な防衛装備の売却と米政府高官の台湾訪問の推進が盛り込まれた。[27]

第2節　日本の領土問題と日米同盟

日本の領土問題と日米同盟のかかわりを規定しているのは、日米安全保障条約第５条である。そこには、「各締約国は、日本国の施政の下にある領域における、いずれか一方に対する武力攻撃が、自国の平和及び安全を危うくするものであることを認め、自国の憲法上の規定及び手続に従って共通の危険に対処するように行動することを宣言する」と規定されている。つまり、日米同盟は日本の「施政の下にある領域」にのみ適用されると明記されている。言い換えれば、日米同盟は日本が実効支配する尖閣諸島にだけ適用されるのであって、いかに日本が領有権の正当性を主張しようとも、実効支配していない竹島や北方領土には適用されないということである。たとえ米国国務省の対日覚書が[28]、北方四島を日本の固有の領土として認めていたとしても、日米同盟が北方領土に適用されることはないのである。東京都の小笠原諸島、長崎県の対馬、沖縄県の八重山諸島など、領海やＥＥＺの起点となる「有人国境離島」の振興は、その意味でも重要であるといえよう。

1　尖閣諸島

尖閣諸島は、東シナ海の南西部に位置し、５つの小島（魚釣島、北小島、南小島、久場島、大正島）と３つの岩礁からなる。１８９５年に無主地として領土編入して以来、日本は尖閣諸島を実効支配してきた。尖閣諸島は、サンフランシスコ平和条約で、南西諸島の一部として米国の施政下に置かれたが、71年の沖縄返還協定で日本に施政権が返還された。

１９６８年の国連アジア極東委員会（ＥＣＡＦＥ）による海洋調査で、尖閣諸島の周辺海域に石油・ガス資源の存在が報告されると、71年に中国と台湾が領有権を主張するようになった。78年10月の日中平和友好条約の締結交渉では、領有権問題の存在を否定する日本に対し、中国は領有問題の棚上げを提案した。92年、中国は尖閣諸島を領土と規定する領海法を制定し、97年の国防法で国境防衛を強化した。２００８年12月には中国国家海洋局の海洋調査船２隻が尖閣諸島の領海内に侵入した。

図表3-4　尖閣諸島の周辺地図

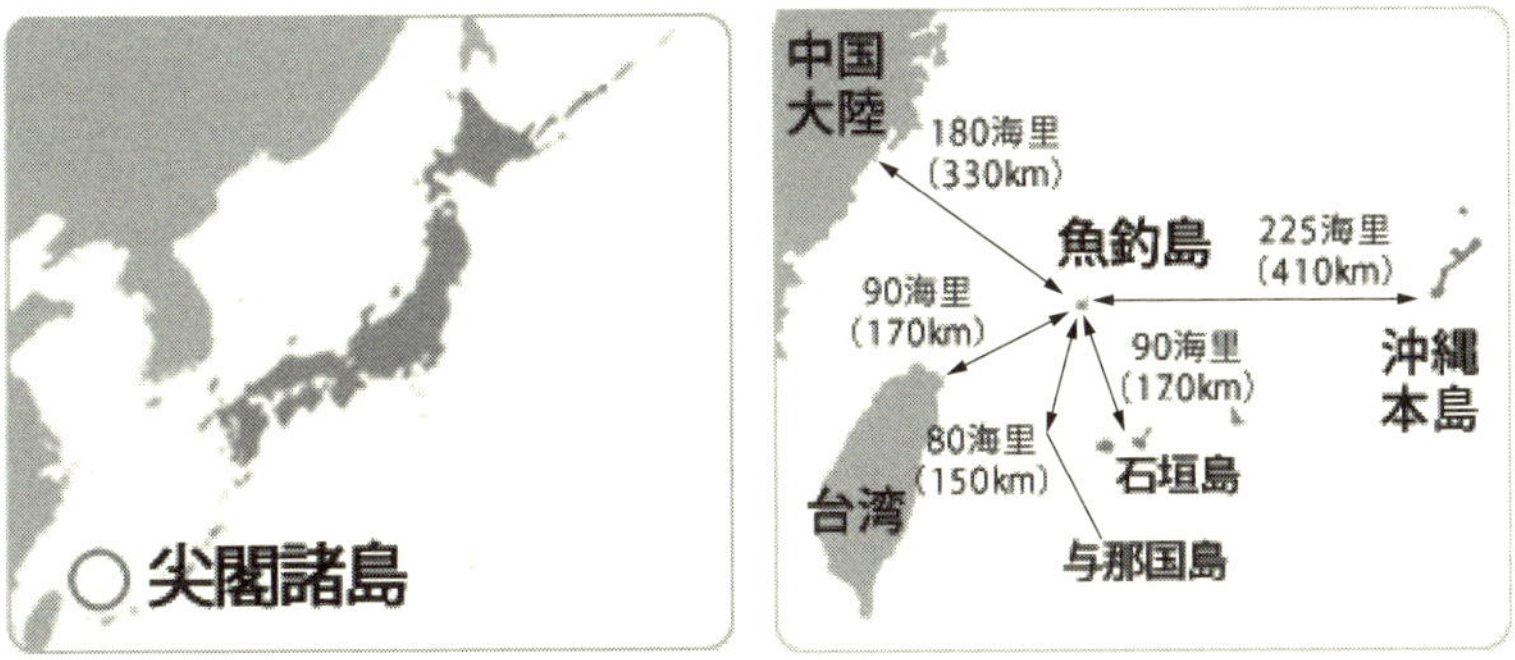

出典：外務省ホームページから引用
< https://www.mofa.go.jp/mofaj/area/senkaku/index.html >

米国は、尖閣諸島の領有権については一貫して中立的立場を示してきたが、決して無縁の第三者ではなかった。１９５６年以来、在沖縄米軍は、大正島と久場島を射爆場として利用してきた。78年6月以降は射爆訓練を中止してきたが[29]、92年には20年間の射爆場賃借契約を更新した。

１９９６年7月、日本が排他的経済水域を設定し、日本の政治団体が北久島に灯台を建設すると、台湾・香港の活動家が領海内で抗議行動を活発化させた。また、尖閣諸島周辺での中国による軍事的挑発が頻発すると、米国は尖閣諸島が日本の施政下にあることを理由に日米安保条約第５条の適用を明言した。２０１０年9月、尖閣諸島周辺領海内で中国漁船による海上保安庁巡視船への衝突事件が起きた際も、日米両国は尖閣諸島が日米安保条約の適用対象であることを再確認し、米国から中国に対しその旨を通告した。トランプ政権下では、２０１７年2月の日米首脳会議後に発表された日米共同声明に続き、同年8月の日米「２＋２」でも、「尖閣諸島に日米安全保障条約第5条が適用されること、及び同諸島に対する日本の施政を損なおうとするいかなる一方的な行動にも反対する」と確認された[30]。

２００６年以来、陸上自衛隊と米海兵隊は、島嶼部に対する攻撃対処を想定し、水陸両用作戦機能の向上を目的とする日米実働訓練「鉄拳（アイアン・フィスト）」を毎年実施してきた。10年12月には、新防衛大綱で謳われた「島嶼部における対応能力の強化」に基づき、陸海空自衛隊による初の本格的な離島奪回訓練が実施された。２０１８年10月には、日米共同統合演習「キーン・ソード（名刀）」に同年3月に発足したばかりの陸上自衛隊水陸機動団が参加して離島奪還作戦が実施された。

２０１２年9月、日本政府は魚釣島、北小島、南小島の3島を20億5、０００万円で購入し、日本国への所有権移転登記を完了した。２０１２年9月の国有化以降、中国公船が荒天の日を除きほぼ毎日接続水域に入域し、領海への侵入も２０１６年までの5年間で１７７日にのぼる。中国による実効支配の既成事実化を防ぐため、海上保安庁の巡視船も同水域を毎日航行している。[31] また、尖閣諸島周辺で活動する中国公船は、２０１７年以降、従来の3隻態勢から4隻態勢へと増強された。こうした艦艇の動きと並行して、東シナ海から沖縄本島と宮古島周辺で、中国軍機の活動が活発化している。特に２０１６年度は、統計を取りはじめた１９５８年以降、空自緊急発進（スクランブル）が1、１６８回と過去最多を記録した。このうち中国機は全体の約73％を占め過去最多の８５１回にのぼった。[32]

日本による実効支配が、日米同盟の発動の前提条件である以上、海上保安庁の警備行動は不可欠である。現在12隻の大型巡視船とヘリ搭載型巡視船2隻で構成する海上保安庁の「尖閣警備専従部隊」による不断の維持・強化が求められている。[33]

2　北方領土

１８５５年2月7日、日本とロシアとの間で「日魯通好条約」が調印され、択捉島とウルップ島の間

図表3-5　尖閣諸島周辺の中国航船の動向

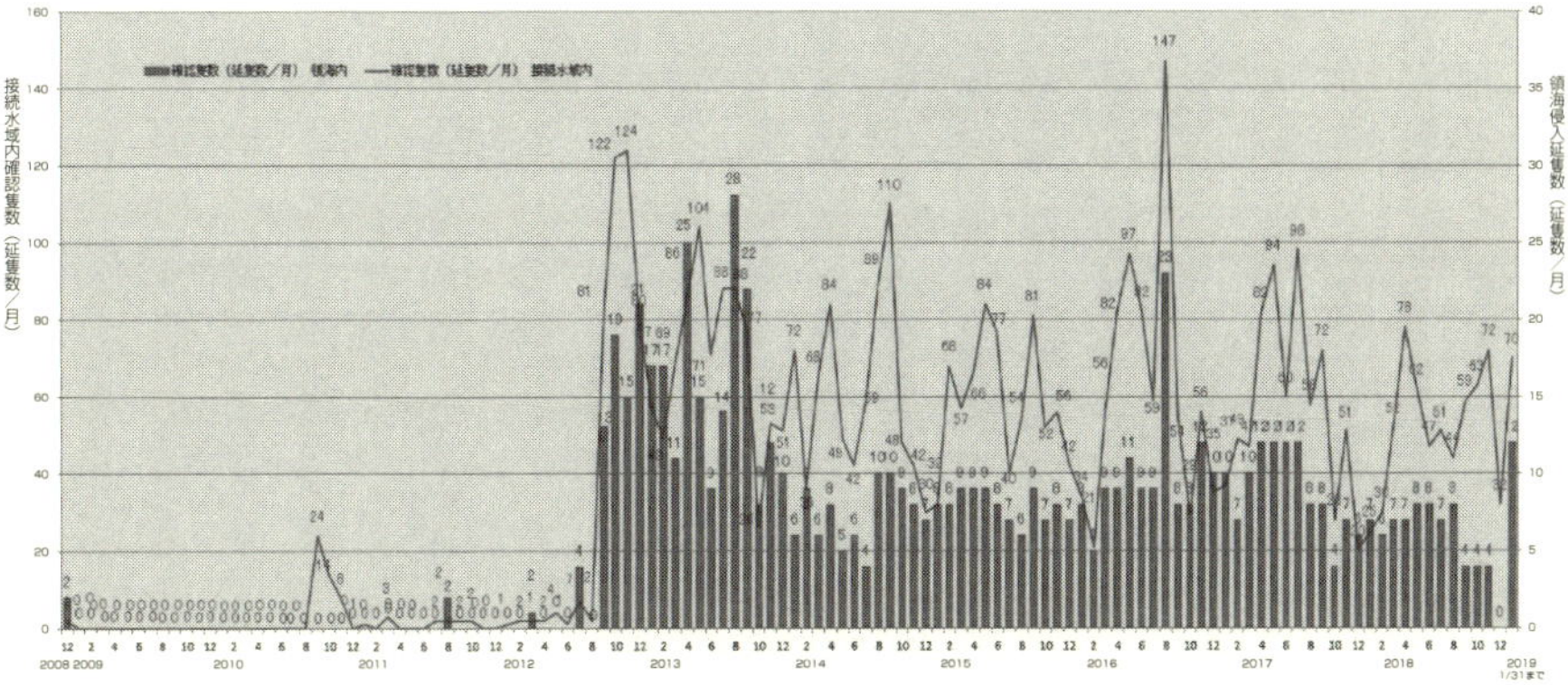

出典：海上保安庁ホームページから引用
< https://www.kaiho.mlit.go.jp/mission/senkaku.html >
注：棒線は領域内、折れ線は接続水域内で確認された中国公船の数を示す。

に国境が確認された。その後も、択捉島、国後島、色丹島及び歯舞群島からなる北方四島は、一度として他国の領土となったことのない日本固有の領土であった。しかし、第二次大戦末期の１９４５年８月９日、ソ連は日ソ中立条約を破棄して対日参戦した。１９４５年２月のヤルタ協定は、対日参戦の見返りとして、ソ連に対して南樺太の「返還」と千島列島の「引き渡し」[34]を約束していた。ポツダム宣言受諾後の１９４５年８月から９月にかけて、ソ連は北方四島（択捉島、国後島、色丹島及び歯舞島）を不法占領した。46年2月、ソ連は北方四島を含む千島・南樺太を自国領に編入し、４島に居住していた約１７，０００人の日本人は、49年までに全員が強制退去させられた。

１９５１年9月に調印されたサンフランシスコ平和条約で、日本による千島列島と南樺太の放棄が規定されたが、領土不拡大原則に基づき北方四島はこれに含まれないものと解釈された。米国は、ヤルタ協定もサンフランシスコ平和条約も、領土の移転や帰属を決定するものではないとの立場を採った。

他方で、条約締結国とならなかったソ連と日本との間には戦争状態が継続することとなり、１９５５年から平和条約締結交渉が始まった。平和条約締結後の2島返還で決着をはかろうとしたソ連に対して、当時の日本側交渉団は譲歩を模索した。これに対し、米国政府は、沖縄の返還を引き合いに出して4島返還の立場を堅持するよう日本に迫った。結局、１９５６年10月の日ソ共同宣言で、ソ連は平和条約の締結後に歯舞と色丹を日本に引き渡すと規定した。

図表3-6　北方領土の地図

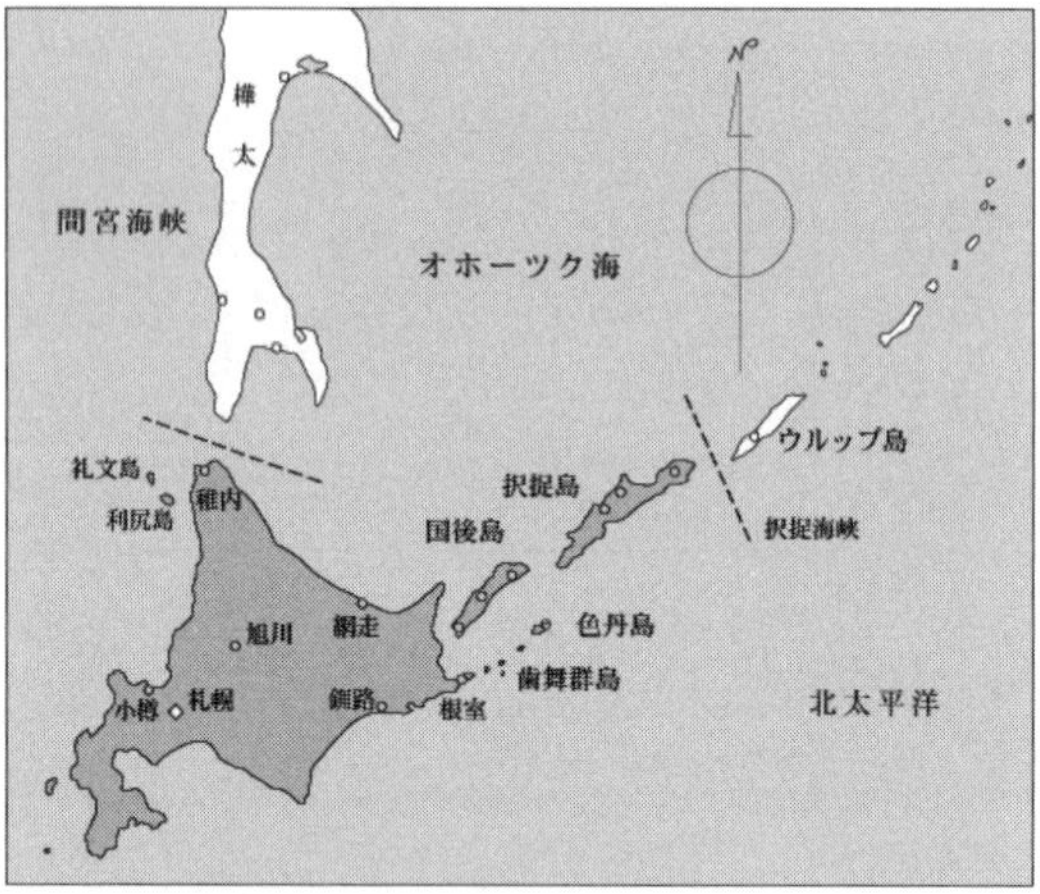

出典：外務省ホームページから転載
< https://www.mofa.go.jp/mofaj/area/hoppo/hoppo.html >

１９６０年1月、ソ連は日米安保条約の改定に反発し、日本領土からの米軍撤退を歯舞・色丹の引き渡しの条件に付加した。その後冷戦期を通じて、平和条約締結交渉は停滞し、ソ連は北方領土問題の存在すら認めなかった。ソ連崩壊後のロシアは、領土問題の存在を認め、北方領土に配備していた地上軍部隊を、91年の約9、５００人から95年以降は約3、５００人にまで削減した。[35] しかし、北方領土問題の解決の糸口は見えていない。２０１０年以降、メドベージェフ大統領とセルジュコフ国防相が相次いで北方領土を訪問し、国後島及び択捉島における装備更新と軍事インフラを再建して戦略的プレゼンスの強化に乗り出した。また、日本周辺でのロシア海軍や長距離爆撃機の活動も再び活発化している。

２０１５年12月、ロシアは択捉島と国後島で軍事基地の建設を強化すると発表した。また、翌16年3月には、北方領土を含む千島列島に地対艦ミサイルを配備すると発表した。日露首脳会談直前の同年11月、択捉島と国後島に射程３００キロと１３０キロの新型地対艦ミサイル「バスチオン」と「バル」をそれぞれ配備した。これらは、ウラジオストク配備の主要艦艇の太平洋への自由なアクセスを維持すると共に、戦略原潜の活動に適したオホーツク海の聖域化が目的と思われる。

２０１６年12月に予定された安倍・プーチン会談に先立ち、再び2島先行返還論の可能性が浮上していた。米国は、北方領土に対する日本の主権を認めながらも、日本の施政下にない以上日米安保条約第５条は適用しないとの基本政策を堅持している。しかし、仮に歯舞と色丹が先行返還され、日本の実効支配が実現した場合、日米安全保障条約はここに適用されることになる。つまり、北方四島では、歯舞・色丹に駐留する米軍と国後・択捉に駐屯するロシア軍とが直接対峙する事態が出現しかねないことを意味する。事実、パトルシェフ安全保障会議書記は、１９５６年の日ソ共同宣言に基づき、2島が平和条約締結後に日本に返還された場合、米軍基地が配備されるかどうかについて尋ねた。これに対して、谷内国家安全保障局長は、日本の主権が北方領土に及ぶ場合、日米安保条約はここに適用され、米軍基地が配備される可能性があると答えた[36]。

２０１６年12月の日露首脳会談の合意に基づき、両国は、双方の法的立場を害さない「特別な制度」の下で北方領土での共同経済活動の実現に向けた交渉を開始した。しかし、２０１７年7月にはロシア側から北方領土の特区指定が表明され、同年8月には、色丹島に経済特区を設置する文書にメドベージェフ首相が署名した。こうした経済特区の設置は、共同経済活動の枠組みと矛盾するだけでなく、ロシアによる北方領土の管轄権を認めることにもなりかねない[37]。

２０１８年11月、日露両国は、１９５６年の日ソ共同宣言を基礎に平和条約交渉を加速させることで合意した。先に指摘した通り、２島先行返還は日米安保条約の適用範囲と密接に関係する。トランプ政権期の日米、米露関係が良好であるとはいえ、仮に歯舞・色丹を安保条約の適用から外すことになれば、尖閣諸島への適用に悪影響を与えることになる。

図表3-7　竹島の周辺地図

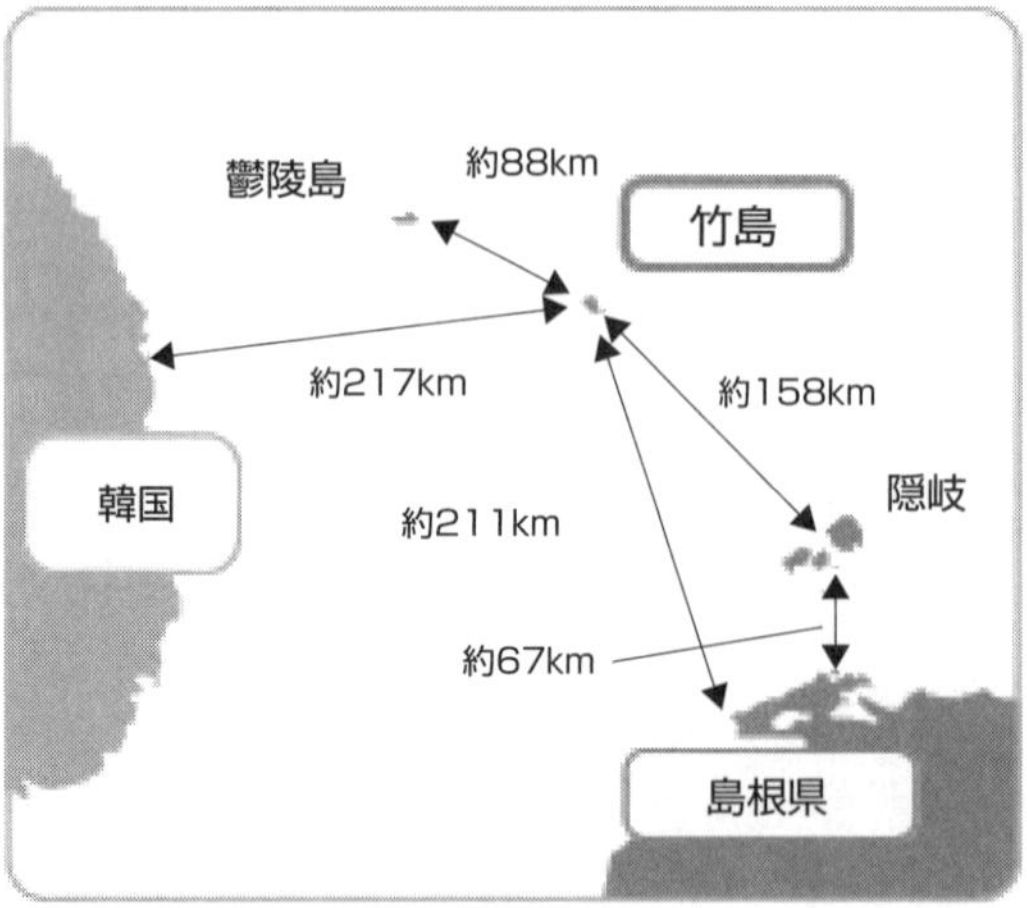

出典：外務省ホームページから引用
< https://www.mofa.go.jp/mofaj/area/takeshima/index.html >

３　竹島

竹島（韓国名：独島）は、隠岐島の北西約１５８キロメートルに位置し、東島（女島）、西島（男島）の2つの小島と数十の岩礁からなる。竹島の総面積は、日比谷公園とほぼ同じ約０・21平方キロメートルで、漁業資源以外の資源的価値は乏しい。

日本政府は１９０５年に竹島を島根県に編入し、第二次大戦まで実効支配してきた。占領下の日本に対し、連合国は竹島を日本政府の行政権停止区域に含め、日本漁船の操業許可区域から除外したが、これは領土帰属を示すものではないとされた。

１９５１年9月に署名されたサンフランシスコ平和条約は、日本が放棄すべき地域を「済州島、巨文島及び鬱陵島を含む朝鮮」と規定し、そこに竹島は含まれなかった。しかし、条約発効に伴って漁業許可区域が撤廃される直前の52年1月、李承晩・韓国大統領は「海洋主権宣言」を行い、いわゆる「李承晩ライン」の内側水域に対する漁業管轄権を一方的に主張すると共に、竹島をライン内に取り込んだ。これは、サンフランシスコ平和条約が発効し、漁業許可区域の制約が撤廃されれば、日本漁船が韓国近海に出漁するとの危惧から出た措置であった。

1953年3月、竹島は、行政協定に基づいて日米合同委員会が指定した在日米軍の爆撃訓練区域から除外された。韓国による竹島の占拠に対し、同年9月の衆議院外務委員会で、日本政府は竹島のような無人島で撃ち合いが起こっても、これを直ちに侵略と見なして安保条約の発動を米国に要請することはないとの見解を示していた。[38] 1954年6月、韓国は沿岸警備隊を竹島に常駐させると発表し、宿舎や監視所、灯台、接岸施設等を構築するなどして現在まで不法占拠を続けている。65年の日韓国交正常化で、両国間の紛争を外交交渉で解決することが合意されたが、現在まで問題の解決は先送りされてきた。また、国際司法裁判所への付託も、韓国の同意が得られず実現していない。

1954年夏以降、韓国は竹島に武装要員を交代で常駐させて占拠している。島上には数個のコンクリート製建築物が構築され、ヘリポートも設けられた。韓国は、学術調査団による精密な測量に基づく地図も作成し、緑化も試みている。1996年には大規模な埠頭建設が報じられた。1998年11月に新しい日韓漁業協定が締結されたが、竹島問題もあって経済水域の境界画定ができていない。島根県では2005年3月、議員提案により2月22日を「竹島の日」とする条例が制定された。これを機に日韓関係が悪化する中、韓国は実効支配を強化してきた。

2005年に開始された竹島観光ツアーで、2012年までに累計40万人以上が竹島を訪れたとされている。[39] 竹島に関する広報や教育活動も活発で、閣僚等が竹島に上陸して韓国領であることをアピールしてきた。2012年8月には、李明博大統領が韓国大統領として初めて竹島に上陸した。それ以降も、韓国政府・国会関係者が竹島に上陸しており、2016年7月の文在寅「共に民主党」前代表(現大統領)による上陸に続き、8月には羅卿瑗セヌリ党議員率いる韓国国会議員団計10名が上陸した。2016年4月と6月、韓国は竹島周辺のEEZ内で、10年ぶりに海洋調査を行った。また、同年12月には、韓国海軍が海兵隊員の上陸訓練を実施した。2018年11月には、海洋調査船による竹島周辺の日本領海内での不法な侵入が相次ぎ、韓国の行政機関「国立海洋調査院」が周辺海域の潮流などに関する報告書を発表した。[40]

米国は、竹島を主権未確定として一貫して中立的立場を堅持すると共に、日韓両国に平和的解決と自制を求めてきた。2006年、韓国は周辺の海底地形の韓国名を国際会議に提案する動きを見せ、これに対抗して日本が海洋調査の準備に入った。反発した韓国が多数の警備艇を出して緊張が高まった。この際は、外務次官級協議を開き、韓国が命名申請を、日本が海洋調査を取り下げることで合意した。しかし、2008年7月、米国地名委員会が竹島の帰属先を韓国としたため、国家安全保障会議アジア上級部長が再び主権未確定という立場を確認する一幕もあった。[41] 韓国は、実効支配を続ける竹島は、米韓相互防衛条約の対象であると説明しているが、米国が尖閣諸島に対して行っているような明示的な適用の指摘はない。米韓相互防衛条約第3条によれば、「各締約国は、太平洋地域におけるいずれか一方の締約国に対する武力攻撃が、自国の平和及び安全を危うくするものであることを認め、自国の憲法上の手続に従って共通の危険に対処するように行動する」と規定している。「日本国の施政の下にある領域における、いずれか一方に対する武力攻撃」、つまり実効支配下の領域への武力攻撃の有無が日米安保条約の適用条件であったのに対して、米韓相互防衛条約の適用は「締約国に対する武力攻撃」の有無となっている。

第3節　北朝鮮の脅威と日米同盟

1　核・ミサイル開発

冷戦後、日本の安全保障に対する重大な脅威を与えてきたのが北朝鮮の核・ミサイル開発である。1994年、北朝鮮の核開発疑惑に端を発する第1次朝鮮半島核危機が起きた。米朝開戦の可能性が高まり、日米安保体制の実効性が問われた結果、日米防衛協力のガイドラインが改定され、武力攻撃事態や周辺事態における日米協力が強化された。2002年10月の高濃縮ウラン計画発覚と翌年1月の核兵器不拡散条約（NPT）脱退表明に始まる第2次核危機は、六者協議（日、米、韓、中、露、朝）による外交努力が続けられたが、成果を出せぬままに2008年12月を最後に開かれていない。以後、北朝鮮の核・ミサイルをめぐる協議は、多国間枠組みから再び米朝二国間枠組みへと戻ることとなった。

北朝鮮は、2006年10月と09年5月に核実験を実施した。10年11月には、数千基規模の遠心分離機を備えたウラン濃縮工場の稼動が明らかとなった。運搬手段に搭載可能な核兵器の小型化・弾頭化の詳細は定かではないが、09年以降に核処理施設が再稼働されていれば、毎年核爆弾1個分プルトニウムを生産している可能性がある。防衛省の2012年版防衛白書は、核兵器の小型化・弾頭化の実現に成功した可能性を示唆した。SIPRIによれば、2018年1月現在、北朝鮮が保有する核弾頭は、10～20発と推定されている。[42]

日本全域を攻撃可能な射程1、300キロメートルのノドン・ミサイルは、1993年に日本海に発射され、すでに約220～320基が実戦配備されている。平壌の北西77キロメートルにある新五里には、戦略ロケット軍ノドン旅団の司令部が置かれている。[43]また、09年に日本上空を飛び越えた射程6、000キロメートルのテポドン2号は、グアム、アラスカなど米国領土の一部を射程に収める（図表3－8）。

弾道ミサイルの脅威に関して、日米両国は1995年に弾道ミサイル防衛（BMD）の共同研究を開始し、2006年以降、米国のBMD用移動式レーダー、スタンダード・ミサイルSM－3搭載イージス艦、ペトリオットPAC－3、統合戦術地上ステーション等が段階的に日本に配備されてきた。そして、2016年度3次補正予算には、現有のPAC3の能力を向上させた地上配備型の迎撃ミサイル「PAC3MSE」の新規調達を計上し、2019年度末の配備を目指している。PAC3MSEは、折り畳み式のフィン導入などで速度、高度、操作性が向上した。[44]

核の脅威に対しては、北朝鮮による核実験のたびに米国は拡大抑止による日本防衛へのコミットメントを再確認してきた。しかし、核廃棄よりも核不拡散に交渉の軸足を置く米国と、核廃棄を最優先する日本との間には温度差が存在した。2004年6月の第3回六者協議以降は「完全、検証可能、かつ後戻りできない核廃棄」（Complete, Verifiable and Irreversible Dismantlement：CVID）との当初の要求は、2007年2月の六者協議では、核施設の無能力化に後退した。2012年2月29日には、ウラン濃縮や核実験の一時停止の見返りに、米国は北朝鮮に対する24万トンの食糧支援に合意した。しかし、同年12月のテポドン2派生型弾道ミサイル実験と2013年2月の3度目となる核実験により、2・29米朝合意は完全に破たんした。

2016年1月と9月、北朝鮮は第4回及び第5回の核実験を実施した。2017年9月の第6回核実験では、広島級原爆に相当する従来の推定出力6～12キロトンから約160キロトンへと威力が拡大し、[45]

図表3-8　北朝鮮の弾道ミサイル

北朝鮮が保有・開発する弾道ミサイル

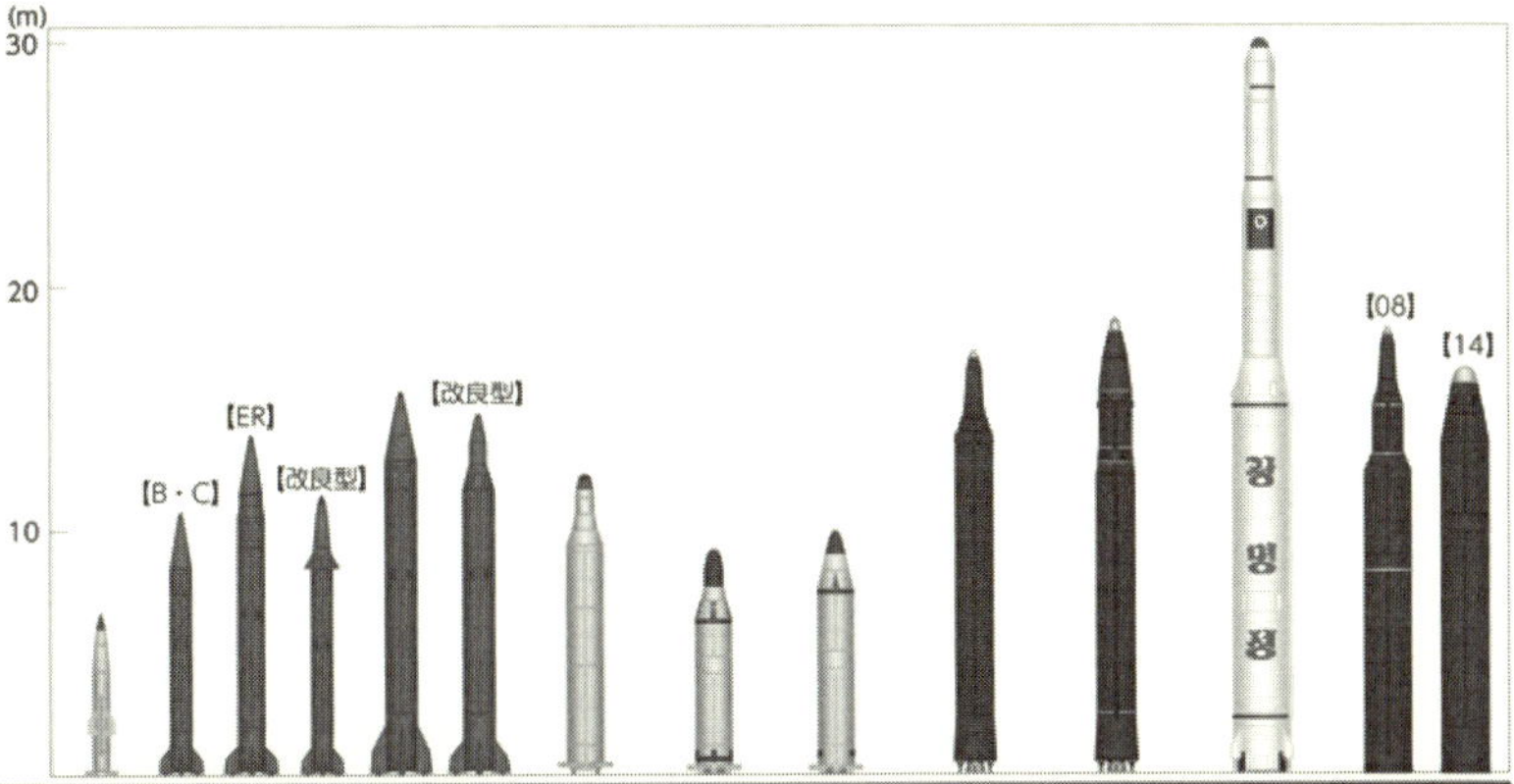

	トクサ	スカッドB・C・ER・改良型	ノドン・改良型	ムスダン	SLBM	SLBM改良型	IRBM級の新型	ICBM級の新型	テポドン2派生型	KN-08/KN-14
射程	約120km	約300km/約500km/約1,000km/分析中	約1,300km/約1,500km	約2,500～4,000km	1,000km以上	1,000km以上	最大で約5,000km	5,500km以上	約10,000km以上	5,500km以上(ICBMとの指摘)
燃料	固体	液体	液体	液体	固体	固体	液体	液体	液体	液体
運用	TEL	TEL	TEL	TEL	コレ級潜水艦	TEL	TEL	TEL	発射場	TEL

出典：JANE'S STRATEGIC WEAPON SYSTEMS等を基に防衛省が作成

北朝鮮の弾道ミサイルの射程

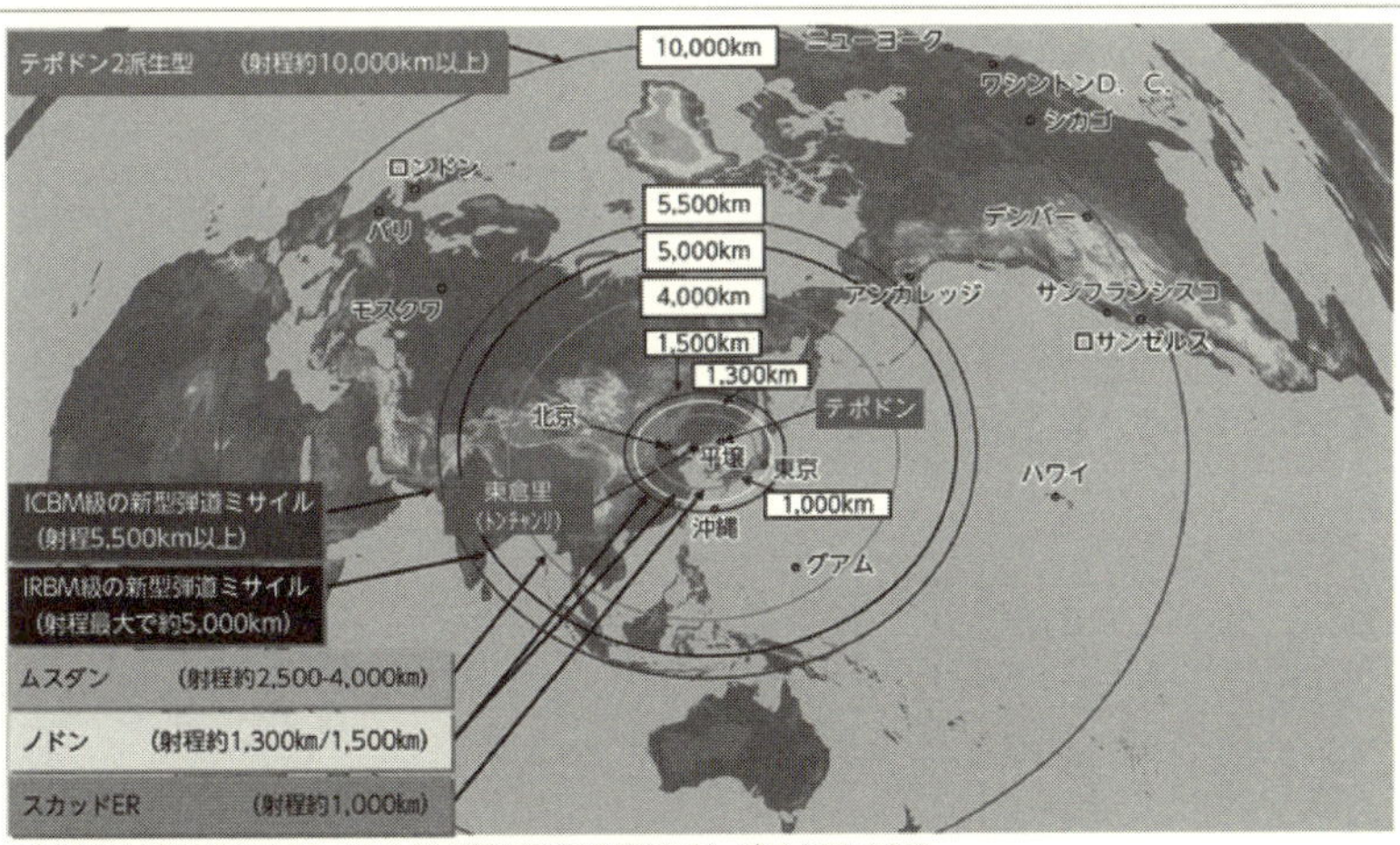

※上記の図は、便宜上平壌を中心に、各ミサイルの到達可能距離を概略のイメージとして示したもの

出典：防衛省ホームページから転載< http://www.mod.go.jp/j/publication/wp/wp2017/html/n1221000.html#a21 >

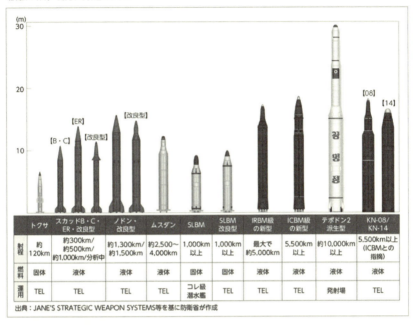

北朝鮮は初の水爆実験を宣言した。2016年9月の国連総会で、安倍首相は北朝鮮の脅威が「異なる次元に達した」との認識を示した。2017年9月の国連総会で、トランプ大統領は北朝鮮を「完全に破壊」する選択肢について言及した。

そして、2017年2月に北朝鮮が移動式発射台から発射した新型の中距離弾道ミサイル「北極星2型」は、固体燃料エンジンと組み合わせることで奇襲性と残存性を格段に向上させた。固体燃料エンジンは、発射準備時間を短縮し、移動式発射台からの打ち上げを可能にするからである。「ロフテッド軌道」を描く高角発射方式を採用して高度550キロに達したミサイルは、到達高度300キロの海上配備型迎撃ミサイル「SM3ブロック1A」では迎撃が難しい。高度1,000キロ以上に達するロフテッド軌道のミサイルに対応可能なのが、米国と共同開発している「SM3ブロック2A」や最新鋭の迎撃システムTHAADミサイル（終末高高度防衛ミサイル）である。2017年3月には、北朝鮮は4発の弾道ミサイルを同時発射し、在日米軍を攻撃するための訓練であると主張した。

これを受けて、トランプ政権は、北朝鮮が非核化の意思を示さない限り対話に応じないとしたオバマ政権時代の「戦略的忍耐」を転換し、ミサイル基地への先制攻撃を含む軍事力の行使や体制転換も選択肢とする戦略見直しに着手した。[46] 事実、マティス国防長官は対北朝鮮で「いかなる議論も排除しない」と指摘している。また、2017年3月にアジアを歴訪したティラーソン国務長官は、「戦略的忍耐」政策は終わったと中国に明言した。同年9月の国連総会において、トランプ大統領は、必要に応じて武力行使を辞さない意思を示した。

その背景には、戦略的忍耐が北朝鮮の核・ミサイル開発の進展を許す結果を招いたとの反省がある。核の小型化と弾道ミサイルの開発が進み、北朝鮮の核ミサイルは米西海岸に到達する能力をもち、米国に対する直接的脅威になりつつあるからである。金正恩朝鮮労働党委員長は、２０１７年1月の新年の辞で、米本土を射程に入れる大陸間弾道ミサイル（ＩＣＢＭ）の試射準備が「最終段階に達した」と述べた。同年3月には、「在日米軍基地を標的」に射程1、０００キロの「スカッドＥＲ」を4発同時発射し、うち3発が能登沖２００キロの日本の排他的経済水域内に着弾した。

米国本土に核弾頭を運搬可能な長距離弾道ミサイルの出現により、核の不拡散を最優先してきた米国と、核・ミサイルの直接的脅威にさらされてきた日本は、遂に北朝鮮の脅威が新たな段階に入ったとの共通の認識を共有するに至った。２０１７年3月から開始された米韓合同軍事演習は、北朝鮮との全面戦争や局地戦だけでなく、核ミサイルへの直接攻撃を想定した新しい作戦計画５０１５を適用した。[47]２０１５年6月に米韓両軍が署名した作戦計画５０１５は、従前の全面戦争や局地戦を想定した作戦５０２７とは異なり、核・ミサイル基地や北朝鮮司令部への先制攻撃を想定している。

２０１６年3月の制裁では、石炭や鉱物資源の禁輸に「民生利用を除く」との例外規定が付いていたため、結果的に中国の鉱物性燃料の輸出は前年比10％増となった。[48]同年11月の制裁では例外規定が削除されたが、中国からの輸出に上限が設定されただけで全面禁輸というわけではなかった。２０１７年8月の制裁は石炭輸出の上限が撤廃されたが、中国がこれを厳格に遵守するかどうかが問題である。何より、北朝鮮が国内で利用する石油の大半を占める中国の石油輸出は制裁の対象から除外された。また、北朝鮮の外貨獲得手段は輸出以外にもある。北朝鮮の海外労働者の新規雇用は禁止されたが、既存の労働者からの送金は続いている。

国際社会による経済制裁の強化にもかかわらず、２０１７年前半のロシアの北朝鮮に対する石油製品の輸出は前年比で倍増していた。ロシアは、同年8月に国連安保理が新たな経済制裁を決議した際も、石油関連の貿易制限を免除することを強く主張していた。このほかにも、ロシアは羅津港の改修や、同港とウラジオストク間の貨客船「万景峰」号の就航、北朝鮮労働者の受け入れなど、中国の制裁強化に伴って北朝鮮に接近する動きが見られる。問題は、経済制裁によって北朝鮮が被るコストが、核・ミサイル開発を中止するコストを上回るだけのインパクトをもちうるかどうかである。２０１７年8月の制裁が完全に履行された場合、北朝鮮の輸出総額の３分の1にのぼる年間30億ドル（約３、３００億円）を削減できることになる。[49]

２０１８年2月の平昌冬季五輪大会を機に、南北関係の改善に向けた動きが始動し、米国は最大限の圧力を継続しつつも、前提条件なしに直接協議に応じる姿勢を示した。同年4月の南北首脳会議では、「朝鮮半島の永続的かつ安定的な平和体制の構築」と「朝鮮半島の完全な非核化に向けた努力」を謳った共同声明が署名された。同年6月に実施された史上初の米朝首脳会談でも、上記とまったく同じ表現で朝鮮半島の平和体制と非核化が合意された。共同声明では、従来までのＣＶＩＤが明記されなかったことに加え、米朝合同軍事演習の中止が示唆された。同年9月の南北首脳会談の際に署名された「軍事分野合意書」では、軍事境界線上での飛行禁止や非武装地帯（ＤＭＺ）での地雷と監視所の撤去など、軍事的緊張の緩和と信頼醸成が一気に進んだ。

南北関係の改善は、米韓同盟の行方に大きな影響を及ぼすことになろう。同時に、北朝鮮が主張する平和体制や朝鮮半島の非核化が、米国による韓国に対する核の傘の撤去を意味するとすれば、米韓同盟の行方次第では核の傘が外れて朝鮮半島の非核化が進む可能性がまったくないわけではない。ただし、既存の核とミサイルを残したままで今後の非核化だけが進むような事態は、日本にとっての安全保障環境はいままで以上に厳しいものにならざるをえない。

2　北朝鮮の体制崩壊危機

北朝鮮にとって核・ミサイル開発は、対外・対内関係の双方における体制維持に資するものと位置づけられている。しかし、国内資源の核・ミサイル開発への偏重が、体制維持を大きく損なう一面をもっていることは極めて皮肉である。無論、核保有が北朝鮮人民を鼓舞し、体制への支持に転換される要素がないわけではない。しかし、北朝鮮の政治体制は朝鮮労働党の一党支配というよりも、金正恩の個人支配体制の色彩が強い。つまり、その権力基盤は、アメとムチを駆使した恩顧関係で支えられている。とすれば、核・ミサイルの開発でアメの財源が枯渇すれば、個人支配体制の維持はムチの方に比重が移行せざるをえない。張成沢国防委員会副委員長の公開処刑や総政治局長、総参謀長及び人民武力部長など軍の要職の頻繁な人事異動がそれを物語る。いずれにせよ、恩顧関係の動揺は、体制の維持にとって深刻な事態をもたらす可能性を秘めている。

２０11年12月、北朝鮮の金正日国防委員長が急逝した。個人支配体制にとって、最高指導者の死は、体制崩壊に直結しかねない危機であった。２０１２年4月までに、後継者の三男金正恩が、軍（人民軍最高司令官）、国家（国防第1委員長）、党（朝鮮労働党第一書記）の最高ポストに異例の早さで就任した。２０１６年５月の朝鮮労働党大会で、金正恩は党委員長に就任し、同年6月には、国防委員会を国務委員会に改編して国務委員長に就任した。同委の副委員長には、いずれも党政治局常務委員を務める黄炳瑞軍総政治局長、崔竜海党副委員長、朴奉珠首相が就任し、委員には党副委員長の金己男や李洙墉、朴永植人民武力相らが就いた。国務委の人事では軍人に比べて党人の起用が目立ち、軍部を重視した「先軍政治」から党と軍のバランスが回復された。人事と連動する形で、２０１８年4月の朝鮮労働党中央委員会総会は、金正恩体制の基本方針だった「核開発と経済建設の並進路線」を修正し、経済を重視する新方針を打ち出した。

北朝鮮の個人支配体制を長年支えてきたのは、体系的な恩顧関係のネットワークである。深刻な経済危機が慢性化する中で、このネットワークは権力中枢でしか機能しておらず、地方社会の末端では崩壊が始まっていた。下級兵士の餓死や中堅将校の脱北が示すように、「先軍政治」を掲げて優遇されてきた軍部内ですらほころびが見えはじめていた。２０１５年には、国家安全保衛部の局長級の人物が脱北し、２０１６年には在英北朝鮮大使館公使や在ロシア北朝鮮大使館員の亡命など[50]、権力中枢でのネットワークにも亀裂が見えはじめた。服従を調達するための物的な便宜供与（ポークバレル）が制約され、公職ポストの分配（パトロネージ）と不服従に対する公開処刑のようなムチに頼る個人支配体制が、権威の動揺を抱えながら、この恩顧関係を維持・再建するのは極めて困難である。

２０１６年3月の国連安保理決議第２２７０号は、対北朝鮮禁輸項目に航空機用燃料・ロケット燃料を含み、中国も決議履行の意思を表明した。実際、同決議の発動後、中国の公式統計では北朝鮮との貿易額は4月から6月まで減少した。２０１６年11月に採択された国連安保理決議第２３２１号では、石炭や鉄鋼石の北朝鮮からの原則輸入禁止に加え、規定に基づき例外的に同国から石炭を調達する場合の上限設定や禁輸対象となる鉱物資源の追加などが盛り込まれた。中国もロシアも、北朝鮮の核開発には反対し、国連主導の経済制裁にも合意する一方で、過度な制裁の実施には反対してきた。

北朝鮮の名目ＧＤＰは、国連の統計によれば鳥取県とほぼ同規模の1兆8、０００億円規模で、２０１７年の実質成長率はマイナス3・5％であった[51]。２０１６年の3・9％増から一転し、１９９７年のマイナス6・5％以来の経済的打撃は、２０１７年7月の追加制裁の効果と見ることができよう[52]。しかし、国連の制裁には抜け穴があり、２０１８年に入ると韓国を筆頭に、中国やロシアが制裁の緩和に動き出している。経済制裁が緩和されれば金正恩体制の延命と核・ミサイル開発の継続につながる一方で、経済制裁の強化は体制の崩壊と核・ミサイルの放棄につながる。

仮に北朝鮮の体制が崩壊した場合、第1に大量難民の発生が予想される。1995～97年の食料危機の際には、約40万人の難民が中国に流入した。体制の崩壊は、全体で200～400万人、日本へは10～15万人の大量難民が流出する可能性がある。難民の中には、武器を携行した元軍人や犯罪者も含まれる以上、近隣諸国にとって大量難民の発生は、人道的問題を超えた安全保障上の脅威でもある。

第2に、大量破壊兵器の流出が懸念される。北朝鮮には約100か所の核関連施設と、すでに5～12個の核兵器製造に必要なプルトニウムが貯蔵されている。加えて、約5、000トンの化学・生物兵器を備蓄し、毎年4、500トンの製造能力を有するとも推測されている。[53]

北朝鮮の体制崩壊に対処するには、事態が穏便に推移する事態を想定しても、安定化任務に最低26～40万人の地上部隊が必要になるとの試算がある。[54] この数字は、イランやアフガニスタンに米軍が派遣された際の約10万人規模をはるかに超え、一国が単独で担うことは不可能である。少なくとも、米韓両軍が作戦計画（OPLAN）5029を発動した場合、日米同盟に基づいて日本がこの周辺事態に後方支援することが不可避となる。

1 Graham T. Allison, “The Thucydides Trap,” in Richard N. Rosecrance and Steven E. Miller, eds., *The Next Great War?: The Roots of World War I and the Risk of U.S. - China Conflict* (Cambridge, MA: MIT Press, 2015).
2 Goldman Sachs, *Global Paper*, No.153, March 28, 2007.

3 読売新聞、２０１６年９月14日。
4 日本経済新聞、２０１８年８月29日。
5 産経新聞、２０１８年10月６日。
6 産経新聞、２０１７年３月７日。
7 National Defense Strategy Commission, *Providing for the Common Defense: The Assessment and Recommendations of National Defense Strategy Commission*, p.vi, pp.11-14.
8 David Shambaugh, *Modernizing China's Military:Progress, Problems, and Prospects*（University of California Press, 2004）p. 67.
9 増田雅之「中国の海洋戦略と海上法執行機関―発展戦略から強国戦略へ」『国際共同研究シリーズ』第４章、２０１４年。
10『平成30年版防衛白書』及び『防衛ハンドブック２０１８』を参照。
11 産経新聞、２０１８年８月18日。
12 平山茂敏「エアシー・バトルの変容―対中作戦構想から、アクセス維持のための限定的作戦構想へ」『海幹校戦略研究』（２０１３年12月、３－２）22～41頁。村野将「米国の対中戦略の展望と課題―戦力投射をめぐる前方展開と長距離攻撃能力の問題」『海外事情』（２０１６年５月号）79～95頁。
13 Asia-Pacific Rebalance 2025: Capabilities, Presence, and Partnerships, CSIS, January 2016. < https://csis-prod.s3.amazonaws.com/s3fs-public/legacy_files/files/publication/160119_Green_AsiaPacificRebalance2025_Web_0.pdf >
14 海上保安庁ホームページ< http://www.kaiho.mlit.go.jp/shisaku/ryoukai.htm >
15 *2011 Report to Congress of the U.S.-China Economic and Security Review Commission*（Washington D.C.: Government Printing Office, November 9, 2011）pp.182-197.
16 *Quadrennial Defense Review Report*, February 2010, p.13.
17 < http://www.mofa.go.jp/mofaj/area/china/higashi_shina/tachiba.html >
18 読売新聞、２０１７年２月28日。
19 産経新聞、２０１７年４月２日。
20 日本経済新聞、２０１６年４月26日。
21 産経新聞、２０１７年８月１日。
22 ２０１５年９月の米国上院軍事委員会公聴会でシェアー国防次官補が確認したもの。防衛研究所、『東アジア戦略概観２０１６』

２４４頁。
23 読売新聞、２０１７年６月７日、夕刊。
24 日本経済新聞、２０１８年11月21日。
25 防衛研究所『中国安全保障レポート２０１７』66頁。
26 ＜https://docs.house.gov/billsthisweek/20180723/CRPT-115hrpt863.pdf＞
27 日本経済新聞、２０１９年１月３日。
28『外務省発表集』４号、１９５７年１月、49～50頁
29 平成26年11月21日、尖閣諸島にかかる所有関係及び米軍射爆場に関する質問に対する政府答弁書。＜http://kokkai.ndl.go.jp/SENTAKU/syugiin/187/0001/18711210001016.pdf#search=%27%E5%9C%A8%E6%B2%96%E7%B1%B3%E8%BB%8D+%E5%A4%A7%E6%AD%A3%E5%B3%B6+%E4%B9%85%E5%A0%B4%E5%B3%B6+%E5%B0%84%E7%88%86%E5%A0%B4+%E5%A5%91%E7%B4%84%27＞
30 ＜https://www.mofa.go.jp/mofaj/na/st/page4_003205.html＞〔２０１８年12月17日アクセス〕
31 産経新聞、２０１７年１月８日。
32 朝雲新聞、２０１７年４月27日。
33 産経新聞、２０１７年２月24日。
34 日露戦争によって日本に割譲された南樺太には「返還」、元来日本の領土であった千島列島には「引き渡し」という用語が使用された。
35 ＜http://www.clearing.mod.go.jp/hakusho_data/　2011/2011/index.html＞
36 ＜http://www.asahi.com/articles/ASJDH7D5HJDHUHBI02K.html＞〔２０１７年１月７日アクセス〕
37 産経新聞、２０１７年８月24日。
38 第16回衆議院外務委員会第30号19頁、１９５３年９月17日。下田説明員の答弁。
39 山本健太郎「竹島をめぐる日韓領土問題の近年の経緯―島根県の「竹島の日」制定から李明博韓国大統領の竹島上陸まで―」『レファレンス』２０１２年10月、45頁。
40 産経新聞、２０１８年11月27日。
41 産経新聞、２００８年７月31日。

42 防衛省編『日本の防衛　平成24年版』２０１２年、17頁。SIPRI, *SIPRI Yearbook 2018* (Oxford University Press, 2018) p.236.
43 CSIS, *Undeclared North Korea: The Sino-ri Missile Operating Base and Strategic Force Facilities*, January 21, 2019. < https://beyondparallel.csis.org/undeclared-north-korea-the-sino-ri-missile-operating-base-and-strategic-force-facilities/ >
44 朝雲新聞、２０１７年2月7日。
45 久古聡美、内海和美「北朝鮮の核問題をめぐる経緯―第1次核危機から米朝首脳会議まで」『調査と情報』（１００９号、２０１８年7月12日）9頁。
46 読売新聞、２０１７年3月2日。
47 産経新聞、２０１７年3月17日。
48 日本経済新聞、２０１７年8月7日。
49 産経新聞、２０１７年8月7日。
50 防衛研究所『東アジア戦略概観 ２０１７』１１１頁。
51 日本経済新聞、２０１８年8月28日。
52 日本経済新聞、２０１８年7月21日。
53 < http://www.globalsecurity.org/wmd/world/dprk/cw.htm >
54 Bruce W. Bennett and Jennifer Lind, "The Collapse of North Korea: Military Missions and Requirements," *International Security*, Vol.36, No.2, Fall 2011, pp.84-119.

第4章　日米同盟の費用対効果

日米双方にとって、日米同盟の任務と経費をめぐる分担（sharing）の現状は、果たして公平公正なものなのであろうか。この問いに答えるには、両国が分担する経費と任務を単純に比較するだけでは十分ではない。同盟を維持するための費用の側面だけでなく、同盟が提供する効果の側面にも着目し、それぞれの費用対効果の比較に踏み込む必要がある。というのも、相互防衛条約に基づく日米同盟以外の同盟にも遍在する同盟国間の力の非対称性に加え、日米同盟は「相互協力及び安全保障条約」ならではの特異な非対称構造が存在するからである。

そこで、第1節では、日米同盟に内在する不満の源泉が、「盾と矛」及び「物と人」の協力関係で構成される「非対称な相互性」に由来することを確認する。「盾と矛の協力関係」とは米国の攻勢と日本の防勢との役割をめぐる補完関係を指し、「物と人の協力関係」とは基地・施設と米軍との交換関係を指す。第2節では、グローバルな戦略の中でインド太平洋軍が果たす重要性を考慮した上で、「極東」で展開するインド太平洋軍及び在日米軍を支援する在日米軍基地の役割という視点から、米国にとっての日米同盟の費用対効果を考察する。第3節では、米国が日本に提供する拡大抑止の効果と日本の防衛予算に占める在日米軍関係費の割合という視点から、日本にとっての日米同盟の費用対効果を考察する。その上で、第4節は、日米同盟に対する日米間の経費分担を比較衡量してみよう。

第1節　日米同盟の非対称構造と不満の源泉

1951年9月8日午前、吉田茂主席全権は、サンフランシスコのオペラハウスで対日講和条約に調印した。同日午後、サンフランシスコ郊外のプレシディオにある米軍第6軍司令部で、吉田は（旧）日米安全保障条約の調印式に臨んだ。サンフランシスコ講和条約と（旧）日米安保条約が同日に調印されたことは、両条約が不可分一体であることを象徴していた。

サンフランシスコ講和条約は、ソ連などの社会主義諸国も含めた全面的な講和ではなく、米英仏など西側諸国だけとの片面講和になった。したがって、日米安保に基づいて米軍の駐留継続を認めることで、日本は主権を回復し、西側陣営の一角として国際社会に復帰することとなった。同時に、（旧）安保条約前文で述べられているように、条約発効当時、武装解除され、「固有の自衛権を行使する有効な手段を持たない」日本が、日本への武力攻撃を阻止するための「暫定措置」として米軍駐留を必要としたのである。

その後半世紀以上が経過し、日本の再軍備が進み東西冷戦が終わった今、講和条約と日米安保の不可分性は、平和憲法と日米同盟とが相互補完的で表裏一体の関係にあることを改めて認識させる。再軍備を通じて、「直接及び間接の侵略に対する自国の防衛のため漸増的に自ら責任を負う」こととなったものの、憲法第9条で戦争放棄及び戦力の不保持と交戦権の否認を宣言した日本は、専守防衛を基本政策に据えた。その結果、国連憲章がすべての国に固有の権利として認める「集団的自衛権を有するが、その行使は憲法上許されない」として、日本は集団的自衛権の行使を自制してきた。個別的自衛権の行使に関しても、防勢に徹する日本の防衛・安全保障に対して、その欠落した攻勢機能を日米安保が補完してきたのである。いわゆる盾と矛の協力関係である。

平和憲法と不可分な関係にある日米同盟の特殊性は、米比同盟や米韓同盟のように、集団的自衛権に基づいて相互に相手の領土を守り合う相互防衛条約ではなく、「相互協力及び安全保障条約」に立脚している点に端的に表れている。つまり、米国は日本の領土を守る義務を負うが、日本は施政下にある在日米軍とその基地を守るだけで米国本土への防衛義務を負わないという日米同盟の片務性が、それである。力の非対称な同盟関係において、相互防衛の実質的な意義は乏しいとの見方もあるかもしれないが、実際には相互防衛か否かの違いは大きい。以下で示す通り、特に地位協定における基地のあり方にそれは反映している。

1952年8月に発効した米比相互防衛条約第4条、ならびに1954年11月に発効した米韓相互防衛条約第3条は、共に「太平洋におけるいずれか一方の締約国に対する武力攻撃が、自国の平和及び安全を危うくするものであることを認め」、共通の防衛区域（条約区域）を「太平洋」と設定していた。1949年8月に発効した北大西洋条約第5条でも、「欧州または北米における一又は二以上の締約国に対する武力攻撃を全締約国に対する攻撃とみなすことに同意する」と定めている。[1] このように相互防衛条約に基づく同盟は、「太平洋」や「欧州または北米」という防衛区域の集団的防衛を約束している。

しかし、憲法第9条で海外派兵を禁じた日本が、日本本土以外の集団的防衛に参加することはできなかったことから、1960年に改定された新安保条約第5条は、防衛区域を「日本国の施政の下にある領域」に限定した。経費負担や任務分担をめぐる米国から日本に対するただ乗り批判の根拠はここにある。事実、防衛区域をめぐる日米間の片務性は、米国の世論や議会への説明を難しくするだけでなく、アジアにおける日本以外の米国の同盟諸国にも不公平感を与えざるをえなかった。

そこで、防衛区域の片務性を補填するため、新安保条約第6条は、日本の安全と「極東における国際の平和と安全の維持に寄与するため」、米軍による日本国内の基地使用を認めた。つまり、米国領土を防衛区域とする相互防衛条約を締結する代わりに、日本が米国に軍事及び兵站施設を提供するものである。ところが、ここに日米同盟に対する日本側の不満が宿ることになる。そもそも旧安保条約では、米軍を日本の「安全に寄与するために使用することができる」と規定するだけで、米国は日本に対する防衛義務を明確に負っていなかった。それにもかかわらず、米国は日本にある基地を使用する権利を一方的に賦与されていた。旧安保条約が「駐軍条約」と揶揄された所以である。新安保条約への改定で、こうした不平等性は解消された。しかし、日本による基地提供の方式は、米国が日本以外の他の国々と締結した方式よりも米国に都合の良い内容になっていた。

たとえば、１９４７年米比基地協定では、フィリピン国内の13か所の軍事基地と関連施設の即時使用権と7か所の緊急時使用権が規定された。こうしてフィリピンが使用を許与したのは領土内の限定された諸地点であるのに対し、日本が米国に提供する施設及び区域は限定されておらず、日本全土を軍事作戦のための潜在区域に設定するという、いわゆる「全土基地方式」が採られた。[2] 独立後の安全保障手段を米軍基地の存続に求めたという点で、日本とフィリピンは同じであった。しかし、相互防衛条約の前提条件であった「継続的かつ効果的な自助及び相互援助」を満たすフィリピンと、これを満たすことなく「相互協力及び安全保障条約」の締結にとどまった日本との差が、「全土基地方式」採用の有無を分けたといえるだろう。

また、日本と同様に、第二次世界大戦後に武装解除された西ドイツは、１９５５年の主権回復と共に北大西洋条約機構（ＮＡＴＯ）加盟を条件に連邦国防軍の再軍備を果たした。ドイツ連邦共和国駐留ＮＡＴＯ軍の法的地位を定めたＮＡＴＯ軍地位協定は、１９５９年の補足協定の締結[3]（発効は１９６３年）を通じて、基地協定の側面をもつこととなった。補足協定は、駐留外国軍に対する国内法の適用と、基地の設定や使用に対する基準を具体的かつ詳細に規定した。これは、在日米軍基地協定が、日本が米軍に提供する基地の設定条件を、明示的にも示唆的にも定めていないのとは大きく異なった。これも、日本に対する「全土基地方式」の特異性が指摘される所以である。[4] また、平和憲法によって集団的自衛権の行使に制限を加えた日本と、基本法24条第2項で国連の集団安全保障やＮＡＴＯのような集団的自衛権の行使を認めたドイツとの決定的な相違であろう。

日米同盟は、新安保条約第5条で米国が在日米軍を通じて日本を防衛し、第6条で日本が在日米軍基地を提供して米国の前方展開を支える「物と人との協力」である。言い換えれば、この「物と人の協力」関係は、米国の日本に対する防衛義務という「片務的負担」に、日本の米国への基地提供という「片務的負担」を以って応える双務性で構成されている。[5] 日本が平和憲法を堅持する限り、日米同盟は安保条約に基づく「非対称な相互性」にならざるをえず、[6] 相互防衛条約に基づく「対称な相互性」になることはない。

ただし、非対称な相互性は、日米双方にとって日米同盟の効用が均等であることを意味しない。何よりも、効用計算の基礎となる日米同盟の費用対効果を測定し、日米双方の効用を比較すること自体が難しい作業にならざるをえない。そのため、一方的な防衛義務という片務性に由来する米国側の不満は、基地使用の効用を考慮することなく日本へのただ乗り批判に転じやすい。反対に、一方的な基地提供という片務性に由来する日本側の不満は、米国の前方展開部隊による安全の効用を度外視して基地無用論に転じやすいのである。

次節以降では、日米同盟に対する日米双方の費用対効果を測定し、日米同盟の維持経費の分担状況を分析してみよう。米国にとっての日米同盟の費用対効果とは、米国が負担する在日米軍の作戦・維持経費と、在日米軍基地がアジア太平洋地域での米軍の運用に与える効果とを比較衡量したものである。他方で、日本にとっての日米同盟の費用対効果とは、在日米軍基地の提供に伴うコストと、在日米軍による拡大抑止が日本の防衛に与える効果とを比較衡量したものである。

ここで改めて、在日米軍と在日米軍基地を定義しておこう。在日米軍とは、在日米軍司令官の指揮下にある陸海空及び海兵隊の部隊と、その指揮下にはないものの、日本に母港をもつ空母・艦艇で、日本に常時駐留する部隊を含む。また、在日米軍基地とは、日米地位協定に基づき、米軍に使用を認めた「施設・区域」を指す。厳密にいえば、陸軍では駐屯地（garrison）あるいはキャンプ（camp）といい、海軍では海軍施設（naval base）や海軍飛行場（naval air station）といい、空軍では空軍基地（air force base）あるいは空軍施設（air force site）、海兵隊ではキャンプあるいは飛行場と呼ばれ、日本語の基地はそれらの総称にすぎない。[7] 米国防総省の報告書では、総称たる基地には「軍事的な設備（military installation）」という用語を当て、国防総省の管理下にある土地、建物の物理的所在地を意味する用地（site）が一つもしくは複数でこれを構成している。

第2節　米国にとっての日米同盟

日米安保条約第6条は、「日本国の安全に寄与し、並びに極東における国際の平和及び安全の維持に寄与するため、アメリカ合衆国は、その陸軍、空軍及び海軍が日本国において施設及び区域を使用することを許される」と規定している。この極東条項が示す通り、第5条で規定された日本防衛を引き受ける対価として、米国は基地の自由使用と共に、極東の安全と平和に影響を及ぼすと考えられる広大な範囲で作戦行動を展開する自由を手に入れた。したがって、米国にとっての日米同盟の効果は、グローバルな戦略の中でインド太平洋軍が果たす重要性を考慮した上で、「極東」で展開するインド太平洋軍及び在日米軍を支援する在日米軍基地の役割という視点で確認することができる。

1　インド太平洋軍の重要性

現在、米軍は6つの地域別統合軍（北方軍ＮＯＲＴＨＣＯＭ、中央軍ＣＥＮＴＣＯＭ、アフリカ軍ＡＦＲＩＣＯＭ、欧州軍ＥＵＣＯＭ、インド太平洋軍ＩＮＤＯＰＡＣＯＭ、南方軍ＳＯＵＴＨＣＯＭ）を有する。１９８６年のゴールドウォーター＝ニコルズ法の制定以降、統合軍の作戦指揮は、統合参謀本部（Joint Chiefs of Staff：ＪＣＳ）や各軍種の長から外れ、大統領から国防長官を通じた各統合軍司令官への直接指揮方式となった。在日米軍は、インド洋・アフリカ東部近海を含むアジア・太平洋地域を主な担任地域とするＩＮＤＯＰＡＣＯＭに属する。[8]

図表4-1　インド太平洋軍の担任地域

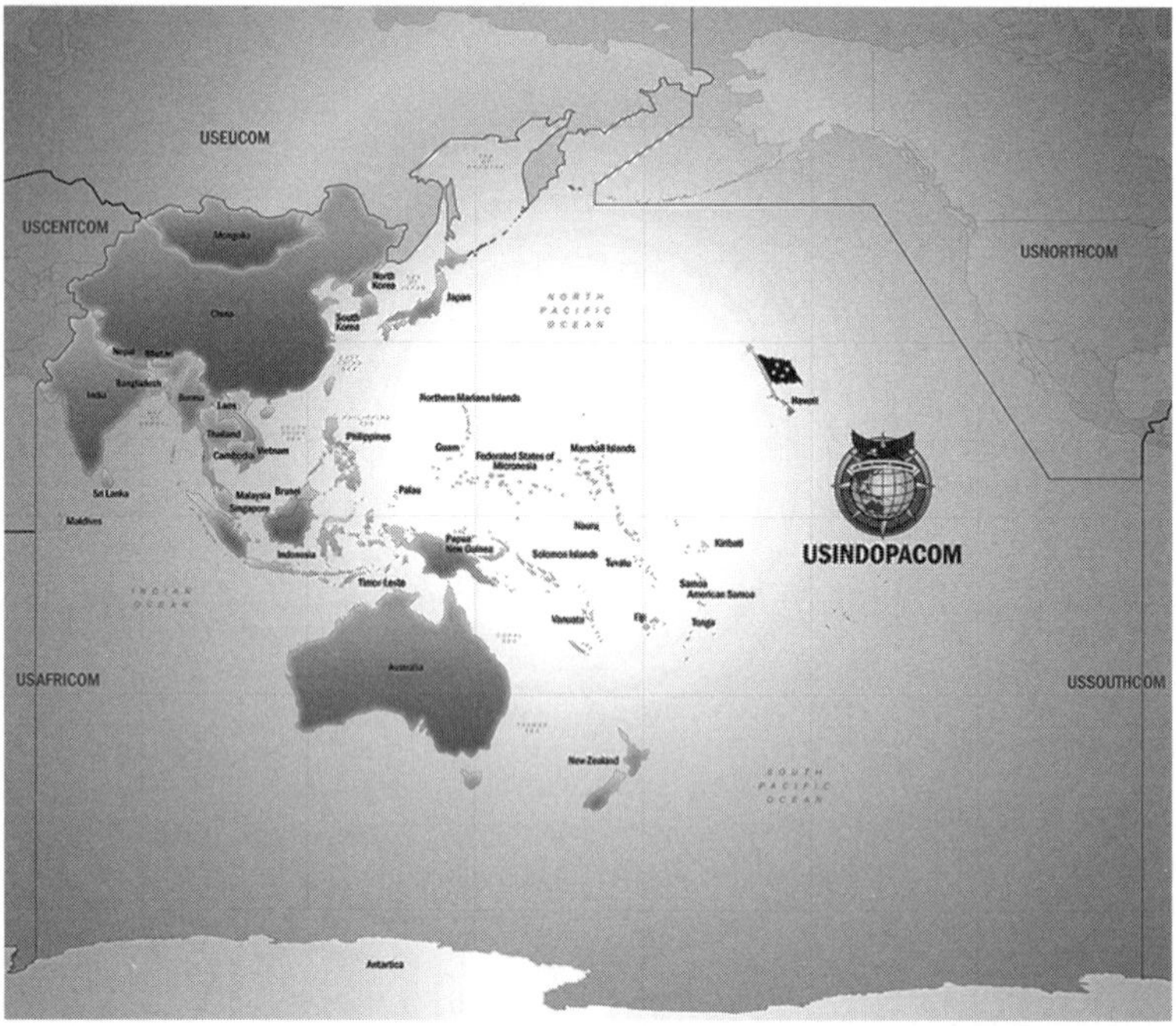

出典：< https://www.pacom.mil/About-USINDOPACOM/USPACOM-Area-of-Responsibility/ >

ＩＮＤＯＰＡＣＯＭは地域別統合軍の中で最大規模を誇り、その担任地域は地表の50％以上を占める（図表４－１参照）。この地域には36か国が位置し、世界の人口の50％以上が居住する。ＩＮＤＯＰＡＣＯＭの兵力は、陸海空軍及び海兵隊からの総勢約30万人の兵士で構成され、米軍全体の約20％を占める。[9]米国本土外に常駐する兵員数で比較しても、２０１３年の時点で１５３、８１７名を擁する（ＩＮＤＯ）ＰＡＣＯＭは、それを構成するすべての軍種で最大規模の兵員が配置され、地域別統合軍全体の約63％を占める（図表４－２参照）。

ＩＮＤＯＰＡＣＯＭは、太平洋陸軍、太平洋艦隊、太平洋海兵隊、太平洋空軍などから構成されており、それらの司令部はすべてハワイに置かれて

図表4-2　地域統合軍の兵員配置（2013年）

統合軍	陸軍	海軍	空軍	海兵隊	全体
AFRICOM	65	6	17	131	219（0.1%）
CENTCOM	1,834	4,103	518	596	7,051（3%）
EUCOM	41,933	5,847	30,900	1,083	79,763（33%）
NORTHCOM	101	26	112	10	249（0.1%）
(INDO)PACOM	58,402	36,976	35,330	23,109	153,817（63%）
SOUTHCOM	745	587	229	38	1,599（0.7%）
全体	103,080	47,545	67,106	24,967	242,698（100%）

出典：RAND, *Overseas Basing of U.S. Military Forces: An Assessment of Relative Costs and Strategic Benefits*, 2013, p.20より筆者作成

いる。太平洋陸軍は、日本に第1軍団の前方司令部・在日米陸軍司令部など約2、400人を配置する。太平洋艦隊は、西太平洋とインド洋などを担当する第7艦隊、東太平洋やベーリング海などを担当する第3艦隊などを有し、艦艇約200隻を擁している。このうち第7艦隊は、1個空母打撃群を中心に構成されており、日本やグアムを主要拠点とする。太平洋海兵隊は、米本土と日本にそれぞれ1個海兵機動展開部隊を配置している。このうち、日本には第3海兵師団とF／A－18戦闘機などを装備する第1海兵航空団約16、000人が展開しているほか、重装備などを積載した事前集積船が西太平洋に配備されている。太平洋空軍は3個空軍を有し、このうち、日本の第5空軍は、三沢、嘉手納、横田に3個航空団（F－15戦闘機、F－16戦闘機、C－130輸送機などを装備）を、韓国の第7空軍には2個航空団（F－16戦闘機などを装備）を配備している。

INDOPACOMへの過重な兵力配置は、INDOPACOMが管轄する地理的範囲の広さと戦略環境に対応した固有の機能を反映している。1997年6月に米国会計検査院（GAO）が実施した報告書『海外プレゼンス』は、地域別統合軍の重要性を、その目的と方法によって特徴づけている。目的は、①初動危機対応、②抑止、③再保証、④影響に区分され、方法は、a前方駐留軍、b定期展開軍、c臨

図表4-3　統合軍の目的と方法

	ACOM*	CENTCOM	EUCOM	PACOM**	SOUTHCOM
目的					
①初動危機対応	○	○		○	
②抑止	○	○	○	○	
③再保証				○	○
④影響				○	○
方法					
a.前方駐留部隊			○	○	
b.定期展開部隊		○			
c.臨時展開可能部隊	○				
d.事前配置		○			
e.訓練					
f.軍事交流			○		○
g.対外軍事援助					

出典：GAO, *Overseas Presence: More Data and Analysis Needed to Determine Whether Most-Effective Alternatives Exist,*（GAO/NSIAD-97-133, June 1997）p.7より筆者作成

*ACOMは大西洋軍（Atlantic Command）の略で、1997年当時は、現AFRICOMの担当地域はEUCOMが管轄し、NORTHCOMはまだ設置されていない。

**1997年時のPACOMの担当地域には、2018年現在はNORTHCOMが管轄する北米西海岸と、AFRICOMが管轄するアフリカ東海岸を含んでいた。

時展開可能部隊、d事前配置、e訓練、f軍事交流、g対外軍事援助に区分される。図表4－3が示すように、INDOPACOMの前身PACOMは、①～④のすべての目的を有する唯一の統合軍であり、その方法として前方駐留部隊を配置している。

INDOPACOMの重要性を高めた要因は、冷戦の終結と対テロ戦争後のアジア・リバランス政策にある。冷戦が終わり、旧ソ連の脅威が消失した結果、EUCOMの兵力が大幅に削減され、太平洋軍（ACOM）が改編される一方で、9・11同時多発テロを契機に、2002年には米国本土防衛のためにNORTHCOMが創設された。事実、1989年に41か所の大型駐屯地に駐留していた213、000人の欧州米陸軍と850か所の施設は、1994年までに75、315名に削減され、564か所の施設がドイツに返還された。同様に、1990年に800機の航空機と27か所の基地に7

2、000名の兵士を擁した欧州米空軍は、240機の航空機と6か所の基地にわずか33、000名を駐留させるまでに縮小された。冷戦後、対テロ戦争を主導するCENTCOMの重要性は高まったものの、米軍のプレゼンスに敏感な中東地域の政治的特性を配慮し、CENTCOMに配置される専属部隊が増強されることはなかった。

他方で、冷戦後の前方展開戦略の見直しの結果、米軍はアジア太平洋地域での前方展開態勢を維持しつつも、1990年当時と比して約16、000人を削減した上で、10万人規模の兵力を引き続き維持することとした。そして、イラク・アフガン紛争の終息と中国の台頭に対応したリバランス政策は、中東からの撤兵と（INDO）PACOMの兵力拡大に結び付いた。2011年11月にオバマ大統領が打ち出したアジア・リバランス政策において、最も強化されたのは海軍とPACOMであった。2012年1月の新国防戦略によれば、陸軍が57万人から49万人、海兵隊が202、000人から18万人へと大幅に人員削減されたのに対し、空軍と海軍の削減幅は最小限にとどまった[10]。また、ドニロン国家安全保障問題大統領補佐官は、2020年までに米海軍艦艇の60％を太平洋に配置し、PACOMの能力を近代化する計画を発表した[11]。オバマ政権下のリバランス政策は、強制的予算削減の中で行われたため、劇的な兵力の増強に結び付くことはなかった。

しかし、リバランス政策を破棄したトランプ政権下で、国防予算の大幅な見直しが行われており、INDOPACOMの重要性は引き続き高く位置づけられている。事実、2019会計年度の作戦・維持経費予算の見積もり額と2017会計年度の実質額を比べると、地域別統合軍全体では約36％も削減されている。しかし、SOUTHCOMの54％を筆頭に、CENTCOMの46％、EUCOMの42％、AFRICOMの35％、NORTHCOMの12％の削減幅に対して、INDOPACOMが3・2％減にとどまっているのはその証左であろう。[12]

2 在日米軍基地の役割

2016年9月現在の在日米軍の兵力は、陸軍2,717名、海軍11,014名、空軍11,566名、海兵隊13,521名の計38,818名である。東アジア・太平洋地域に展開する米軍64,164人の半数以上が日本に駐留している。[13]

9・11事件直後の2001年9月30日に発表された「4年ごとの国防計画の見直し」(QDR2001)の中で、米軍の基本戦略は「脅威ベースアプローチ」から「能力ベースアプローチ」に移行した。前者は、紛争が起こりうる地域を事前に予測し、特定の脅威を封じ込め、抑止するために、兵力を脅威の近くにあらかじめ前方展開しておくものだった。後者は、不特定の脅威によるあらゆる事態に備えた能力を重視し、米本土や海外の戦略的要所に配備された兵力を有事の際に緊急展開するものである。こうして米軍を冷戦型から21世紀型の組織に改編し、その機動力・即時展開能力の向上を目指したのが「変革」(trans-formation)であった。

冷戦構造をひきずるアジア太平洋地域には、依然として脅威ベースアプローチで前方展開戦力を必要とする潜在的な紛争要因を抱えている。すなわち、朝鮮半島や台湾海峡のような不安定要因と、米国の覇権に挑戦し現状変更を試みる中国の台頭である。同時に、東南アジアには、国際テロ組織の活動や分離主義運動のような非伝統的脅威も存在する。つまり、インド太平洋軍は、脅威に対する抑止力を維持する一方で、緊急展開のための能力も求められている。

「変革」の一環として、全世界に展開する米軍の配備態勢の見直し(Global Posture Review:GPR)

と国内外の基地の整理統合に着手したのが米軍再編であった。ＧＰＲを進めるに際し、米国は海外基地を①「主要作戦基地」(Main Operating Bases：ＭＯＢ)、②前方作戦拠点 (Forward Operating Sites：ＦＯＳ)、③協力安全保障地点 (Cooperative Security Locations：ＣＳＬ) の３つに分類した。①ＭＯＢは最も重要な戦略拠点で、米軍兵士と家族が恒久的に駐留し、指揮・統制システムと住宅や学校等の生活インフラも完備している。②ＦＯＳは、平時はローテーションの米軍部隊と事前集積物資のみを配備し、有事に展開する拠点となる。③ＣＳＬは、平時には米軍はまったく駐留しないが、緊急時にアクセス可能な施設を受け入れ国が管理する。陸軍ではなく海空海兵隊の基地が集中し、遠征作戦の拠点である在日米軍基地は、ハワイやグアムと共にアジア太平洋地域のＭＯＢとして中枢的な戦略拠点になっている。

米国にとっての日米同盟の軍事的効果は、第1に、在日米軍基地がＩＮＤＯＰＡＣＯＭの主要作戦基地として果たす機能である。

特に、先の図表3－2で示したＩＮＤＯＰＡＣＯＭの主要目的のうち、初動危機対応を支えているのが在沖縄海兵隊の基地である。実際、沖縄から朝鮮半島まで航空機を利用する場合、グアムからは5時間、ハワイからは11時間、米国本土からは16時間かかるところ、沖縄から朝鮮半島へは約2時間で展開可能である。また、艦船では、グアムから5日、ハワイから12日、米国本土からは17日かかるところ、沖縄からは1・5日で展開可能である[14]。

また、ＩＮＤＯＰＡＣＯＭの抑止機能を支えているのが、第7艦隊に質の高い保守・点検機能を提供する神奈川県横須賀と長崎県佐世保の米海軍基地である。横須賀は空母打撃群、佐世保は揚陸艦による遠征打撃群の母港として、在日米軍基地の費用対効果の大きさを端的に示す象徴的存在である。米国会計検査院の調べによれば、ＩＮＤＯＰＡＣＯＭに所属する空母打撃群が西太平洋地域とインド洋・アラビア海域にプレゼンスを維持できているのは、横須賀を恒久基地として利用できているからにほかならない。仮に横須賀海軍基地がなければ同じ水準の軍事プレゼンスを維持するのに、5個～9個空母打撃群が必要になるという。[15] これは、1個空母打撃群の年間経費約16億ドル（1990年度の1ドル140円換算）で試算すると、2，240億円となる。最大9個の空母打撃群が必要であるとすれば、実に144億ドルの節約になっていることになる。[16] これは米国が負担する2017年度の在日米軍に対する作戦・維持経費57億4，500万ドルの約2・5倍に相当する。

米国にとっての日米同盟の軍事的効果の第2に、大量の燃料及び武器・弾薬を貯蔵する後方支援機能がある。米国防兵站局（Defense Logistics Agency）によれば、日本の燃料備蓄量は、（INDO）PACOM全体の41％にあたる18億ドル相当にのぼる。[17] 特に、神奈川県の鶴見貯油所と長崎県の佐世保貯油所（赤崎、庵崎、横瀬）の備蓄量はそれぞれ570万バレルと530万バレルで、米本土を含めても第2位と第3位の規模を誇る。また、広島県の秋月、川上、広にある米陸軍の弾薬庫には、自衛隊の保有する総弾薬量を上回る119，000トンが貯蔵されている。このほかにも、佐世保にある弾薬庫は米海軍最大の規模であり、沖縄県嘉手納にある弾薬庫は米空軍にとって最も重要な存在となっている。[18] 沖縄県牧港補給地区にある海兵隊の兵站施設（キャンプキンザー）には14，400トンの弾薬と5，000万ガロンの燃料が備蓄され、第3海兵遠征軍の作戦を支えている。[19]

第3に、アジア太平洋のみならず、グローバルな戦略を支える情報収集機能がある。青森県三沢と沖縄県楚辺には、通称「象のオリ」（AN/FLR-9）と呼ばれる世界最大級の通信傍受施設がある。青森県車力にあるXバンド・レーダーは、米本土に向かう北朝鮮や中国の大陸間弾道ミサイルの探知を目的としている。また、沖縄県嘉手納には、海軍の偵察飛行隊や空軍情報隊が駐留し、太平洋軍及び中央軍の担当地域

図表4-4　地域統合軍の作戦・維持予算　　(単位：百万ドル)

統合軍	2014	2015	2016	2017	2018	年平均(%)
AFRICOM	254.3	244.3	300.3	358.0	225.4	276.5(19.9)
CENTCOM	257.6	258.4	322.0	308.5	168.2	262.9(18.9)
EUCOM	135.7	121.3	198.5	260.4	141.4	171.5(12.3)
NORTHCOM	215.0	221.9	198.5	212.5	189.9	231.0(16.6)
INDOPACOM	316.0	254.6	237.6	227.8	220.0	251.2(18.1)
SOUTHCOM	191.7	190.2	214.0	424.2	190.8	242.2(17.4)
全体	1,370.3	1,381.7	1,272.4	1,791.4	1,135.7	1,390.3(100.0)

出典：Office of the Under Secretary of Defense, USDOD, *Operation and Maintenance Overview: Fiscal Year 2016～2019 Budget Estimates*より筆者作成

で作戦中の電子情報収集機、早期警戒機を支援している。[20]

３　日米同盟の費用対効果

図表４－４は、各地域統合軍の作戦・維持経費の予算を示したものである。２０１４年から２０１８年までの５年間の平均で比較すると、ＩＮＤＯＰＡＣＯＭは２億５、１２０万ドルで全体の18・１％であった。ＥＵＣＯＭの12・３％がやや低いものの、各地域統合軍の作戦・維持経費はほぼ横並びで配分されてきたことがわかる。しかし、ＩＮＤＯＰＡＣＯＭの担当区域の広さや任務の重要性に加え、図表４－２で示したように全体の63％に相当する兵員の加重配置と比して、作戦・維持経費は相対的に小さいといえよう。ここに、ＩＮＤＯＰＡＣＯＭを支える在日米軍基地の費用対効果の高さが如実に表れている。

米国が海外で部隊を前方展開させている国は、約１００か国に及ぶ。その中で、米国防省が所有または貸与という形で基地や施設を管理する国は41か国存在する。２０１７年度の『基地編成報告（Base Structure Report）』によれば、在外米軍の総施設数は５１７か所で、その大半は、日本（１２１か所、23％）、ドイツ（１２０か所、23％）、韓国（78か所、15％）の３か国に集中している。[21] 特に、在日米軍基地において米軍が管理する区域の総面積は、全体の約31％を占

め、韓国の6・3％とドイツの1・3％を大きく引き離す。本報告書で採用されている施設再調達価額(Plant Replacement Value：PRV)と呼ばれる資産評価法に基づけば、[22] 2016年9月末時点で、在日米軍基地の価額は約776億ドルで、世界の米軍基地全体の1,982億ドルに対して約39％を占める。これは、在独米軍基地の資産価額518億ドルの1・5倍、在韓米軍基地の資産価額229億ドルの3・4倍に相当する。しかも、資産価額19億ドル以上の大型基地に限れば、世界全体で25か所ある大型基地のうち11か所が日本に存在する。特に、海兵隊の大型基地は、4か所すべてが日本の沖縄に集中している(図表4－5参照)。

図表4－6が示すように、2013年～2017年までの5年間の平均値をとると、在日米軍基地、在韓米軍基地、在独米軍基地の3か国を併せた経費は、米国が全世界に展開する海外基地全体の67％を占める。第1位の在独米軍基地は、約56億ドルで第2位の在日米軍基地の約49億ドルをわずかに上回る。また、第3位の在韓米軍は約28億ドルで、在独・在日米軍基地の約半分であった。これは、図表4－5の区域件数と概ね比例しているが、米軍の専有面積と比較すると反比例しており、米軍が占有する区域・施設の面積当たりの経費は、在日米軍基地が最も安価であることがわかる。同様に、各基地の資産価額と対比した場合、在日米軍基地は資産価額約776億ドルに対して基地経費49億ドルであるから、費用対効果は1対16である。これに対して、在韓米軍基地は約229億ドルの資産価額に対して28億ドルの基地経費であるため、費用対効果は1対8、在独米軍基地は518億ドルに対して56億ドルで費用対効果は1対9であった。つまり、これらの数字からも、在日米軍基地の費用対効果は群を抜いていることがわかる。

図表4－7は、各基地に配置された兵員数と基地経費の関係を示したものである。2013～2017年までの5年間の平均値を比較すると、在日米軍1人当たりの年間経費は、約10万ドルであるのに対し、

図表4-5　米軍在外基地の区域、面積、資産価額（2016年9月末時点）

	区域件数	専有面積（エーカー）	比率（%）	資産価額（百万ドル）	比率（%）
日本	121	125,471	30.8	77,572.8	39.1
韓国	78	31,086	6.3	22,911.4	11.6
ドイツ	120	6,411	1.3	51,784.6	26.1
海外全体	517	491,765	100	198,225	100

出典：USDOD, *Base Structure Report, Fiscal Year 2017 Baseline: A Summary of the Real Property Inventory*より筆者作成

図表4-6　米軍の海外経費予算（2013年～2017年）（単位：百万ドル）

	2013	2014	2015	2016	2017	年平均（%）
在日米軍						
人件費	2,988	1,673	3,021	2,712	2,739	2,627
作戦維持費	1,763	1,501	1,950	1,891	1,407	1,702
軍事建設費	366	213	323	113	376	278
その他*	383	337	265	317	285	317
合　計	5,500	3,724	5,559	5,033	4,807	4,925（25%）
在韓米軍						
人件費	2,051	2,050	1,767	1,803	1,973	1,929
作戦維持費	581	226	839	1,081	1,131	772
軍事建設費	128	52	–	–	–	48
その他	42	33	92	93	191	79
合　計	2,801	2,361	2,697	2,977	3,295	2,826（14%）
在独米軍						
人件費	3,236	2,954	2,796	2,748	2,905	2,928
作戦維持費	2,399	1,526	1,106	3,175	2,644	2,157
軍事建設費	224	325	190	278	211	246
その他	351	254	225	260	282	274
合　計	6,211	5,059	4,317	6,461	6,043	5,618（28%）
海外全体						
人件費	11,069	11,336	11,458	10,170	10,551	10,915
作戦維持費	7,279	5,660	5,854	8,678	6,791	6,852
軍事建設費	1,302	976	1,011	1,109	1,017	1,083
その他	983	816	754	846	913	862
合　計	20,628	18,788	19,077	20,803	19,272	19,714（100%）

出典：Office of the Undersecretary of Defense, *Operation and Maintenance Overview*, Fiscal Year 2015～2019より筆者作成。< http://comptroller.defense.gov/ >
*その他には、家族用住宅の建設費及び整備費が含まれる

図表4-7　海外基地別の人件費の比較

	2013	2014	2015	2016	2017	年平均
在日米軍						
兵員数（人）	49,350	52,972	52,518	55,744	38,834	49,884
経費（百万ドル）	5,500	3,724	5,559	5,033	4,807	4,925
人頭経費（ドル）	111,449	70,301	105,849	90,288	123,783	100,334
人頭人件費（ドル）	60,547	31,583	57,523	48,651	70,531	53,767
在韓米軍						
兵員数（人）	27,724	30,257	29,074	24,934	24,190	27,236
経費（百万ドル）	2,801	2,361	2,697	2,977	3,295	2,826
人頭経費（ドル）	101,032	78,032	92,763	119,395	131,621	104,567
人頭人件費（ドル）	73,979	67,753	60,776	72,311	81,563	71,276
在独米軍						
兵員数（人）	42,891	35,849	36,855	35,216	35,612	37,285
経費（百万ドル）	6,211	5,059	4,317	6,461	6,043	5,618
人頭経費（ドル）	144,809	141,120	117,135	183,468	169,690	151,244
人頭人件費（ドル）	75,447	82,401	75,865	78,033	81,574	78,664
海外派兵						
総数（人）	272,623	251,737	232,790	213.067	198,557	233,755
総経費（百万ドル）	20,628	18,788	19,077	20,803	19,272	19,714
人頭経費（ドル）	75,665	74,633	81,949	97,636	97,060	85,389
人頭人件費（ドル）	40,602	45,031	49,220	47,731	53,138	47,144

出典：兵員数はMilitary and Civilian Personnel by Service/Agency by State/Countryの2011年9月～2016年9月のデータを採用。人頭経費は表4-6で示した総経費を、兵員数で割った数値 < https://www.dmdc.osd.mil/appj/dwp/dwp_reports.jsp >

在韓米軍は約１０５、０００ドル、在独米軍は約１５１、０００ドルであった。在韓米軍と在日米軍の人頭経費の差は年間５、０００ドルにすぎないが、在独米軍とは実に５１、０００ドルもの差が発生している。人件費に限定すると、その差はより顕著である。在日米軍の１人当たりの人件費は５３、７６７ドルであるのに対して、在韓米軍は７１、２７６ドル、在独米軍は７８、６６４ドルである。ここからも、在日米軍基地は、区域・施設の価値や機能だけでなく、そこに駐留する米軍兵士の経費という点でも、極めて高い費用対効果を有していることがわかる。

２０１７年度の国防予算は５、２４０億ドルであった。これに対して、当該年度の在日米軍の作戦・維持等経費は48億700万ドルにすぎない。世界の半分以上を占める地域を担任するINDOPACOMの要である在日米軍は、全国防予算の約1％弱で運用されていることになる。次節で詳述するように、日本の防衛予算に占める在日米軍駐留関係費が約10％であることを考慮すると、在日米軍が日米双方に与える効果が仮に一定であれば、米国の財政的負担は日本の10分の1ということになる。つまり、日米同盟の比較効用は、米国の方が大きいということになる。

しかも、他の米軍駐留国と比べて、日本が負担する米軍駐留経費の負担は最も充実している。ホスト・ネーション・サポート（HNS）と呼ばれる米軍駐留経費負担は、主に提供施設整備費、労務費、光熱水料費で構成されるが、ドイツやイタリアではすべて米国側が負担している。韓国は、提供施設整備費と労務費の一部を負担するが、光熱水料費は米軍が負担する。[23] これらすべての経費を負担する同盟国は、唯一日本だけである。2004年を最後に、米国は同盟国の責任分担に関する報告書『共同防衛に対する同盟国の貢献』を公表していない。しかし、2004年の時点での米国と同盟諸国との二国間における経費分担率は、ドイツ33％、韓国40％、イタリア41％に対して、日本は74・5％であった。[24]

第3節　日本にとっての日米同盟

前節で考察したように、米国にとって、在日米軍基地が他の在外基地と比べてどんなに費用対効果が高いものであるとしても、日本にとって日米同盟の費用対効果は、それとは比較しようのない重みがある。INDOPACOMにとって、在日米軍基地は、費用を覚悟すれば他の在外基地か米国本土に基地機能を移転することが不可能ではない。しかし、日本にとって、日米同盟の機能を自主防衛努力や他国との防衛協力によって完全に代替することはほぼ不可能である。

２０１５年の平和安全法制で集団的自衛権の部分的行使が可能になったとはいえ、憲法第９条によって専守防衛に徹する日本が、日米同盟の下で米軍が担ってきた攻勢機能を完全に自衛隊に移転することは極めて難しい。また、ＮＡＴＯのような多国間集団防衛や米国以外の二国間同盟を構築することは非現実的でもある。つまり、日米同盟が提供する効果を論じる前提として、日本にとっての日米同盟への依存は、政策的に軽減することが極めて困難な非代替性を抱えているのである。

1　日米同盟の拡大抑止効果

日米同盟は、日本に対する武力攻撃の未然防止（抑止）と有事への対処（防衛）における米国の協力を保証する。日米同盟を通じて米国が日本に提供する拡大抑止は、「核の傘」（拡大核抑止）だけが想定されがちであるが、そうではない。２００７年５月の日米安全保障協議委員会（２＋２）でも、「あらゆる種類の米国の軍事力（核及び非核の双方の打撃力及び防衛能力を含む）が、拡大抑止の中核を形成」すると確認されている。２０１５年４月に改定された「日米防衛協力の指針（新ガイドライン）」は、「米国は、引き続き、その核戦力を含むあらゆる種類の能力を通じ、日本に対して拡大抑止を提供する」と規定する。つまり、米国の拡大抑止は、拡大核抑止と拡大通常抑止で構成される。

実際のところ、米軍の抑止力を構成する具体的施策は、①在日米軍と在日米軍基地を拠点とする前方展開部隊、②「核の傘」、③ミサイル防衛システム（ＭＤ）の３本柱で構成される。①と③が拡大通常抑止であり「拒否的抑止」である一方で、②は拡大核抑止で「懲罰的抑止」と位置づけられる。「拒否的抑止」

図表4-8　在日米軍の配置図

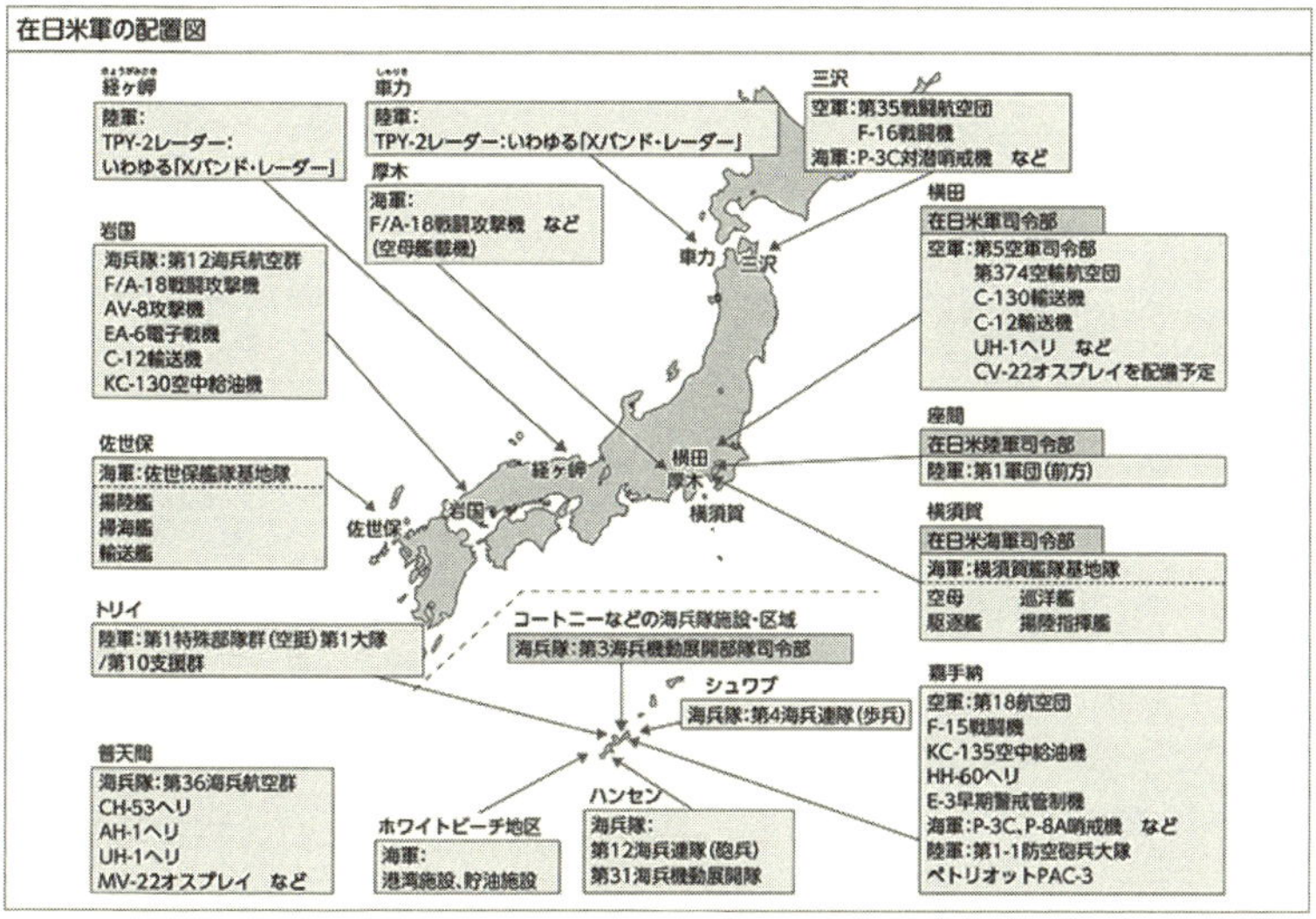

出典：平成28年版『防衛白書』、図表II-4-4-1（在日米軍の配置図）より転載
< http://www.mod.go.jp/j/publication/wp/wp2016/html/n2441000.html >

とは、日本への攻撃的行動を、物理的に阻止する能力に基づき、敵の目標達成可能性に働きかけて攻撃を断念させるものであり、「懲罰的抑止」とは、耐え難い報復の威嚇を通じて、敵のコスト計算に働きかけて攻撃を断念させるものである。

(1) 前方展開部隊

第1に、前方展開する在日米軍の主力は、沖縄と岩国に駐留する海兵隊（第3海兵遠征軍）、横須賀と佐世保を母港とする海軍（空母機動部隊、揚陸艦）、嘉手納と三沢を中心とする戦術空軍（第18航空団と第35戦闘航空団）である。これらが、アジア太平洋の全域に展開し、特に朝鮮半島、台湾海峡、尖閣諸島での有事に対する抑止機能と即応機能を担っている。米軍の前方展開は、日本の防衛だけでなく、広範な地域的な緊急事態に対処し、アジア太平洋全域の平和と安定の維持を担っている。日本の安全が、日本の施政下にある領土への直接的な武力攻撃だけでなく、アジア太平洋地域で発生する武力紛争に巻き込まれないことで維持されていることはいうまでもない。

　沖縄に駐留する約１８、８００名の第3海兵遠征軍（ⅢＭＥＦ）のうち、常時前方展開する有事即応部隊が、２、２００名の第31海兵遠征部隊（31STＭＥＵ）である。２０１２年4月、ⅢＭＥＦの要員9、０００名のグアム移転が合意されたが、31STＭＥＵは沖縄に残留した。31STＭＥＵを運用するため、佐世保に駐留する揚陸艦3隻（強襲揚陸艦、ドッグ型揚陸艦、ドッグ型輸送揚陸艦）と普天間・岩国の1個中型ヘリコプター中隊と1個攻撃飛行隊が編成される。多くの島嶼部に対する攻撃に対応するためには、安全保障環境に即した部隊などの配置と共に、常時継続的な情報収集、警戒監視などにより、兆候を早期に察知し、海上優勢・航空優勢を獲得・維持することが重要である。敵の侵攻を阻止・排除したり奪還するには、陸・海・空自衛隊が一体となった統合運用と米海兵隊との相互連携が不可欠となる。高い機動力と即応能力をもつ31STＭＥＵの駐留により、沖縄から尖閣諸島へ連なる南西諸島への攻撃が抑止されている。

　横須賀を母港とする米海軍第7艦隊は、タンカーなどによるエネルギー資源の輸送ルートとなるいわゆるシーレーンの安全を確保し、航行の自由を保障している。日本の防衛範囲は、日本からフィリピン北のヴァッシー海峡までの約1、０００海里である。したがって、それ以遠となる東シナ海、南シナ海、マラッカ・シンガポール海峡から中東へと至るルートの安全確保を担っているのが米海軍第7艦隊である。第7艦隊は、原子力空母「ロナルド・レーガン」を中心とする第5空母打撃群を主力とし、常時約50～70の艦艇、１４０機の航空機、約2万人の水兵を動員し、米海軍最大の戦力と規模を誇る前方展開部隊である。[25]担当領域は、日付変更線以西の西太平洋・インド洋で、東太平洋を担当する第3艦隊と共にアジア太平洋艦隊を構成する。近年では、南シナ海での「航行の自由作戦」も実施している。

日本に前方展開する米戦術空軍のうち、三沢の第35戦闘航空団は敵の防衛網制圧を任務とし、対地攻撃能力をもつF－16C／Dが40機配備されている。また、嘉手納の第18航空団には、空対空戦闘能力に優れたF15イーグル戦闘機が48機駐留し、近年では、米本土からF22戦闘機が暫定配備されてきた。中国、極東ロシア、北朝鮮などによる領土・領空の侵犯を抑止している。

特に中国による南シナ海の人工島造成とその軍事利用への懸念が高まる中、米国防省は２０１５年８月に「アジア太平洋海洋安全保障戦略」を発表した。その中で、「抑止と対処のための米軍の強化」の一環として、最新装備の優先配備をしつつ、２０２０年までに海軍の海空戦力の60％をアジア太平洋地域に振り向けることとした。その結果、イージス艦２隻を横須賀に追加配備するほか、F－35Bを艦載したワスプ級強襲揚陸艦を佐世保に配備することになった。また、強襲揚陸艦、ドック型揚陸艦、ドック型輸送揚陸艦、艦載航空機、海兵遠征隊で構成される水陸両用即応群（Amphibious Ready Group：ARG）１個が、日本に新設されることになっている。[26] こうした制海を追求する米海軍と海兵隊の取り組みは、日本にとって先のシーレーン防衛や島嶼防衛を強化する動きといえよう。

（2）核の傘

第2に、「核の傘」が果たす機能は、日本への核攻撃の抑止であり、通常兵器によるあらゆる挑発を必ずしも防止するものではない。なぜなら、余りに破壊力が不釣り合いであることから、通常戦力に対する核報復の脅しの信憑性は高くないからである。事実、２０１０年4月の「核態勢見直し報告（NPR）」は、「米国、同盟国、パートナーに対する核攻撃の抑止」を米国の核兵器の「唯一の目的」[27] と規定しており、通常兵器による攻撃の抑止を明示的に排除している。ただし、２０１８年2月のトランプ政権下で公表されたNPRは、「米国と同盟国の死活的な極限状況でのみ使用を検討する」とする点でオバマ政権の基本姿勢を踏襲しながら、「戦略的な非核攻撃」にも対応できるよう政策を転換させた。[28]

2013年2月、北朝鮮による3度目の核実験が行われた際、オバマ大統領は、「米国は日本に対し揺るぎない防衛義務を負っており、『核の傘』による抑止力も含まれることを再確認した」と発言した。2017年2月、トランプ政権で最初に来日したマティス国防長官は、「核の傘」を含む拡大抑止の提供を安倍首相に約束した。これらは、北朝鮮が日本に対して核攻撃を行うなら、米国は自国の核兵器を使って日本を守るという約束を意味し、報復の「意思」を明示することで「懲罰的抑止」の信頼性を明示したものである。

米国の拡大核抑止は、核不拡散（NPT）体制の基礎でもある。NPT体制の下で、核兵器国は、核兵器の取得を放棄したNPT締約国に対して、核兵器を使用しないという「消極的安全保障」を宣言している。さらに、1995年の国連安保理決議984号は、この消極的安全保障と併せて、非核兵器国が核の威嚇や攻撃を受けた場合、常任理事国たる核兵器国が直ちに必要な援助を与えるという「積極的安全保障」を全会一致で採択した。NPT体制下で米国の「核の傘」を享受する日本は、懲罰的抑止のみならず、こうした「消極的安全保障」と「積極的安全保障」を手にしている。

(3) 弾道ミサイル防衛

第3に、日本に対する弾道ミサイル攻撃への対処は、①弾道ミサイルの使用の抑止、②発射前の弾道ミサイルの無力化（攻勢防御）、③発射後の弾道ミサイルの迎撃（積極防御）、④着弾後の被害の最小化（消極防御）から構成される。[29] このうち、日本が単独で運用できるのは④の民間防衛（国民保護）だけであり、①と②に対応するのが米軍の前方展開であり、③の機能を担うのが日米共同で取り組んできたミサイル防衛システム（ＭＤ）である。

ＭＤは、日本と米国によって共同開発され、地上配備のターミナル防衛も海上配備のミッドコース防衛も、米国からの情報、技術、装備品の提供なしに日本が単独で運用することはできない。言い換えれば、海上配備のイージス艦にせよ、地上配備のペトリオットＰＡＣ－３にせよ、日本が単独で運用できるわけではない。イージス艦の船体は国産でも、これに搭載するイージス・システムは米国から提供を受けている。ＰＡＣ－３のミサイルは当初は米国からの輸入調達であったが、現在はライセンス生産されている。２０１７年12月の国家安全保障会議及び閣議では、新たにイージス・アショア２基を導入し、これを陸自において保持することが決定された。

何よりも、ＭＤの効率的かつ効果的な運用には、在日米軍をはじめとする米国との協力が不可欠である。特に、早期警戒情報（ＳＥＷ）、ＢＭＤ用移動式レーダー（ＴＰＹ－２レーダー）、イージス艦で収集した情報を、常時リアルタイムで共有することになっている。さらに、日米対処能力の向上のため、訓練や演習を共同で実施してきた。２００５年には、ＢＭＤ用能力向上型迎撃ミサイルの日米共同開発に着手することを決定し、より高性能化・多様化する将来の弾道ミサイルの脅威に対処するため、２０２１年度までにイージス艦に搭載するＳＭ－３ブロックＩＡの後継となるＢＭＤ用能力向上型迎撃ミサイル（ＳＭ－３ブロックⅡＡ）を取得・配備する計画である。

２　日米同盟の費用対効果

日米同盟のコストとは、日米安保条約に基づいて米軍の防衛協力を維持するために日本が負担する①直接費用と、在日米軍基地の使用を認めることで喪失する利益を換算した②間接費用の総計である。間接費用には、自治体が本来獲得できたはずの税収から基地交付金を差し引いた額、在日米軍基地がなかった場合の経済効果から基地があることによる経済効果を差し引いた額、飛行場の民間利用が創出する経済効果、治安の悪化による経費などを想定することができる。2012年度の試算として、間接費用を約1兆3,284億円と想定したことがある。[30] ただしこの数字はあくまで試算であって実績ではない。本書では、直接費用に限定して論を進めることとする。

米軍の防衛協力を維持するため、日本は日米地位協定第2条第1項（a）に規定する通り、「日本国内の施設及び区域の使用」を許容してきた。ここでの「施設及び区域」には、「当該施設及び区域の運営に必要な現存の設備、備品及び定着物」が含まれる。そして、日米地位協定第24条「費用の分担」において、「日本国に合衆国軍隊を維持することに伴うすべての経費は、（中略）日本国が負担すべきものを除くほか、この協定の存続期間中日本国に負担をかけないで合衆国が負担すること」になっている。ここで日本が負担すべきものとは、「すべての施設及び区域並びに路線権（飛行場及び港における施設及び区域のように共同に使用される施設及び区域を含む）」の提供とその所有者及び提供者に対する補償である。[31] なお、米側に負担義務がある経費の一部は、日米両国を取り巻く環境と在日米軍の効果的活動を確保するため、5年ごとに更新される特別協定で特則を定めて日本が負担してきた。

(1) 施設・区域等の提供

在日米軍の施設件数と土地面積の推移は、3つの時期に区分できる。1951年の旧安保条約の締結から1960年までの第1期は、施設件数が2,824件から241件へと約10分の1へ、土地面積も約

図表4-9　在日米軍施設・区域の面積と件数の推移

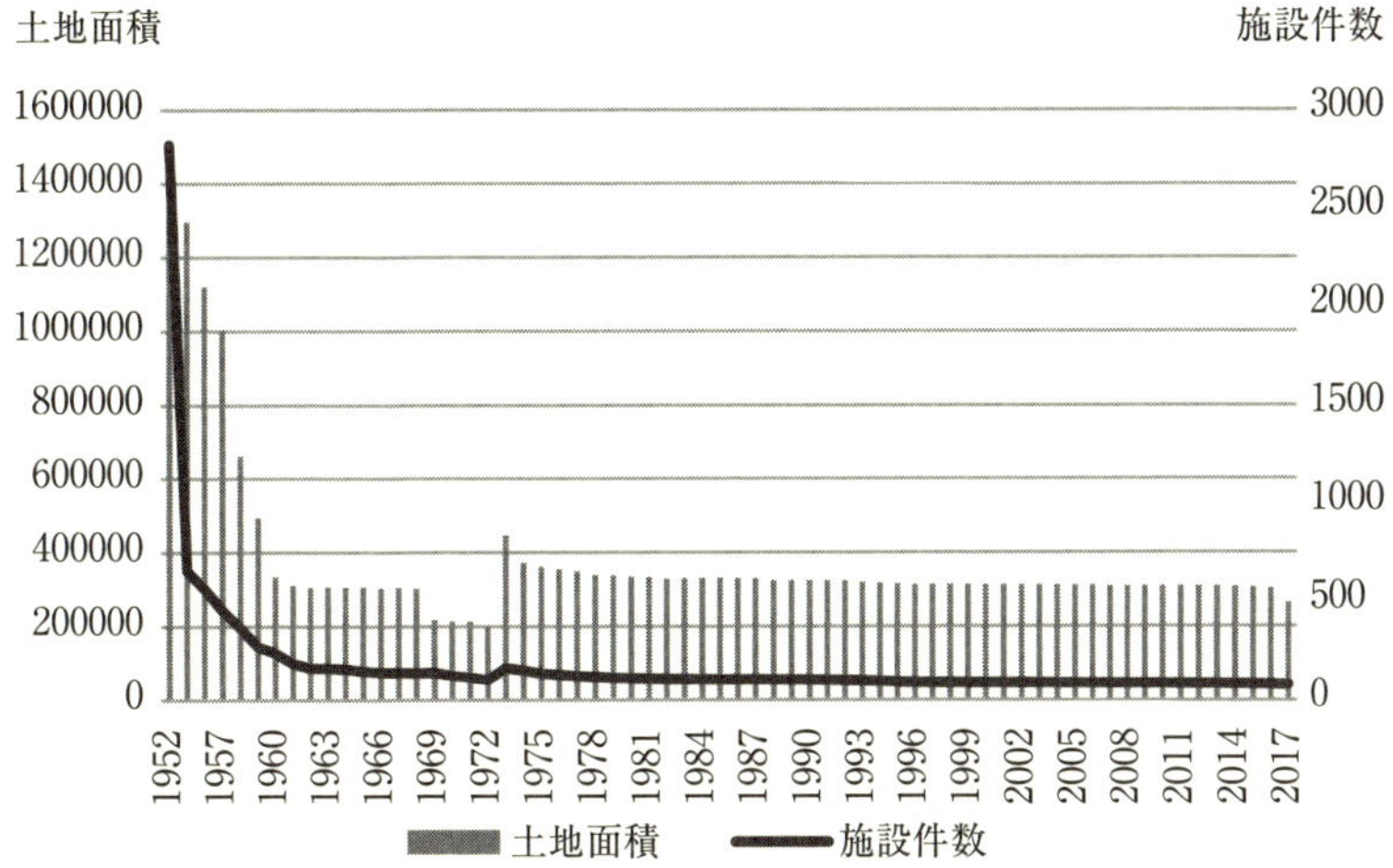

出典：朝雲新聞社『防衛ハンドブック2018』より筆者作成

１３５万平方キロメートルから33万平方キロメートルへと４分の１へと削減幅が最も大きい時期であった。新安保改定から１９７２年の沖縄返還までの第２期は、施設件数が１０２件、土地面積１９７、０００平方キロメートルにまで、全期間を通じて施設件数と土地面積の絶対値が最も小さかった時期である。沖縄返還から現在に至る第３期は概ね横這いに推移してきた。

　１９９６年12月に発表された「沖縄施設・区域特別委員会」（ＳＡＣＯ）の最終報告に従い、沖縄県最大の北部訓練場７、５００平方キロメートルの半分に当たる４、０００平方キロメートルが２０１６年12月に返還された。その結果、２０１８年３月末現在では施設件数78件、土地面積約２６３、０００平方キロメートルとなり、国土全体に占める割合は０・07％となった。またその内訳を見ると、本土が７８、２３０平方キロメートルで全体の29・72％に対して、沖縄は１８４、９６１平方キロメートルで全体に占める割合は70・28％となった。本土で最大は、青森県の三沢飛行場が１５、７８０平方キロメートルで、山口県と広島県にまたがる岩国飛行場の8、648平方キロメートル、青森県三沢対地射爆撃場の7、655平方キロメートルと続く。沖縄県では、キャンプ・ハンセン訓練場の48、114平方キロメートル、北部訓練場の35、331平方キロメートル、嘉手納弾薬庫地区の26、585平方キロメートルと続く。[32]

（2）在日米軍関係経費

次に、自律性コストの費用負担に相当する直接費用は、図表4－10に示す通り、Ⅰ在日米軍の駐留に関連する経費（在日米軍駐留関連経費）、ⅡSACO関係経費、及びⅢ米軍再編関係経費で構成され、Ⅰ～Ⅲの合計を在日米軍関係経費と呼ぶ。Ⅰが在日米軍基地を維持するための費用であるのに対し、ⅡとⅢは在日米軍基地を国内から移転することで主権の制約を軽減するための費用である。これら在日米軍関係経費は、日本が自らの防衛責任を増大させるのに応じて、減額されるはずである。つまり、自律性コストと防衛コストは、トレードオフの関係にある。しかし、第1章で確認したように、1980年代以降、防衛コストの上昇と任務負担の拡大があっても、自律性コストは上昇し続けてきたのである。

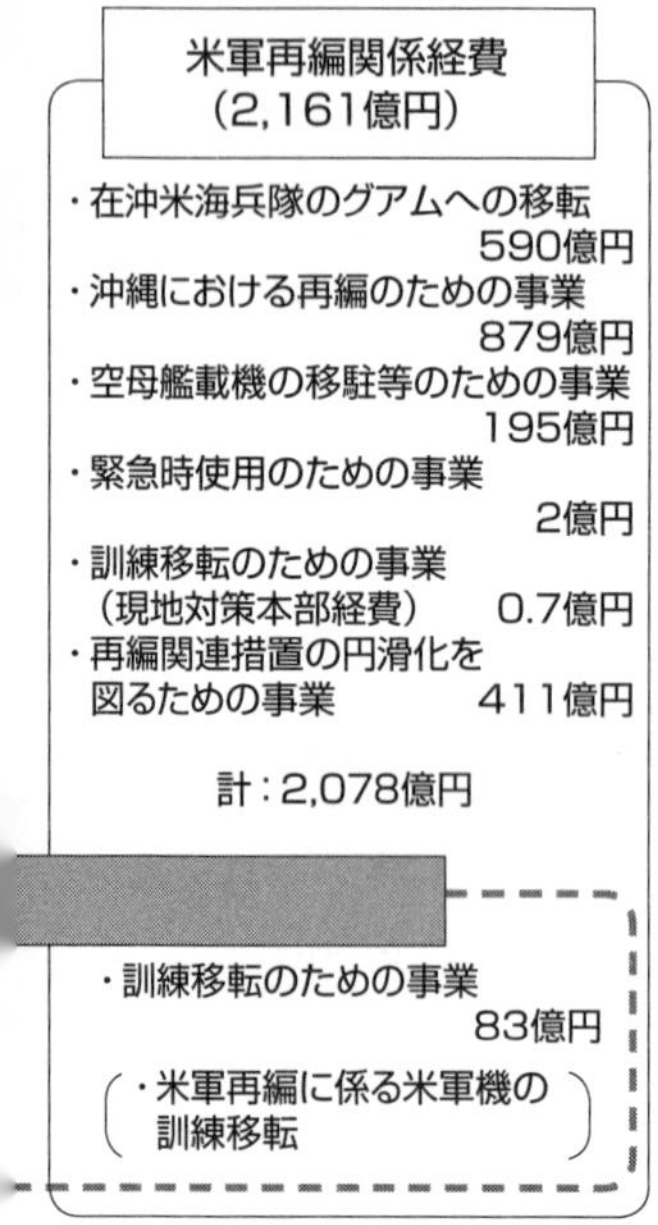

まず、Ⅰ在日米軍駐留関連経費には、防衛省予算分以外に、他省庁の予算に計上された分（基地交付金当、提供普通財産借上試算[33]）を含む。防衛省分は、①在日米軍駐留経費負担（いわゆる接受国支援（HNS）、通称「思いやり予算」）と②「それ以外」（基地周辺対策費・賃借

図表4-10　在日米軍関係経費（平成30年度予算）

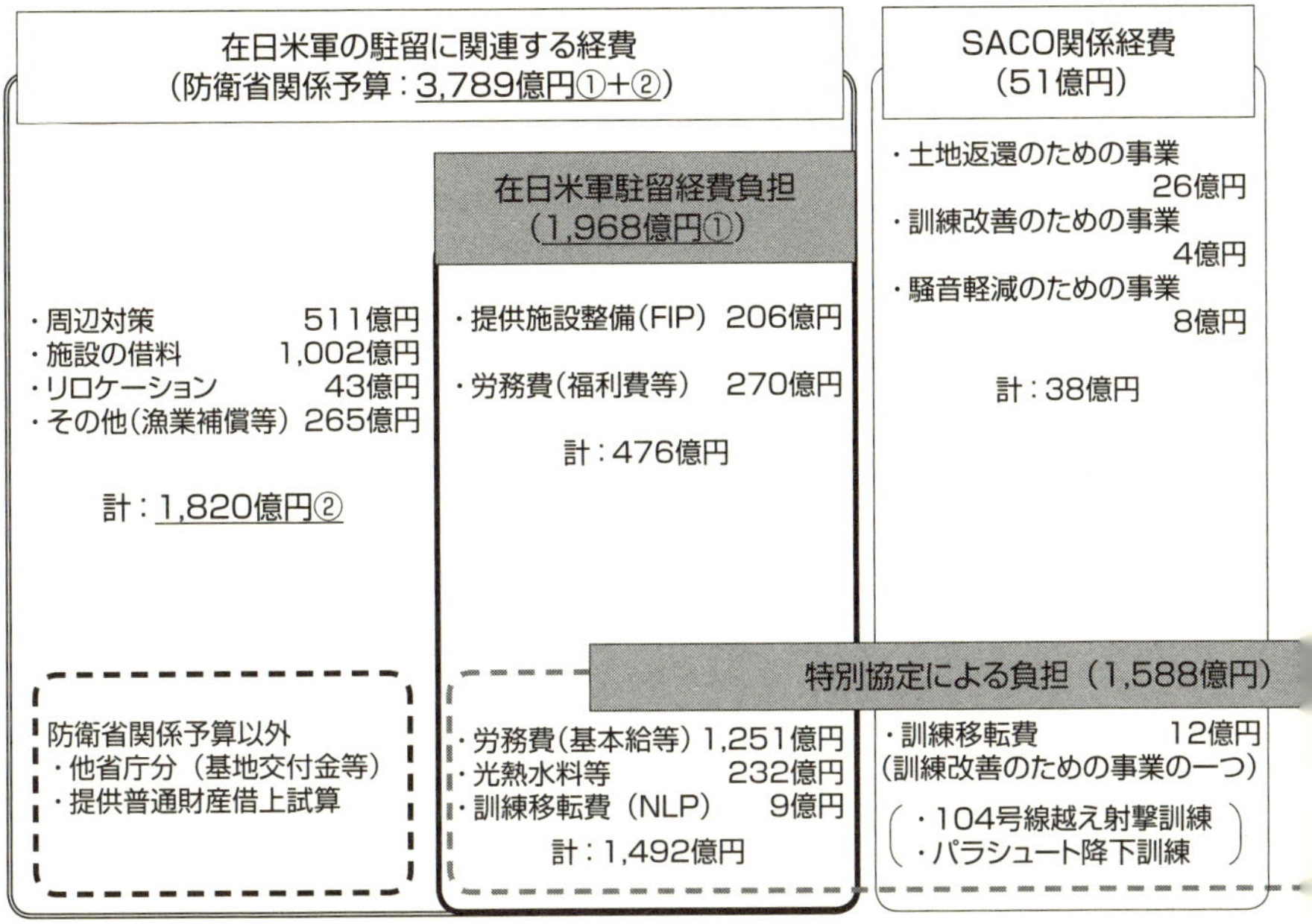

出典：防衛省ホームページより引用
< http://www.mod.go.jp/j/approach/zaibeigun/us_keihi/keihi.html >

料・移設費）で構成される。①も、1978年以降の地位協定に基づく狭義の「思いやり予算」と1987年以降逐次追加された特別協定に基づく広義の「思いやり予算」に区分され、使途別に分類すれば、提供施設整備費（FIP）、労務費、光熱水量等、訓練移転費、基地従業員対策費等に細分される。

図表4－11は、1978年以降の在日米軍関係経費の推移を、上記の項目別に見たグラフである。①接受国支援（HNS）は、1978年から増え続け、1999年の2,756億円をピークに、その後は見直しを通じて低下し、2017年の1,946億円は1992年の水準に戻っている。内訳別に見ると、地位協定で定めた提供施設整備（FIP）が90年代に入り縮小の一途をたどる一方で、労務費や光熱水料等で埋め合わせて

図表4-11　在日米軍関係経費の推移

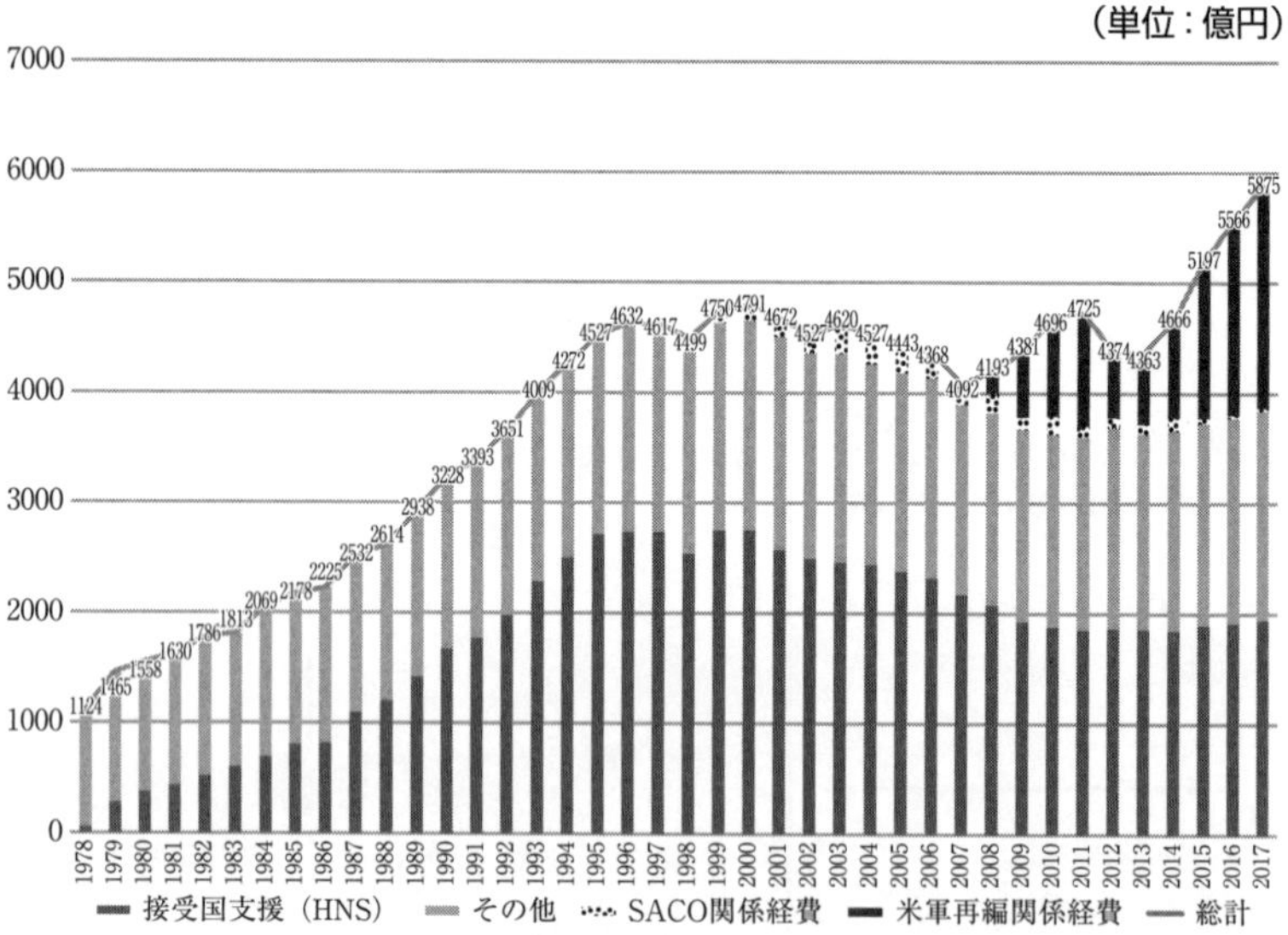

出典：『防衛白書』『外交青書』、財務省資料等を基に筆者作成

きた。しかし、労務費に関しては、２０１２年の特別協定で従来の最大値２３、０５５人から２２、６２５人へと段階的に削減し、光熱水料等も２０１７年までに日本側の負担割合を約76％から約72％へと段階的に削減することが合意されている。２０２０年度までを対象とする２０１６年に発効した現行協定は、上限労働者数を再び２３、１７８人に増加する一方で、光熱水料費等の負担を61％に引き下げることになった。

また、②「それ以外」は、在日米軍施設・区域の安定的な使用を確保するための土地賃借料や、騒音防止や周辺整備のための交付金等で構成され、１９７８年の１、０６２億円から２０１６年の１、８５２億円へと漸増してきた。借地面積の減少と住宅地基準地価の下落にもかかわらず、防衛施設用地には独自の高利回りが適用されるため、借地料は増加し続けてきた。

ⅡＳＡＣＯ関係経費とは、１９９６年12月の沖縄に関する特別行動委員会（ＳＡＣＯ）の最終報告に基づく沖縄県民の負担軽減のための事業経費である。その背景には、前年に起きた沖縄米兵少女暴行事件と沖縄県知事による駐留軍用地特措法に基づく署名・捺印の拒否があった。SACO合意が実施されれば、約50平方キロメートルの土地が返還され、沖縄の米軍基地が在日米軍基地に占める割合は70％に低下することになっていた。しかし、2017年現在、過半の返還が終わった北部訓練場のほかに5か所が全面返還されたが、普天間飛行場を含む5か所が未だ返還されていない。2000年代までSACO関係経費は100億円～200億円の間を推移していたが、2010年代は100億円以下に収まっている。継続中の事業のみが対象となるため、今後の負担は徐々に軽くなることが予想される。

Ⅲ米軍再編関係経費とは、2006年5月に発表された「再編実施のための日米のロードマップ」で示された在日米軍の兵力態勢の再編に必要な経費で、米国が費用負担を明示したもの（Xバンド・レーダー施設、戦闘指揮訓練センター施設、日米統合作戦調整センターに必要な米軍の装備とシステム）を除くすべては、日本が負担することになっている。在沖縄海兵隊のグアム移転に関しては、日本が約59％（60億9、000万ドル）、米国が約41％（41億8、000万ドル）の割合で移転費を負担することになっている。本再編計画の特徴は、「抑止力の維持」と「地元の負担の軽減」を基本的な考えとし、在日米軍だけでなく自衛隊の基地・部隊も再編し、両国の連携強化がはかられた点にある。2013年4月の統合計画を経て、実施段階へと移行した。

米軍再編関係経費には、在日米軍等の再編に伴って負担が増える市町村に対して、住民の生活の利便性向上や産業振興に寄与する事業を対象とする再編交付金がある。たとえば、米軍の嘉手納、岩国、三沢の各飛行場で実施されていた航空機の訓練を、航空自衛隊の基地（千歳、三沢、百里、小松、築城、新田原）に分散する場合が該当する。交付期間は、原則10年間で、米軍再編の実施に長期間を要する場合は、最大15年で10年間を超えることができる。[34] 特に負担の大きくなる市町村には、道路、港湾、水道、下水道、義務教育施設などへの支援をする。また、施設・区域の返還や縮小によって駐留米軍労働者の雇用に影響が出る場合、職業訓練などが含まれる。在沖縄海兵隊の要員8、000名とその家族9、000名のグアム移転（2006年5月時点の計画）で、5施設の全面返還と1施設の一部返還が予定されており、影響を受ける労働者は約4、000名に及ぶ。

グアム移転経費を日本が負担する理由を、政府は、①移転は日本が米国に主体的・積極的に働きかけた結果合意したもの、②グアムに移転した海兵隊の任務に依然として日本の防衛が含まれる、③米国も予算上の制約を抱え、単独で施設・インフラを整備した場合には長期間を要するから、と説明している。つまり、日本の自律性を回復しながら、間接的ながら日本の防衛にも資するものと意義づけることができよう。沖縄の負担軽減を目的としたSACO合意とは異なり、米軍再編は同盟を強化する包括的な性格を帯びており、何よりもその背景には米国の戦略の変化とグローバルな軍再編が存在した。

国際戦略研究所（IISS）の『ミリタリー・バランス』によれば、世界の防衛支出の対GDP比は、平均約2％である。これに対して、日本の防衛関係費は、1990年代以降、一貫して対GDP比1％以下に収まってきた。こうした低い防衛コストを支えてきたのが、防衛関係費の約10％に相当する在日米軍関係経費で支えられた日米同盟である。在日米軍基地の提供がなければ、本来は対GDP比2％程度の防衛支出が必要であったと仮定すると、対GDP比約0・1％に相当する在日米軍関係経費で、対GDP比1％分の防衛支出の節約効果を上げてきたことになる。つまり、日本にとって、米軍駐留経費は約10倍の費用対効果を上げたともいえる。

第4節　日米間の経費分担

日米間の経費分担を比較するに際して、算定の基礎となる経費をここで再確認しておこう。まず、日本側の負担は、Ⓘ在日米軍駐留関連経費、ⅡＳＡＣＯ関係経費、及びⅢ米軍再編関係経費で構成される在日米軍関係経費のうち、他省庁分を除く防衛省予算に計上されたものに限定する。他方で、米国側の経費負担を、①作戦維持費等と②建設費で構成された維持経費とし、図表４－12は①から人件費を除いた狭義の維持経費を、図表４－13は人件費を含む広義の維持経費を日本側の負担と比較した図である。

図表４－12が示す通り、人件費を除く日米間の経費分担は、日本が全体の75％を負担した２００２年当時とは異なり、２０１５年には63％まで低下し、その後２０１７年には70％まで回復したことがわかる。基地・施設の自由使用を米国側に認め、金銭的に計上するのが困難な多大な自律性コスト（たとえば、米軍構成員への裁判権の問題など）を払った上でもなおかつ、半分以上の経費を日本が過重負担している実態が続いてきた。それでも２００２年以降の負担の減少は、日米同盟が「物と人の交換」から「人と人の交換」へと変容した時期と重なっており、日本の自律性の回復と連動していることがわかる。事実、日本側の負担は、１９９７年をピークに提供施設整備費（ＦＩＰ）、労務費、光熱水量等、訓練移転費、基地従業員対策費等は減少し、それに伴いＳＡＣＯ関係経費と米軍再編経費が増えている。仮に、トランプ政権から負担の増大要求があれば、米国側経費の12％を占める軍事建設費2億7、８００万ドル程度（図表４－６、２０１３年から２０１７年の平均値）を日本の施設整備費等を増額する形で肩代わりし、

図表4-12　在日米軍経費の日米比較――2002年～2017年

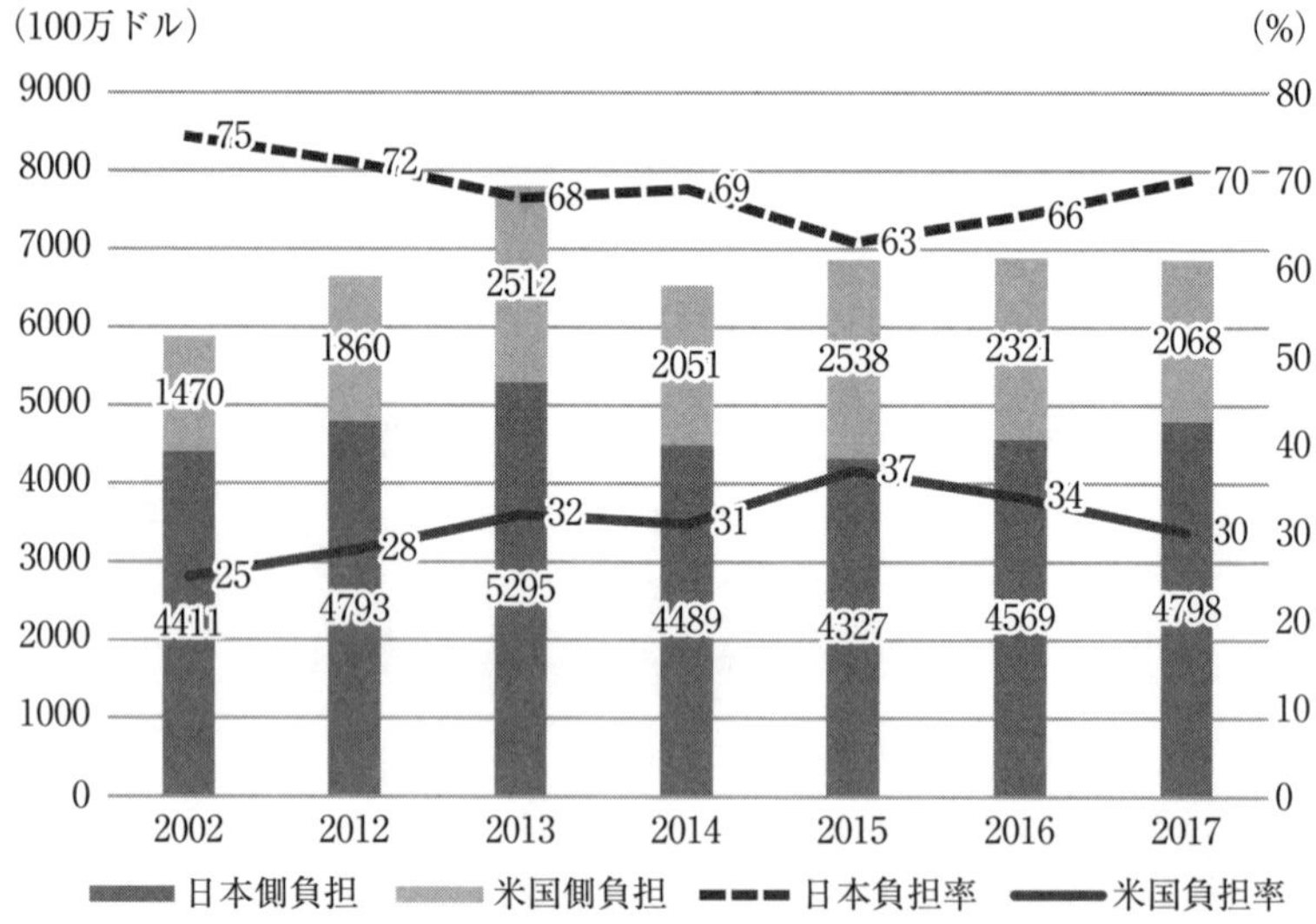

出典：図表4-6と図表4-9のデータを基に筆者作成。為替レートは、米国側資料の換算レートで示された数字（2012年は1ドル91.2524円、2013年は82.4035円、2014年は103.9439円、2015年は120.12円、2016は121.83円、2017年は122.4519円）を使用した

２００２年当時の全体の75％までは負担を増やす余地はあるかもしれない。ただし、それは日本にとって自律性コストが増大することにほかならず、金額の大小にかかわらず政策論として適切かどうかは考慮を有する。

他方で、人件費を含む在日米軍駐留経費の日米分担を示す図表４－13を見ると、為替変動によって振幅の幅は変化するものの、50％を境に概ね同等の分担が維持されてきたことがわかる。２００２年に日本が51％で米国が49％であった分担比率は、２０１４年には日本が55％で米国が45％、反対に２０１６年には米国が56％で日本が44％と入れ替わり、最大で12ポイント程度まで乖離する年があった。しかし、２０１２年から２０１７年までの６年間の平均値は、日本が49％、米国が51％で２００２年の数値と大きく

図表4-13　在日米軍経費の日米比較（人件費含む）——2002年～2017年

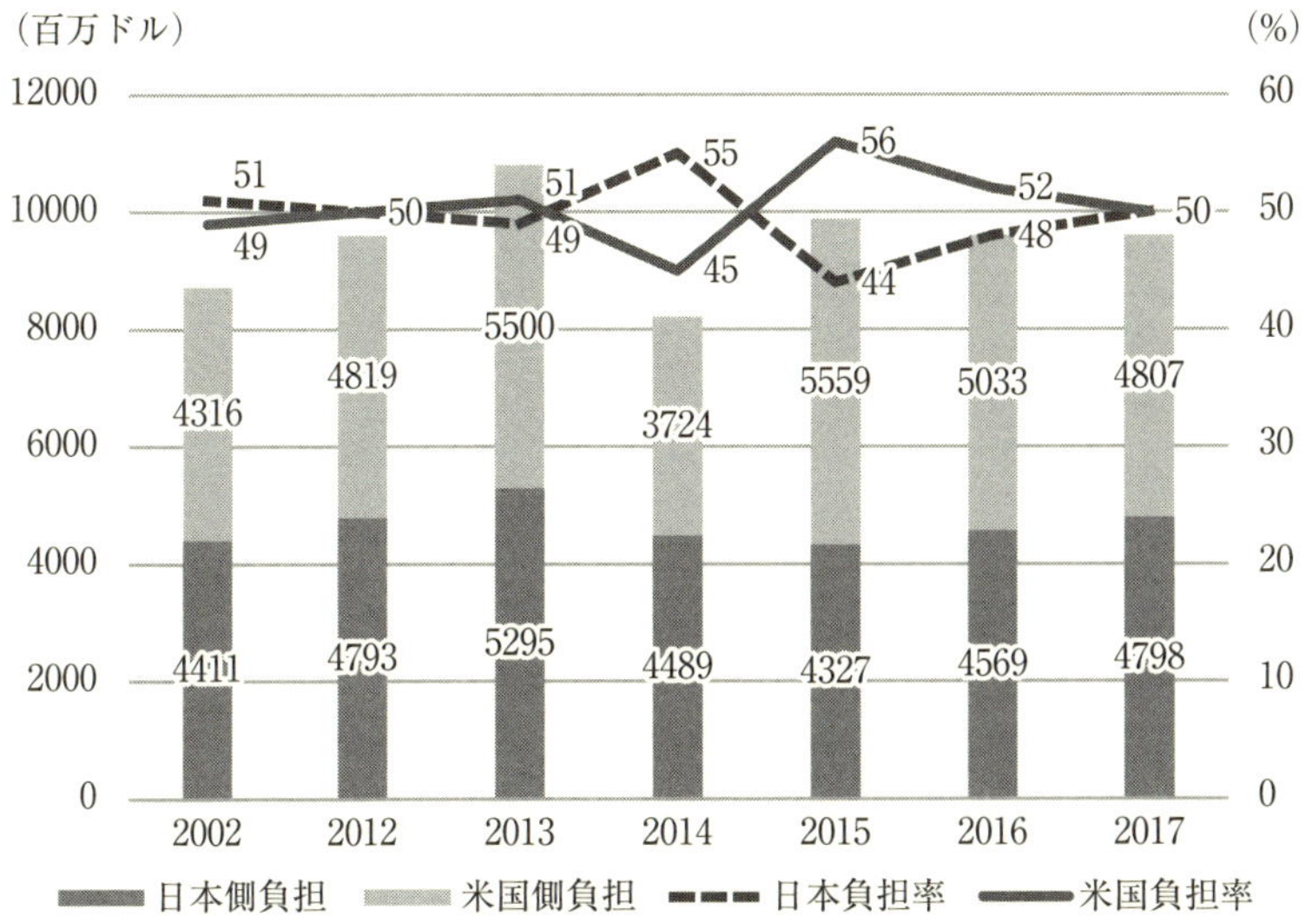

出典：図表4-6と図表4-9を基に筆者作成。為替レートは、米国側資料の換算レートで示された数字（2012年は1ドル91.2524円、2013年は82.4035円、2014年は103.9439円、2015年は120.12円、2016は121.83円、2017年は122.4519円）を使用した

変化していないことがわかる。こうして人件費を含む分担比率は、日米同盟が「物と人の交換」であることを見事に裏付けているといえよう。

しかし、人件費を加えたこの数字が独り歩きすることは危険である。米兵の人件費を日本の予算で賄うことは理論的に不適切であり、実際に日本が増額できる余地は図表4－12に含まれる建設費や施設整備費に限定されるからである。また、日米同盟が「人と人の交換」に変容してきた実態を、人件費として正確に計上するのは極めて難しい。在日米軍兵士の総人件費を、日米安全保障第5条事態の日本防衛と、6条事態の極東防衛に区別するのが困難であるように、自衛隊員の人件費を日本防衛と米軍支援に峻別することはできないからである。

ここでいま一度、第1章で述べた日米

同盟のコストの計算方法を確認しておこう。日米同盟のコストは、①経費の分担と②任務の分担で構成される防衛コストと、③主権の制約と④駐留経費の負担で構成される自律性コストで構成される。上記で示した米国が負担する在日米軍の維持・作戦経費と、日本が負担する在日米軍関係経費との比較は、米国側の①と日本側の④を対比したにすぎず、経済コストに換算が難しい②と③の要素が考慮されていない。

②に関して、在日米軍の人件費は図表4－13の数字に含まれているが、日本に前方展開する海上・航空戦力の保有に必要な経費のすべてが含まれているわけではない。他方で、③の中心は、日本が米軍に自由使用を認めている基地の提供分である。2018年3月末現在、施設件数78件、土地面積約263,000平方キロメートルに及ぶ在日米軍基地は、日本の主権を制約する自律性コストの主要な部分を占める。そこには、金銭的に換算が難しい政治コストと、逸失利益に換算して把握が可能な経済コストが含まれる。

2012年に拙書で実施した試算では、[35] 在日米軍基地の提供によって日本が被る逸失利益は総額約1兆3,284億円と見積もられた。その内訳は、自治体が本来獲得できたはずの税収（490億円）から基地交付金（335億円）を差し引いた155億円、在日米軍基地がなかった場合の経済効果（1兆6,007億円）から基地があることによる経済効果（4,513億円）を差し引いた1兆1,494億円、飛行場の民間利用が創出する経済効果1,610億円、自治体や基地周辺住民が直面する事件・事故による追加経費25億円などであった。つまり、2012年度の在日米軍関係経費が4,374億円であったので、その約3倍に相当する約1兆3,284億円が在日米軍基地を提供することによる主権の制約を経済的に換算した経費であったことになる。

ここで再び在日米軍経費の日米間の負担を比較すると、2012年の為替レートである1ドル91・

２５２４円で換算すると、人件費を含む米国の在日米軍経費は、約４、３９７億円に相当する。日本側の自律性コストの総額1兆７、６５８億円（４、３７４億円＋1兆３、２８４億円）と比べると、米国の分担比率は20％で、日本が80％であったことがわかる。

本書の課題は、日米同盟の枠組みを維持しつつ、自主防衛と自律を追求するためのコストを計算することにある。言い換えると、米国が負担している防衛コストの任務分担を日本がどこまで負担し、日本が負担している基地提供に伴う主権の制約をどこまで軽減できるかを分析することにある。第5章から第７章では、米国の拡大抑止を構成するミサイル防衛、シーレーン防衛、島嶼防衛に絞って経費を算定していくことにする。

1　米韓相互防衛条約と米比相互防衛条約の翻訳例は、データベース「世界と日本」（代表：田中明彦）日本政治・国際関係データベース、政策研究大学院大学、東京大学東洋文化研究所を参考にした。
2　「全土基地方式」に関する詳細は、明田川融『日米行政協定の政治史―日米地位協定研究序説』（法政大学出版局、１９９９年）を参照。
3　正式名称は「ドイツ連邦共和国に駐留する外国軍隊に関して北大西洋条約当事国間の軍隊の地位に関する協定を捕捉する協定」で、通称はボン補足協定。
4　本間浩「ドイツ駐留ＮＡＴＯ軍地位協定に関する若干の考察―在日米軍地位協定をめぐる諸問題を考えるための手がかりとして―」『外国の立法』（２２1号、２００4年8月）4～11頁。
5　原彬久『日米関係の構図　安保改定を検証する』（日本放送協会出版会、１９９1年）１９8頁。
6　田中明彦「日本の外交戦略と日米同盟」『国際問題』（５９4号、２０1０年9月）34頁。
7　森本敏「米国の前方展開戦略と在日米軍・基地問題」『国際開発学研究』（第４巻第2号）、２００５年3月）13頁。

8 ２０１８年５月、太平洋軍（U.S. Pacific Command）はインド・太平洋軍（U.S. Indo-Pacific Command）に改称された。
9 Indo-Pacific Command, GlobalSecurity.Org < https://www.globalsecurity.org/military/agency/dod/pacom.htm >
10 Mark E. Manyin, et.al., "Pivot to the Pacific? The Obama Administration's 'Rebalansing' Toward Asia," *CRS Report for Congress*, March 28, 2012, p.12.
11 Remarks by National Security Advisor, T. Donillon, White House Press Office, Washington D.C., March 15, 2013.
12 Office of the Under Secretary of Defense, USDOD, *Operation and Maintenance Overview: Fiscal Year 2019 Budget Estimates*, March 2018, p.108.
13 『防衛ハンドブック　２０１７』５７６頁。
14 GAO, *Overseas Presence: Issues Involved in Reducing the Impact of the U.S. Military Presence on Okinawa*,（GAO/NSIAD-98-66）March 1998, p.25.
15 GAO, *Navy Carrier Battle Groups: The Structure and Affordability of the Future Force*,（GAO/NSIAD-93-74）February 1993, p.24.
16 Ibid., p.94.
17 < http://www.dla.mil/Energy/Locations/Regions/Pacific/ >
18 小川一久『日本の戦争力』（アスコム、２００５年）98～１００頁。
19 GAO/NSIAD-98-66, p.25.
20 福好昌治「再編される米太平洋軍の基地」『レファレンス』（２００６年10月）81～88頁。
21 US Department of Defense, *Base Structure Report: Fiscal Year 2017 Baseline, A Summary of the Real Property Inventory*, August 4, 2018, p.6.
22 この評価方式は、①基地件数と②建設費を掛け合わせた基礎評価に、③（労働、資材、器械に対する）地域調整、④歴史調整、⑤計画・設計要因、⑥（建設プロジェクト管理をめぐる）監視・監査・管理活動要因、⑦建設予備要因などの係数を掛け合わせたもの。基地件数は、面積10エーカー、資産価額１、０００万ドル以上を１か所として算定している。国防省は、資産価額に応じて基地を３つに分類しており、19・04億ドル以上を大型基地、10・15億ドル～19・04億ドル以下を中型基地、10・15億ドル以下を小型基地としている。
23 ２０１４年の米韓特別協定では、労務費の75％と施設整備費の12％を韓国側が負担することになっている。Implementation Arrangement for the Special Measures Agreement in Agreement between the United States and the Republic of Korea for

Special Measures relating to Article V of the Agreement under article IV of the Mutual Defense Treaty, February 2, 2014.

24 USDOD, *2004 Statistical Compendium on Allied Contributions to the Common Defense.*

25 ＜https://www.c7f.navy.mil/Portals/8/documents/7th%20Fleet%20Fact%20Sheet%20 2019.pdf?ver=2019-01-17-231311-963＞

26 山下要「制海をめぐる米海軍及び米海兵隊の動向とアジア太平洋の海洋安全保障戦略」『防衛研究所紀要』（第19巻第２号、２０１７年３月）１６１～１６２頁。

27 ＮＰＲ２０１０は、同時に、核攻撃抑止を「基本的な役割」とも規定しており、現時点では同盟国への配慮から通常戦力攻撃の抑止にも使用する余地を残している。金子将史「米国の新しい核戦略と『核の傘』」『PHP Policy Review』（第４巻第27号、２０１０年４月21日）７頁。

28 USDOD, *Nuclear Posture Review 2018*, February 2018, pp.V-VI.

29 ＜http://www2.jiia.or.jp/pdf/cpdnp/1-3.pdf＞

30 武田康裕・武藤功『コストを試算！日米同盟解体』（毎日新聞社、２０１２年）１９０～１９２頁。

31 ＜https://www.mofa.go.jp/mofaj/area/usa/sfa/kyoutei/index.html＞

32 ＜http://www.mod.go.jp/j/approach/zaibeigun/us_sisetsu/index.html＞［２０１８年10月12日アクセス］

33 基地交付金は、国が米軍に提供する土地や家屋に対して固定資産税を課すことができないため、それに代わる財源として国が自治体に交付する資金である。普通財産とは、国有または公有の財産のうち行政財産（直接公用の目的に使用される財産）を除くもので、財務大臣または地方公共団体の長が管理する。

34 岡留康文「在日米軍再編を促進するための法整備―在日米軍再編特措法案の概要」『立法と調査』（２００７年４月、２６６号）16頁。

35 武田康裕・武藤功『コストを試算！日米同盟解体』１９０～１９２頁。

第5章　弾道ミサイル防衛

専守防衛の枠組みを維持しつつ、弾道ミサイル攻撃の脅威に対処可能な独自の能力を高めるには、どの程度のコストが必要になるのであろうか。特に、移動式発射台から発射されようとしているミサイルを監視する能力（探知・追尾能力）、的確に捕捉し発射前に撃破する能力（敵基地攻撃能力）、完全な撃破に失敗した場合の迎撃能力（ミサイル防衛能力）、迎撃に失敗したミサイルが着弾した場合の被害を最小化する能力（国民保護能力）を、総合的に考慮する必要がある。言い換えれば、限られた資源を探知・追尾、敵基地攻撃、ミサイル防衛、国民保護にどのようにバランスよく配分すれば、費用対効果を最大化できるかを総合的に考えるということである。

第1節　ミサイル探知・追尾能力

弾道ミサイルへの対応は、探知から迎撃までの時間が極めて短いため、早期にミサイルの発射を探知することが非常に重要になる。北朝鮮が１９９８年にテポドンを発射してから日本上空に達するまでに要した時間は約10分であった。また、湾岸戦争で、イラクが発射したスカッドを探知してから多国籍軍に情報が伝達されるのに約2分、それから弾頭が着弾するのに約2分しかなかったといわれる。それだけに、弾道ミサイルの探知と追尾には、地上配備型レーダーに加え、人工衛星や滞空型無人機などによる広範囲にわたる常続的な監視網が不可欠である。

1　情報収集衛星の保有

日本の宇宙開発は、平和利用原則の下で、安全保障を目的とした一切の衛星の開発を禁じてきた。しかし、１９９８年の北朝鮮によるテポドン打ち上げを契機に、民生目的での技術開発優先の宇宙政策に変化が生まれ、同年に情報収集衛星の開発が決定された。しかし、開発と運用の主体は内閣官房で、防衛当局の関与は限定的であった。２００８年5月に成立した宇宙基本法は、第３条で宇宙開発を「国際社会の平和及び安全の確保並びに我が国の安全保障に資する」と位置づけた。その結果、宇宙システムを防衛上のインフラと位置づけ、防衛当局による開発、保有、運用が認められるようになった。２０１４年9月の総理指示に基づいて２０１５年1月に採択された宇宙基本計画では、宇宙の安全保障利用の強化と日米同盟における宇宙分野の協力強化が示された[1]。

２０１7年現在、安全の確保と大規模災害に対応する画像情報の収集を目的とする情報収集衛星は、光学衛星3機とレーダー衛星４機の7機体制で運用されている。情報収集衛星は、超望遠デジタルカメラを搭載して昼間の写真画像を撮影する光学衛星と、分解能は落ちるものの夜間及び曇天でも電波で画像を取得できるレーダー衛星の一組で運用される。衛星は地球の高度約４９０キロメートルの円軌道を1周約90

図表5-1　情報収集衛星予算の推移

（単位：億円）

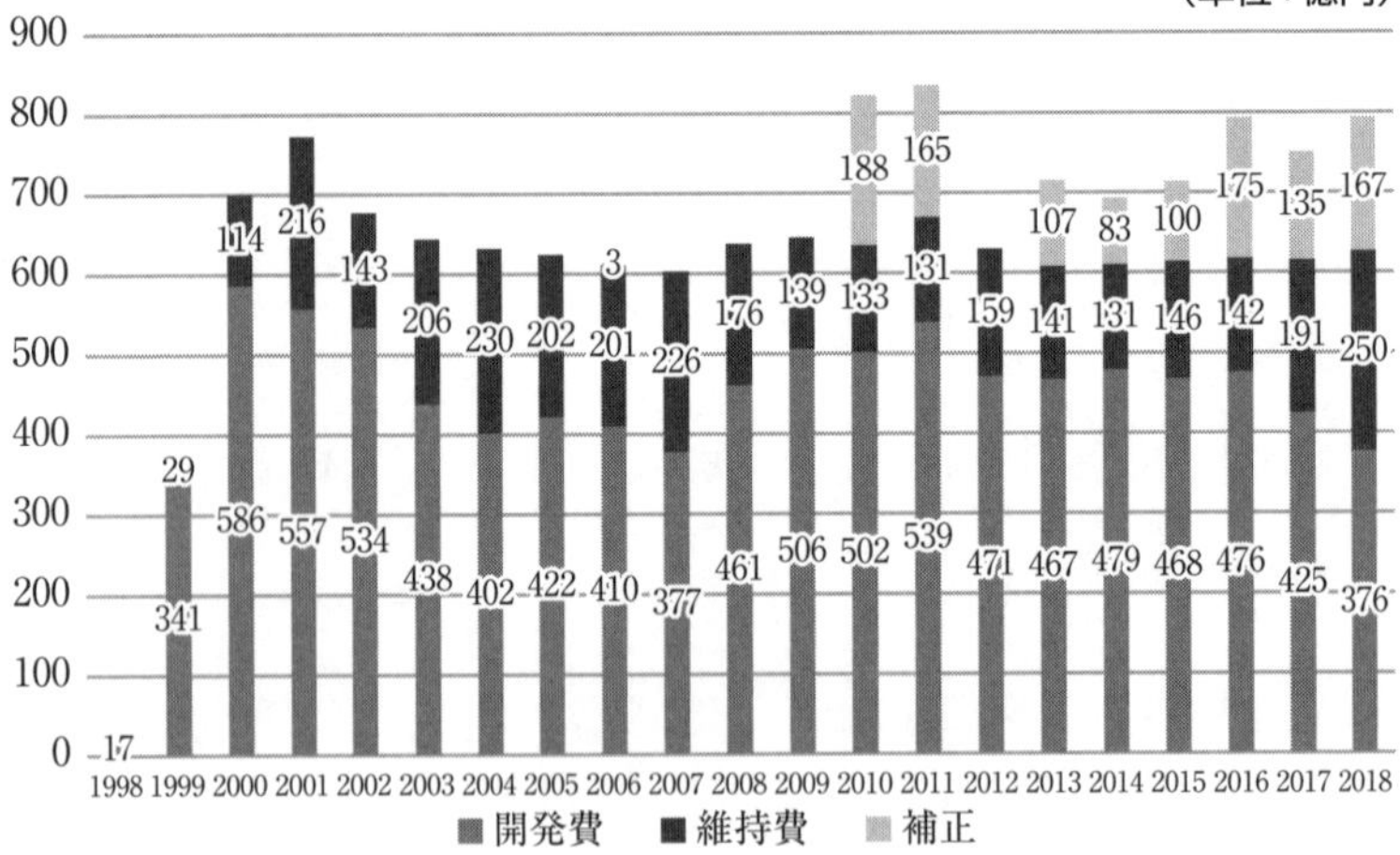

出典：内閣情報衛星センターのホームページより筆者作成
注：2018年度補正予算の数値は今後変動の可能性あり。

分で周回し、約4日で回帰する。[2] つまり、衛星1機は、4日に一度の周期で同一地点の上空を同一時間に通過するので、最低毎日1回は同じ場所を観測するには4機が必要になる。

情報収集衛星には、2000年以降、年平均約600億円超の予算が計上されてきた（図表5－1参照）。1998年に総額2、500億円の予定で開始された情報収集衛星計画は、2018年度までの累積予算はすでに1兆3、000億円を超える。[3] 全予算の約70％が開発費で、残る約30％が維持費等に配分されてきた。特に2010年以降は補正予算が追加され、2010年と2011年は800億円を超える規模の予算がついた。ちなみに、2018年度の政府予算案620億円の内訳を見ると、情報収集衛星の運用に250億円、光学衛星の開発に144億円、レーダー衛星の開発に95億円が計上されている。寿命が長く、量産されるハイテクの戦闘機や艦艇とは異なり、ライフサイクルコストに占める開発費の比率が圧倒的に高く、運用が開始されても能力向上ための更新開発費に相当な予算を投入し続ける点に、情報収集衛星の特徴がある。

北朝鮮が２０１７年５月に発射した「火星12号」は、グアムまでを射程に収める液体燃料型のＩＣＢＭであった。液体燃料は注入に１～３時間がかかるといわれる。したがって、ミサイル発射の兆候を常時監視するためには、北朝鮮上空を１日４回通過できるよう、合計で４組16機の情報収集衛星が必要となる。開発、調達、維持・運用経費をすべて合計した現行の４機体制は年平均６００億円であった。１機当たりは年平均１５０億円となるが、追加の12機に関して開発費を除く30％が必要な経費となる。したがって、追加12機分の年平均経費は５４０億円（１５０億円×30％×12機）となり、既存の４機体制と併せて16機体制を維持するための年平均経費は約１，１４０億円（５４０億円＋６００億円）と試算することができる。加えて、情報収集衛星によって得られた膨大なデータを解析する能力をもった分析要員の拡充を図る必要がある。２０１８年４月現在、内閣衛星情報センターの定員は２２１人で、防衛省からの11名を含む各省庁からの出向者72名と民間企業や団体からの採用者で構成される。こうした分析要員の規模は、数千人規模の分析要員を誇る米国とは格段に見劣りする。

ちなみに、情報収集衛星関連経費は内閣官房の予算で、日本の宇宙関係予算全体の約20％にすぎない。たとえば、平成28年度の宇宙関係経費予算額は２，８９９億円で、内閣官房は６１９億円、防衛省は３４０億円であるのに対し、文部科学省には１，５２４億円が配分された。防衛分野の宇宙開発利用に関しては、「情報収集・警戒監視」を当面の重点分野とし、「早期警戒機能を有する衛星」や「電波情報収集機能を有する衛星」については今後の検討としている。防衛省は独自に偵察衛星を開発、運用する予定がないため、防衛省の宇宙関係予算にはほとんど調査研究費が計上されてこなかった。平成27年度概算要求で初めて、弾道ミサイル発射の兆候や発射情報等を早期に察知・探知する可能性を研究するため、文部科

図表5-2　情報収集衛星の打ち上げ経費　　　　（単位：億円）

年	衛星名	開発予算	ロケット	製造費	打ち上げ費
2003	光学1号機、 レーダー1号機 （運用終了）	789.95	H-IIA5号機	85.52	19.27
2003	光学2号機、 レーダー2号機 （失敗）	622.72	H-IIA6号機	85.49	19.26
2006	光学2号機 （運用終了）	291.12	H-IIA10号機	76.53	19.12
2007	光学3号機 （運用終了） レーダー2号機	490.26 299.71	H-IIA12号機	91.51	19.03
2009	光学3号機	490.26	H-IIA16号機	94.9	
2011	光学4号機 （運用終了） レーダー3号機	347 398	H-IIA19号機 H-IIA20号機	103.7 103	
2013	レーダー4号機	244	H-IIA22号機	109	
2015	光学5号機、 レーダー予備機	431* 228	H-IIA28号機 H-IIA27号機	 105	
2017	レーダー5号機	371	H-IIA33号機	106	
2018	光学6号機 レーダー6号機	416* 350*	H-IIA38号機 H-IIA39号機		

出典：2009年までは「衆議院議員吉井英勝君提出大規模災害時における情報収集衛星の活用に関する質問に対する答弁書」平成23年7月8日に基づいて作成
< http://www.shugiin.go.jp/internet/itdb_shitsumon.nsf/html/shitsumon/b177286.htm > 2011年以降は、産経新聞と朝日新聞の記事で確認。
*衛星の開発費とロケット打ち上げ費の合計額。

学省・宇宙航空研究開発機構（ＪＡＸＡ）で計画中の先進光学衛星に相乗りして宇宙空間で実証研究する経費が計上され、約４億円が予算化された。

防衛省が開発してきたのは、赤外線と遠赤外線を組み合わせた「２波長赤外線センサー」で２００６年から２０１５年までに29億円を投じてきた。これをＪＡＸＡが２０１９年度に打ち上げ予定の先進光学衛星に載せて実証実験を行うものである。２０１３年から防衛省との研究協力を始めたＪＡＸＡは、「早期警戒衛星」の実用化に不可欠の宇宙用赤外線センサーの開発予算に4、800万円を計上した。また、宇宙空間が機器に与える影響や赤外線センサーの衛星搭載技術などを調査する目的で、先進光学衛星の開発予算に2015年度新規で51億円を盛り込んだ。2015年12月には、安倍首相が「早期警戒衛星の開発を進める」考えを初めて示した。

2　早期警戒衛星の保有

情報収集衛星が弾道ミサイル発射の兆候を捉えることができるのは、液体燃料型ミサイルのように、燃料の注入に時間がかかる固定発射台を使用する弾道ミサイルに限られる。固体燃料を使用し、発射台を移動できる場合には探知が著しく困難になる。何よりも、地球周回軌道を移動する情報収集衛星では、弾道ミサイルの発射の瞬間を捉えることはできない。そのためには、ミサイルの発射炎を赤外線センサーなどで探知し、広い範囲を常時監視するため高度約36、000キロメートルの静止軌道を移動する早期警戒衛星が不可欠である。

ところが、日本では宇宙の平和利用決議によって、早期警戒衛星の保有が認められてこなかった。1969年5月の同決議において、「宇宙に打ち上げられる物体及びその打ち上げ用ロケットの開発及び利用は、平和の目的に限り」行うものとされ、この「平和」が「非侵略」よりも広義の「非軍事」と解釈されたからである。2008年5月の「宇宙基本法」によって、専守防衛の範囲内での早期警戒衛星の保有が可能になったが、導入には巨額の費用がかかるため、他の防衛予算を圧迫してまで日本独自で導入する必要性を疑問視する意見が強かった。その結果、弾道ミサイル発射の早期警戒探知機能は、米国の国防支援計画（Defense Support Program：DSP）衛星に全面的に依存してきた。

DSPは、1970年11月に最初の衛星が発射されて以来、性能向上を繰り返しながら、ミサイル発射と核爆発を探知する米国の早期警戒システムを30年以上にわたり支えてきた。最後となる23番目の衛星が２００７年11月に打ち上げられ、２００８年以降、ＤＳＰはより多機能の宇宙空間赤外線システム（Space Based Infrared System：ＳＢＩＲＳ）に順次更新されることになっている。元々、ＤＳＰは弾道ミサイル発射直後のブースト段階の早期警戒を主目的としていたが、ＳＢＩＲＳは弾道ミサイルが宇宙空間を慣性飛行するミッドコース段階や弾頭の追尾を目的に加えた。

図表5-3　宇宙空間赤外線システム

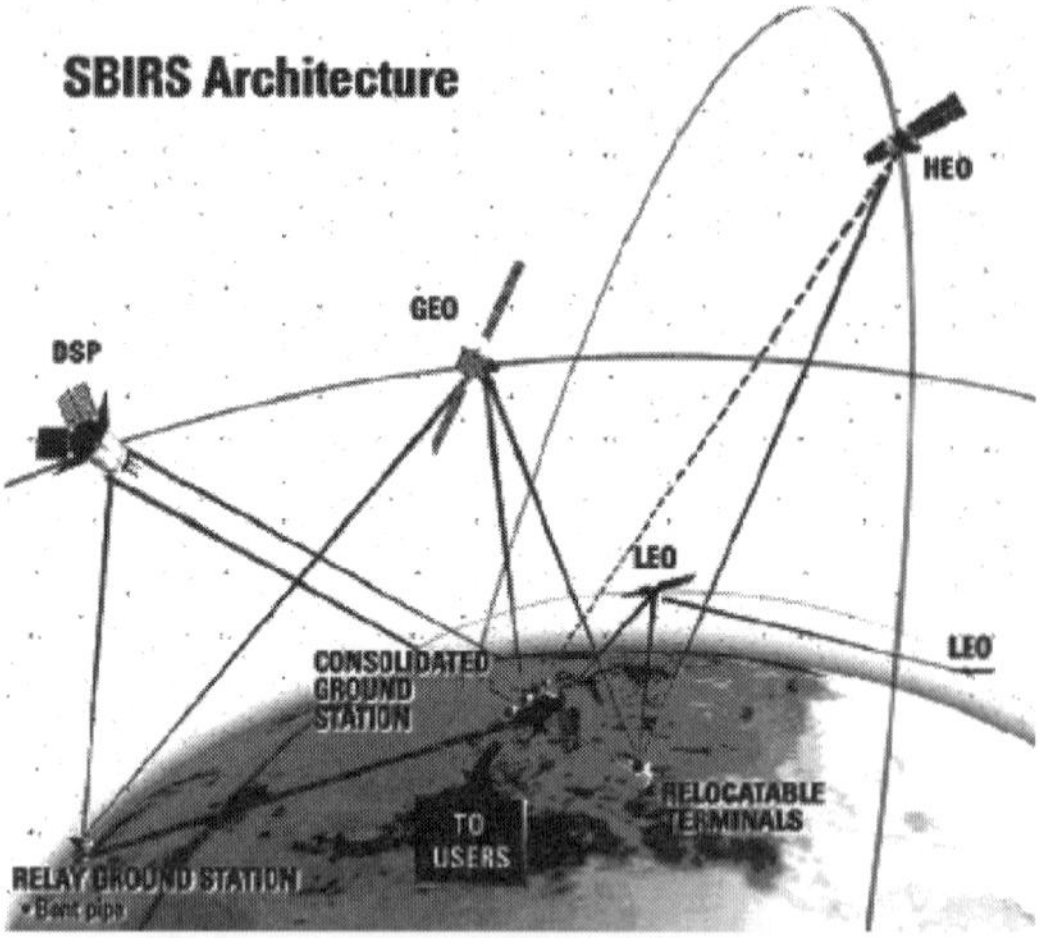

出典：< https://www.globalsecurity.org/military/library/budget/fy1999/dot-e/airforce/ 99sbirs.html >

２０１７年１月現在、３基のＤＳＰ衛星と共に３機の静止軌道（ＧＥＯ）と２機の高度長楕円軌道（ＨＥＯ）を移動する計５機のＳＢＩＲＳ衛星が打ち上げられている。２０２０年までにＳＢＩＲＳは、ＧＥＯ３機がさらに加わる予定で準備が進められている。[4] ＤＳＰを代替するのは３～４機のＧＥＯで両極地域を除く全世界の探知が可能である。楕円軌道の２機のＨＥＯが両極をカバーする仕組みになっている。[5]

運用当初、ＤＳＰの設計寿命は１・25年であったが、数回に及ぶ能力向上を経て５年～７年にまで寿命が延びた。また、当初は米国本土を標的とする長距離弾道ミサイルだけを対象としていたが、１９９５年の技術改良で米国及び同盟諸国に対する短距離弾道ミサイルの探知まで可能になった。２０１５年の時点で、

DSP衛星1機あたりの運用経費は、約4億ドル（約480億円）と報告されている。[6] その一方で、後継のSBIRSは、当初計画と比して、著しい経費の増大と配備時期の遅延が指摘された。米国会計検査院（GAO）が上院軍事委員会に提出した2014年報告書によれば、当初の経費見積もりと比して約141億ドルのコスト増で、最初の打ち上げは当初計画から9年遅れた。[7] その結果、2015年12月時点のユニットコストは、約34億ドル（約4、080億円）でDSPの8・5倍に膨れ上がった。

SBIRSの開発が開始された1995年から2018年までの24年間で、総額約170億ドル（約2兆400億円）、年平均約7億1、000万ドル（約850億円）の経費がかかってきた。そのうち、GEO4機、HEO2機、地上管制センターから構成される基本パッケージの経費は、約137億ドル（約1兆6、440億円、年平均約685億円）であった。機能向上が図られた追加のGEO2機の調達経費は33億ドルであった。また、全体の使途別内訳は、①研究・開発・実験・評価に全体の約60％に相当する102億ドル、②調達に39％に相当する66億ドル、残り1％が③施設建設6、000万ドルと④運用・維持1億6、000万ドルであった。[8]

ここで改めて配備のシナリオを整理すると、第1に、北朝鮮の液体燃料型弾道ミサイルの発射の兆候を常時監視するため、上空を1日4回周回する情報収集衛星を計16機配備するには、年平均1、140億円が必要となる。第2に、早期警戒衛星に関しては、地球全体を監視する米国並みのフルスペックで8機を配備した場合は年平均850億円、6機の基本パッケージだと年平均685億円が必要となる。つまり、利用目的に応じて言い換えるならば、敵基地攻撃能力に必要な情報収集衛星を保有するには年平均1、140億円、独自のミサイル防衛に必要な早期警戒衛星を保有するには年平均685億円～850億円が必要となる。つまり、現行の情報収集衛星を16機体制に拡充して運用するよりも、新たに早期警戒衛星の

6機体制を整備する方が、ライフサイクルコストで比較する限りは年次経費が半分ですむことになる。ちなみに、米国のオーストラリア向け早期警戒衛星の対外有償軍事援助（Foreign Military Sales：ＦＭＳ）を例にとれば、1,８００万ドル（約21億6,０００万円）に抑えられることから、情報提供に関する依存の継続を覚悟して独自開発ではなく米国から情報を購入すれば、その経費はさらに約30分の1ですむことになる。

3　地上配備型レーダーの保有

２００6年に米軍車力通信所にＴＰＹ－2レーダー（Ｘバンド・レーダー）が、２０１4年には米軍経《きょう》ケ岬通信所に2機目のＴＰＹ－2レーダーが配備された。Ｘバンド・レーダーは、米国が同盟国・友好国に飛来する弾道ミサイルを探知し、追尾するために開発したもので、波長の短いＸ帯周波数の電波を使用して目標の識別と着弾予想地点を特定することができる。特に、発射された弾道ミサイルから本物の弾頭とおとり弾頭とを短時間で弁別するのに優れている。

他方、日本が独自に開発し、２００8年度から配備を開始した地上配備型の警戒管制レーダーがＪ／ＦＰＳ－ＸＸである。Ｊ／ＦＰＳ－ＸＸはＸ帯より長い波長を使用した対弾道ミサイルと対航空機併用のレーダーである。Ｊ／ＦＰＳ－ＸＸは、遠距離の広覆域を探知・追尾可能で、天候の影響を受けにくい反面、精密な追尾には幾分難があるため、性能上Ｘバンド・レーダーとは相互補完関係にある。

２００6年度から２００9年度にかけて、ＢＭＤ対処機能を追加したＦＰＳ－3の改良型が全国7か所に配備された。1基当たりの配備予算は約1,０００万円弱であった。２００8年度から２０１１年度までに、Ｊ／ＦＰＳ－5が4基配備された。取得費用と設置費用を合計した整備費に年平均約１８０億

図表5-4　レーダーサイトの配置

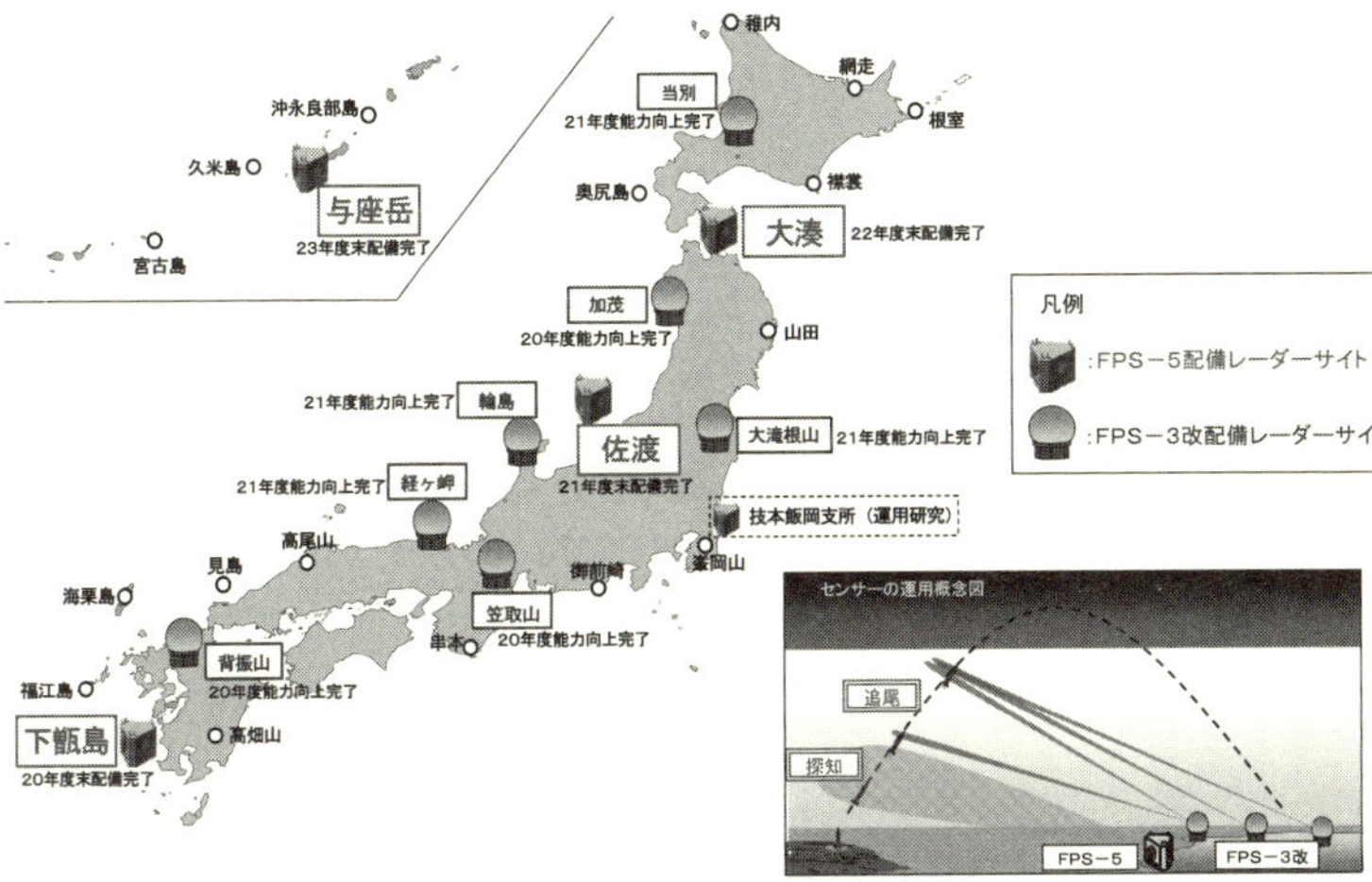

出典：防衛省資料『弾道ミサイル防衛』平成20年3月より転載

円が計上され、実際に執行された１基当たりの経費は約１２０億円であった。[9]高い性能を維持しつつ取得・維持経費を抑えることを目的に２０１１年にシステム設計されたＪ／ＦＰＳ－７は、２０１２年度の沖永良部島分屯基地を皮切りに、西日本を中心に順次配備が進んでいる。１基当たりの取得価格は、約39億円から約49億円と、Ｊ／ＦＰＳ－５よりも大幅に経費が節減されている。

上記の警戒管制レーダーが取得した弾道ミサイル情報を、各種迎撃システムに伝達し、指揮統制を支援するのが自動警戒管制システム（ＪＡＤＧＥ）である。同システムは２００２年より研究開発が開始され、２００７年に入間基地に配備されたのを皮切りに、２００９年から運用が開始された。現在、ミサイル防衛作戦における3自衛隊の共通指揮システムとして機能している。２０１０年度から２０１２年度にかけて、陸自の地対空誘導弾との連接機能を付加するため、年平均約50億円の予算を計上し、一式当たり約8億円をかけて全24式の近代化を施した。

４　航空機及び滞空型無人機の保有

地上目標を監視・管制するためには、航空機も必要となる。日本は、中期防衛計画に基づき、１機260億円で新型の早期警戒機Ｅ－２Ｄを４機導入することを決定した。しかし、Ｅ－２Ｄは巡航ミサイルやステルス戦闘機など航空機の動きを探知し防空能力の向上に資するものではあるが、地上目標を正確に探知、識別するものではない。他方で、イラク戦争に投入された早期警戒管制機（Joint Surveillance and Target Attack Radar System：Ｅ－８ Ｊ－ＳＴＡＲＳ）は、固定目標のみならず移動する車両を昼夜の区別なくリアルタイムで確認した。１９９８年度実質ドル表示でのユニット価格は、約２億５,０００万ドル（約３２５億円）であった。[10]

２０１４年5月、在日米軍三沢基地に、日本初となる米軍の無人偵察機グローバルホーク２機が配備された。グローバルホークはイラク戦争でも実際に投入された無人航空機で、攻撃能力をもたない偵察機である。24時間以上の連続飛行が可能で、約2万メートル上空から高性能赤外線センサーやレーダーによって昼夜を問わず地上の監視が可能である。情報取集衛星では特定地点の監視が１日数回に限定されるため、移動式弾道ミサイルの捕捉には、グローバルホークは不可欠である。また、地上配備型レーダーより弾道ミサイルの発射を早く探知でき、衛星では困難な発射後の弾道ミサイルを追尾し、航跡を捕捉し続けることも可能となる。

日本は、中期防衛力整備計画に基づき、２０１５年度予算によりグローバルホーク（ＲＱ－４Ｂ）３機の取得に着手した。日米共同で機体整備が可能になるため、２０１７年度末までに航空自衛隊三沢基地に順次配備されることとなった。２０１７年度予算には、１機分の機体組み立て経費及び導入に向けた準備態勢の強化経費として１６８億円を計上し、別途整備用機材等の関連経費に19億円が計上された。[11]

他方で、2002年以降、グローバルホークの取得と並行して、総経費82億円で日本独自の高高度無人機システムの研究が進められてきた。独自開発の理由について政策評価書は、外国製無人機が「我が国の国情を鑑み、周辺空域からの広域を監視することのできる高高度滞空型無人機としては必ずしも適切でない」とし、グローバルホークよりも高度性能に改良を加える必要性を認識していた。[12] ちなみに、宇宙航空研究開発機構（JAXA）は、2機のローテーションで日本の国土と排他的経済水域内で24時間365日の連続ミッションが可能な高高度滞在型無人航空機システムの開発に着手している。他方で、米国では、高度は2万メートル程度ながら、液体燃料によって滞空性能を10～14日間へと伸ばす改良に着手している。また、太陽電池によって5年間の連続飛行を可能とする機体の開発に、8,900万ドル（約100億円）が投じられている。[13]

図表5-5　ミサイル探知・追尾能力と年次経費

情報収集衛星	16機体制	1,140億円
早期警戒衛星	8機体制	850億円/6機体制　685億円

小括

ミサイルの探知・追尾能力の向上には、①情報収集衛星・早期警戒衛星の整備、②地上配備型レーダーの保有、③航空機及び滞空型無人機の保有が必要になる。②に関しては、Xバンド・レーダーと地上配備型の警戒管制レーダーJ／FPS－XXと自動警戒管制システム（JADGE）を併用した整備が、既存の予算枠の中で進行している。③に関しては、新型の早期警戒機E－2Dや無人偵察機グローバルホーク（RQ－4B）の保有に加え、日本独自の高高度無人機システムの研究開発が進行している。したがって、特に強化を要する施策としては、①に関して、既存の情報収集衛星を拡充するか、新規の早期警戒衛星を独自に開発して整備するかという選択肢が存在する。その必要経費は図表5－5の通り。

第2節　敵基地攻撃能力

1　自衛としての敵基地攻撃

敵基地攻撃とは、敵の弾道ミサイルが発射される前、または第一撃を受けた後にさらなる発射を防ぐため、ミサイル発射場などの敵基地を攻撃することである。前者は「先制攻撃」と呼ばれ、敵の差し迫った攻撃の証拠が明白である場合には、自衛権の一部として認められる。後者の「反撃」が自衛権の発動であることは、国際法上議論の余地はない。

ただし、日米同盟の枠組みにおいて、日本が防勢、米国は攻勢を分担することになっている。1997年に合意された「日米防衛協力のための指針」でも、「自衛隊及び米軍は、弾道ミサイル攻撃に対応するために密接に協力し調整する。米軍は、日本に対し必要な情報を提供するとともに、必要に応じ、打撃力を有する部隊の使用を考慮する」[14]と謳っている。つまり、敵基地攻撃が必要な場合は、米国がこれを実施することになっている。

しかし、米国が何らかの理由で弾道ミサイル発射基地への攻撃を見送る可能性は排除できない。仮に、米国本土に到達可能な核弾頭を搭載した北朝鮮の大陸間弾道ミサイル（ＩＣＢＭ）が実戦配備され、実際に発射される信憑性が高まったとき、本当に拡大核抑止が機能するかどうかは定かではない。そうした事態が出現した場合、日本が独自で直面する脅威を未然に排除する必要性が出てくる。従来、日本が敵基地攻撃能力をもつことは、自衛の範囲として法律的には可能としながらも、そのための装備体系を保有してこなかった。専守防衛の観点から、敵基地攻撃が可能なのは、相手がミサイルなどによる「攻撃に着手したとき」であり、「他に適当な手段がない場合」に限るとするのが、これまでの政府見解である。[15]

ここで問題となるのは、移動式発射台からの複数の弾道ミサイルを想定した場合、この敵基地攻撃能力と後述の迎撃ミサイル能力との間でどのように限られた資源を配分するかという点と、それを日米同盟の枠組みを維持しつつ、日米間でどのような役割分担をするかという2つのバランスである。いずれも複数のシナリオに基づく費用対効果が計算されねばならないが、特に後者に関しては、「適当な手段」たる米軍が存在する中で、どのような役割分担が可能なのかという法理論上の問題も解決されねばならない。

2　ストライク・パッケージ

敵基地攻撃の基本的な作戦形態は、ストライク・パッケージと呼ばれる。元来、航空優勢が確保できない場所に対する米空軍の部隊編成を意味する戦術用語である。実際の作戦形態は、①地上目標の正確な把握、②敵防空網の制圧、③敵基地の正確な爆撃という3つの側面で構成される。[16]①に関しては、第1節の「ミサイル探知能力の確保」ですでに検討した。

②敵防空網の制圧とは、味方の航空作戦に先立ち、その障害となるレーダーや通信施設等を攻撃し、一時的にそれらを機能不全に陥らせる作戦である。そのためには、目標となるレーダーサイトから発信されたレーダー波を受信し、その発信源に自らを誘導する対レーダーミサイルを搭載した攻撃機と敵の通信を電子妨害する航空機が必要となる。

対レーダーミサイルに関しては、日本に前方展開している米戦術空軍のうち、三沢の第35戦闘航空団が敵の防空網制圧を任務とする。40機が配備されているF－16C／Dには、AGM－88 HARM対レーダーミサイルが搭載され、対地攻撃能力を有する。ＡＧＭ88 ＨＡＲＭは1発２８４、０００ドル（約３、０００万円）と高価である。[17]イラク戦争でＡＧＭ88は敵防空網の無力化に多大な貢献をした一方で、コソヴォ紛争ではパッシブ・レーダー誘導の欠陥を露呈させた。セルビアは、地対空ミサイルの大半を隠し、誘導レーザーも照射しなかった。また、燃料を節約するために車両のエンジンを切って赤外線探知装置からも逃れた。北朝鮮でも同様の対応が予想される。

電子戦装備に関して、日本は２０１６年度補正予算で電子戦システムの開発に62億円を計上し、２０２２年までの完成を目指している。米国は、イラク戦争に投入されたＥ－６Ｂの後継として、Ｆ／Ａ－18Ｆスーパーホーネットを基に開発したＥＡ18－Ｇグラウラー1個飛行隊（４～６機）を空母に搭載して運用している。米国の同盟国では、唯一オーストラリアが２００９年に総経費約10～20億ドル（1豪ドル82円換算で約８２０～１、６４０億円）を投じて12機を米国から購入することを決定した。[18]２０１３年7月に、米国がＦＭＳの枠組みでＥＡ18－Ｇ12機を売却した際の価格は、総額13億４、６７０万ドルで、当時の為替レート1ドル99円換算で、約１、３３３億円であった。なお、当初予定していたＦ／Ａ－18Ｆを改修して同等の電子戦装備を搭載した場合の経費は、９億９、２４０万ドル（９８２億円）と試算されていた。ちなみに、米軍が運用する際の1機当たりの年間維持経費は、２０１４年価格で約６００万ドル（1ドル１０２円換算で6億1、２００万円）である。[19]日本が独自開発ではなく、ＦＭＳで米国から12機の購入を選択した場合、29年間の耐用年数を想定して年間経費は、取得経費46億円（１、３３３億円÷29年間）に維持経費73億４、４００万円（6億1、２００万円×12機）を加えて総額約１１９億４、４００万円となる。

③敵基地の正確な爆撃には、精密攻撃能力を有する巡航ミサイルや誘導爆弾が必要となる。前者に関し

図表5-6　EA18-Gグラウラー

出典：< https://www.naval-technology.com/projects/ea-18g-growler/ >

ては、通常型トマホーク巡航ミサイルをイージス艦の垂直発射装置や陸上配備型のイージス・アショア（Aegis Ashore）から発射することが可能である。最新型のGPAシステム搭載で射程約１、５００キロの対地攻撃巡航ミサイルの調達経費は、１基当たり約１８４万ドル（約2億円）である。[20] 96基の垂直発射装置を有する「あたご型」イージス艦を例に試算すれば、トマホークの搭載に1隻当たり１９２億円が必要ということになる。しかし、米国が英国以外の同盟国にトマホークを売却した実績はない。そこで、国産の対艦・対空誘導弾を保有する日本が、その技術を基に対地巡航ミサイルを開発・生産したと想定し、少なくとも開発費に57億円、取得単価5億円で試算すると、[21] 総経費は５３７億円に膨らむことになる。

２０１７年6月、日本政府は最新鋭ステルス戦闘機F35に地上の敵を攻撃できる空対地巡航ミサイルを導入する検討に入った。候補は、ノルウェーが開発中の射程約３００キロの「ジョイント・ストライク・ミサイル（JSM）」である。[22] 総開発費に推定13億７、０００万ドル

（約1、500億円）が投じられているが、調達価格は未定である。[23]

後者の誘導爆弾には、1999年のコソヴォ紛争末期のアライド・フォース作戦で、B2ステルス戦闘機に搭載されて目標の87％に命中したと評される統合直接攻撃弾（JDAM）が考えられる。レーザーや赤外線画像で誘導された従来型の誘導爆弾が気象条件の制約を受けるのに対し、JDAMは慣性誘導システムとGPSを併用することで、移動目標へのピンポイント攻撃が可能になった。レーザー誘導システムを加えたレーザーJDAMへの改良で、高速で移動する目標への攻撃精度も向上した。2004年以降、航空自衛隊のF2支援戦闘機がJDAMを運用してきたが、地上からのレーザー誘導に対応した管制技術が欠落していたため、総経費92億円をかけて能力向上が図られた。ただし、F2はすでに生産を停止しているため、今後はF2の後継機種として配備が開始されたF35AにJDAMを搭載することになるだろう。

三沢に配備されている米国第35戦闘航空団のF16C／D40機をF35Aに代替し、先の対レーダーミサイルAGM88 HARMやJDAMを装備したと想定してみよう。防衛省装備施設本部の平成26年度ライフサイクルコスト管理年次報告書によれば、[24] F35Aの42機分のライフサイクルコストは、総額で2兆2、216億円であった。このうち、取得経費は8、172億円で全体の36％を占め、残り64％が燃料費、施設費、教育・訓練費であった。運用期間30年で計算されているので、年間経費は約740億円となる。ただし、運用・維持経費に弾薬等は含まれていない。そこで、1機当たりAGM88 HARM6発とJDAM2発を搭載すると仮定し、運用寿命20年で試算したものを合計することとする。AGM88 HARM1基3、000万円とすると、42機分で75億6、000万円（3、000万円×6基×42機）、年間経費は3億7、800万円となる。JDAMは1発4億6、000万ドル（約500万円）で試算すると、42機で4億2、000万円（500万円×2発×42機）、年間2、100万円となる。機体と弾薬を合計した

図表5-7　敵基地攻撃能力と年次経費

敵防空網の制圧	電子戦機EA18-Gグラウラー12機	119億4,400万円
敵基地の爆撃	F35A（AGM88 HARM6発とJDAM2発）42機	743億9,900万円
		863億4,300万円

総額は、年間７４３億９、９００万円（７４０億円＋３億７、８００万円＋２、１００万円）となる。

小括

敵基地攻撃に必要な能力のうち、①地上目標の正確な把握は、前節で検討したミサイル探知能力でカバーされているので、本節では②敵防空網の制圧と③敵基地の爆撃に必要な経費を試算した。その結果、②として、電子戦機ＥＡ18－Ｇグラウラーを12機購入した場合の年間経費が１１９億４、４００万円であった。③として、ＡＧＭ88 ＨＡＲＭ６発とＪＤＡＭ２発を搭載したＦ35Ａを42機調達した場合の運用・維持経費を併せた年間経費は、７４３億９、９００万円であった。したがって、敵基地攻撃能力に要する経費は、８６３億４、３００万円となる。

第３節　迎撃ミサイル能力

遠距離から高高度かつ高速で飛来する弾道ミサイルを迎撃するには、①発射直後から加速ロケットが燃焼し終えるまでの「ブースト段階」、②大気圏外を放物線状で慣性飛行する「ミッドコース段階」、③大気圏に再突入してから目標に着弾するまでの「ターミナル段階」からなる3段階の対応に区分される。日本は、２００３年12月に弾道ミサイル防衛（ＢＭＤ）システムの導入を決定して以来、②に対する海上配備のイージスＢＭＤと、③に対する地上配備のペトリオットＰＡＣ－３を柱とする2層防衛システムを構築してきた。日本が単独でミサイル防衛システムを運用するのは不可能であるとしても、迎撃の判断を一方的に米国に委ねる事態を回避する必要がある。そのためには、現行では想定されていないブースト段階の迎撃能力を新たに保有し、②と③の各段階の能力向上を図ることで、自立性を高めることが重要である。

1　ブースト段階

日本の弾道ミサイル防衛からブースト段階が排除されているのは、この段階では弾道ミサイルの標的が日本であるかどうかを正確に判断するのが困難であり、その段階で迎撃することは個別的自衛権の行使を超える可能性があるからである。一部には、専守防衛に抵触するのでブースト段階が除外されているとの説明も垣間見られる。しかし、敵基地攻撃ですら一定の条件下で自衛権の行使として認められる以上、同様の条件が満たされた上でブースト段階にある弾道ミサイルの迎撃が専守防衛に反することにはならないだろう。

他方で、ブースト段階の迎撃には他の段階よりも政策的かつ技術的に優れた一面がある。発射直後の弾道ミサイルは高度も速度も低いため、迎撃が比較的容易である。しかも、デコイの放出や複数弾頭に分離する前に迎撃が可能になる。何よりも、自国から極力離れた場所で迎撃するのが防御の鉄則であるし、仮にブースト段階で撃ち漏らしても、ミッドコースやターミナル段階での第2撃で対応する余地が残されているからである。

ブースト段階で確実に弾道ミサイルを迎撃するには、巡航ミサイルや誘導爆弾のような実弾兵器ではなく、レーザー光やマイクロ波を利用した指向性エネルギー兵器（directed-energy weapons：ＤＥＷ）の方が適している。なぜなら、エネルギーを光の速度で伝えるので、発射直後の極めて短い時間で目標を捉えることができる。加えて、重力や天候の影響を受けることがほとんどない。しかし、レーザー光による破壊は、可能な限り標的に接近する必要がある。

米国は、１９６０年代後半からＤＥＷの技術開発に着手してきたが、未だ実用化には至っていない。ＤＥＷを船舶や車両に搭載する選択肢も存在していたが、現在まで開発が継続されているのが米空軍による空中発射レーザー（Airborne Laser：ＡＢＬ）である。ＡＢＬは１９９４年度より開発予算が毎年計上されてきたが、実用化に必要な軽量化と小型化には未だ成功していない。何よりも、航空優勢が確保できない空域でＡＢＬを搭載した航空機を運用することへの懸念が常に指摘されてきた。

米陸軍宇宙戦略防衛司令部の試算によれば、ＡＢＬに関する10年間のライフサイクルコストは60億ドル、宇宙衛星発射レーザーでは１７０～２３０億ドル、無人飛行機では15億ドルとされた。無人機搭載型の利点は、搭乗員の人命を危険に晒すことなく弾道ミサイルの発射地点の近くで運用が可能な点にあるが、搭載重量の問題はまだ克服されていない。[25] その点で、防衛省装備庁が開発中の高出力マイクロ波兵器は、飛行機のような搭載容量や電源容量の制約があるシステムへの適用が期待されている。米国のＡＢＬを例に試算すれば、年間経費は約６６０億円程度（60億ドル÷10年間×１１０円）になる。

2　ミッドコース段階

次に、ミッドコース段階の利点は、様々な方法で弾道ミサイルを探知し、それを迎撃する時間的余裕が他の段階よりもあることである。

イージスBMDは、イージス艦に搭載された迎撃ミサイルSM－3で短・中距離弾道ミサイルを海上で迎撃する。イージス艦1隻には垂直発射装置90基が装備されており、「こんごう」型イージス艦3隻で日本全域を防護できる。BMD能力を有する現行のイージス艦4隻態勢は、中期防衛計画において8隻態勢へと改編されることになっている。SM3ミサイルは最大射程1、200キロ、上昇限度500キロ程度とされ、短距離及び準中距離弾道ミサイルを迎撃することが可能である。しかし、射程1、000～5500キロ、最高高度200～1100キロの中距離弾道ミサイルの一部やそれ以上の射程と上昇高度を誇る長距離弾道ミサイルには対応できない。

2006年から検討が開始され、日米で共同開発が行われてきたのがSM3ブロックⅡAである。SM3ブロックⅡAは従来型SM3の2倍以上に性能が向上している。射程2、000キロ、上昇限度1、000キロ以上だとすると、1隻のイージス艦で日本全土をカバーできることになる。また、より高い軌道で落下速度を速くするロフテッド軌道をとる弾道ミサイルに対応することが可能になる。初の陸上配備型のイージス・アショアとして、2016年からポーランドにSM3ブロックⅡAが配備された。日本も2017年度予算で護衛艦に搭載するSM3ブロックⅡAの取得に147億円が計上され検討に入った。

2019年1月、米国は21億5、000万ドル（2、350億円）でイージス・アショア2基を日本に売却することを承認した。ちなみに、56基のSM3ブロックⅡAと2か所のイージス・アショアを基準とした20年間のライフサイクルコストの総額は、60億ドル～75億ドルと試算されており、年間経費は最大で412億5、000万円（75億ドル÷20年間×110円）となる。[26]

図表5-8　イージス・アショア

出典：< https://news.usni.org/2016/05/12/aegis-ashore-site-in-romania-declared-operational >

3　ターミナル段階

現在、日本のターミナル段階の主力迎撃システムは、地対空誘導弾ペトリオットＰＡＣ－３である。従来型（ＰＡＣ－１／ＰＡＣ－２）の弾頭炸裂方式ではなく直接衝突方式を採用しているため、迎撃可能範囲は狭くなった反面、弾道ミサイルの弾頭を確実に無力化できる。また、ミサイルの軽量・小型化により、発射機１基当たりの迎撃ミサイルの装填量も４発から16発に増えた。何よりも、有効迎撃高度と距離が約２倍に伸び、約30キロの高度と距離まで防衛範囲が広がった[27]。

在日米軍は、１９９４年からＸバンドレーダーを航空自衛隊車力分屯基地に配備し、嘉手納基地でＰＡＣ－３の運用を開始した。日本では、２００７年３月以降、入間、春日、千歳、岐阜、那覇、三沢の６個高射群すべてにＰＡＣ－３が逐次配置されてきた。１個高射群は４個高射隊で構成され、１個高射隊が保有する発射ユニット（Fire Unit）は、発射機５両、射撃管制装置、レーダー装置、アンテナマスト、電源車で編成される。５両の発射機のうち、ＰＡＣ－３を搭載しているのは２両である

図表5-9　THAAD

出典：< https://www.armyrecognition.com/october_2013_defense_industry_military_news_uk/ army_of_south_korea_shows_interest_for_the_u.s._thaad_terminal_high_altitude_area_defense_1810132.html >

ので、ターミナル段階に備えるPAC－3ミサイルの総数は、16発×2両×24高射隊＝768発ということになる。

２００9年4月の北朝鮮によるミサイル発射実験に際して破壊措置命令が発令されたが、実際には迎撃は行われなかった。２０１6年からの北朝鮮の相次ぐミサイル発射に対し、PAC－3は24時間体制で迎撃準備に入っている。併せて、ミサイル防衛を強化するため、２０１7年度概算要求に計上していた改良型PAC－3MSE（Missile Segment Enhanced）への更新を、２０１6年度補正予算で約1、４１2億円をかけて推進することとなった。PAC－3MSEは、迎撃高度と距離を延長すると共に、巡航ミサイルに対処する能力ももつ。しかし、ミッドコース段階のSM3が日本全土を防御可能であるのに対し、PAC－3MSEがすべての全高射隊に配備されても半径数十キロの防護範囲から外れる都市や民生施設が出てくる。また、高速で突入してくる中距離弾道ミサイルを迎撃するには射程が短い。何より、仮に迎撃に成功したとしても、地上への被害が不可避であることがＰＡＣ－３の難点であった。

そこで、日本独自のターミナル段階能力を向上するために検討されているのが戦域高高度防衛（Terminal High Altitude Area Defense：ＴＨＡＡＤ）ミサイルである。ＴＨＡＡＤは、大気圏外及び大気圏内の上層部で目標を捕捉して迎撃するシステムで、射程３、５００キロ程度の中距離ミサイルを高高度、遠距離で迎撃する。最大高度１５０キロで最大射程２８０キロのＴＨＡＡＤは射程30キロのＰＡＣ－３に比して格段に防衛範囲が広く、２００６年から２０１６年まで米軍が13回の迎撃試射を実施し、そのすべてが命中する精度を誇る。２０１６年7月には、在韓米軍への配備が決定した。

米陸軍が保有するＴＨＡＡＤシステムの発射中隊は、車載式の8連装ミサイル発射機6両とXバンド・レーダー及び指揮統制で構成される。20年間の9個発射中隊のライフサイクルコストは、総額で１３８億ドル～１６０億ドルと試算されている。ここから開発費40億ドル～54億ドルを除いた額は98億ドル～１０６億ドルとなり、９個発射中隊当たりの年平均経費は、最大で約５８３億円（１０６億ドル÷20年間×１１０円）となる。[28]

図表5-10　迎撃ミサイル防衛能力と年次経費

ブースト段階	空中発射レーザー	660億円
ミッドコース段階	イージス・アショア	412億5,000万円
ターミナル段階	THAARDシステム	583億円
合計		1,655億5,000万円

小括

迎撃ミサイル能力の向上には、ブースト段階では、空中発射レーザーに６６０億円、ミッドコース段階は、56基のＳＭ３ブロックⅡＡと2か所のイージス・アショアを導入した場合、４１２億５、０００万円の年次経費が予想される。ターミナル段階では、THAADシステムを9個発射中隊を導入した場合、その年平均経費は、約583億円であった。予算の制約から、ターミナル段階のTHAADとミッドコース段階のイージス・アショアを二者択一的に論じる向きもある。しかし、より確実な多層防衛という考えに立てば、迎撃するタイミングと高度が異なる3つの装備システムは、相互補完的に捉えるべきであろう。すべてを導入した場合の年次経費は、最大1,655億5,000万円となる（図表5－10参照）。

第4節　国民保護と民間防衛

一般に、武力攻撃災害から国民を守り、国民生活の安定を確保する施策は民間防衛（civil defense）と呼ばれてきた。特に、ナチス・ドイツの占領下にあった欧州諸国では、市民による武力抵抗や不服従運動の経験から、一般市民の防衛への直接参加は戦後も極めて自然に受け止められてきた。民間防衛の中心は、何といっても国民の命を守ることにあり、大都市での核シェルターや非常時の訓練や動員が市民の義務として取り組まれてきた。

他方で、多大なる市民の犠牲を出した日本の第二次世界大戦の苦い経験は、民間防衛という考えへの強いアレルギーを醸成した。それは、市民生活を破壊した戦前・戦中の国家総動員体制を想起させるからである。しかるに、専守防衛を基本とする防衛政策の下で、日本の防衛ラインは個別的自衛権の行使が及ぶ領土及び領海に限定された。つまり、有事になれば直ちに領土上で防衛作戦が展開されるにもかかわらず、皮肉なことに民間防衛は忌避されたままにされてきたのである。

元来、民間防衛が対処すべき事態は、国家に対する敵対行為と自然災害を含む。日本では、多くの場合局地的で一過性の自然災害への対応が先行し、武力攻撃事態から国民を保護するための仕組みは、２００４年６月の国民保護法の成立を待たねばならなかった。そして２００５年３月、同法に基づいて、運用マニュアルとなる「国民の保護に関する基本方針」が策定された。武力攻撃事態の類型及び大量破壊兵器攻撃の種別（生物、化学、核）ごとに必要な措置が明記された。各地方公共団体は、この「基本方針」に基づいて国民保護計画を策定することとなり、２００５年度末までに都道府県が、翌２００６年度末までに市町村が国民保護計画と避難マニュアルを作成することとなった。２０１７年５月現在、全国市町村１、７４１か所のうち、１、７３８か所で国民保護計画の作成が完了し、指定地方公共機関１、０７８機関中１、０７２機関で作成が完了している。[29]

武力攻撃事態４類型の一つとして想定された弾道ミサイル攻撃への対処に関しては、警戒警報、避難誘導、災害救助などの被害限定措置が段階的に整備されてきた。特に弾道ミサイルは、発射から極めて短時間で着弾することから、被害の局限化には迅速な情報伝達と屋内への避難が重要である。また、地方公共団体、警察、消防、自衛隊などの関係機関の役割分担をあらかじめ定めておき、訓練等を通じて住民に行動マニュアルを徹底させる必要がある。

２００７年２月から、弾道ミサイルの発射を確認してから1～2秒で自治体の専用端末に情報を伝達する「Ｊアラート」（全国瞬時警報システム）の運用が開始された。全国市区町村１、７４１団体の受信機整備率は、09年４月に北朝鮮がミサイルを発射した際の11・7％から、２０１４年５月には１００％にまで拡大した。自動起動装置についても、２０１６年５月の時点で１００％に達した。[30] 全国一斉の情報伝達訓練は、潜在的な不具合を発見する重要な機会である。２０１６年11月に実施された訓練では、１、

738市区町村が参加し、何らかの不具合で情報が伝達されなかった団体は24団体であった。これは、2012年度の284団体からの大きな改善であった。[31]

国・地方の共同訓練は、2005年10月の埼玉県、富山県、鳥取県、佐賀県での図上訓練を皮切りに、同年11月には福井県美浜原発へのテロ攻撃を想定した実働訓練が実施された。2005年~2016年までの12年間に共同訓練を実施した延べ都道府県総数は158で、そのうち図上訓練が115回、実動訓練は全体の27%に当たる43回にすぎなかった。しかも、12年間で5回以上実施した自治体は6都県にすぎず、残る41道府県は4回以下であった。[32]

避難誘導に当たっては、近傍の堅牢な施設や地下施設、外気からの密閉性の高い屋内施設への一時避難が、事後の治療効果に決定的な影響を与えるといわれている。諸外国には公共の地下シェルターや家庭用シェルターを準備している例もある。日本では、全都道府県が指定する避難施設への屋内退避が求められているが、ほとんどが自然災害を想定した施設と同じで、武力攻撃事態の特殊性を考慮した避難の指定には至っていない。

何よりも、民間防衛のように国民の服務を義務づけた救援体制が構築されていない。国民保護法では、消防庁と地方自治体を中心とする自主防災活動への国民の自発的協力が求められているにすぎない。2016年4月現在、全国1、741の市区町村のうち全体の96%に当たる1、674市区町村で161、847もの自主防災組織が設置されている。特に総世帯数に対し自主防災組織の活動範囲に含まれる世帯数の割合（活動カバー率）は81・7%で、2007年の69・9%から大きく上昇している。2016年4月の総隊員数は4、329万9、431人で、総人口の約34%に相当し、2006年の総人口25%からの改善が見られる。[33]

ただし、自主防災組織の実態は、自然災害や犯罪を念頭に置いた訓練や啓発活動にとどまっており、武力攻撃災害を想定した国、地方公共団体、公共機関、国民からなる一体化した組織にはなっていない。また、自主組織であるがために、運営・活動資金も市区町村から補助を受けずに自主財源で賄う組織が多い。２０１６年4月現在、経費補助制度を有さない市町村は全体の約40％、資器材の現物支給制度のない市町村は約81％に及ぶ。諸外国で民間防衛の担当官庁が一元的に中央から地方に至る組織を統制しているのとは異なり、日本の国民保護体制は複数の所管官庁を内閣官房が束ねているにすぎない。

市民生活に不可欠な電気、ガス、水道、通信施設等のライフラインの堅牢化も求められている。２０１４年のガザ紛争で、イスラエルは51日間にわたってハマスなどテロ組織から4、５００発以上のロケット攻撃を受けた。総人口の約70％に相当する６００万人が攻撃の対象となったが、民間防衛のおかげで人的被害は、死者6名、負傷者1、６００人にとどまった。２００４年からの10年間に、イスラエルは学校や民生施設等のインフラ強化に3億8、４００万ドルを投資してきた。それでも全国民の27％がロケット攻撃時にシェルターにアクセスできなかった。約15倍の面積と人口を抱える日本の年平均経費に換算すると、約６３０億円を投じた計算になる。[34]

いうまでもなく、民間防衛に取り組む諸外国の費用は、当該国家を取り巻く戦略環境や国情に応じて様々である。図表5－11は、２０１５年度の現地通貨で軍事防衛と民間防衛の予算、ならびに軍事防衛に占める民間防衛の割合を示したものである。中立政策を掲げて官民一体の民間防衛体制を構築したスイス、冷戦時代にソ連の脅威に直面した北欧諸国、ＮＡＴＯ加盟国ながら大国に囲まれたベルギーなどで、軍事防衛に占める民間防衛の比率が高いことがわかる。専守防衛を掲げる日本が軍事防衛の拡充には制約があるとすれば、民間防衛でそれを補完する必要性は大きいといえる。仮にスウェーデン並みの4・

６％を民間防衛に充てるとすると、年間約２、３００億円を計上する必要がある。

中立政策を掲げて官民一体の体制を構築し、国民全員が簡易シェルターを保有するスイスでは、１９８０年代を通じて一人当たり33ドルを費やした。他方で、同時期のフランスや米国では、１ドル以下というほど開きがある。日本が、欧米諸国並みの民間防衛体制を整えようとした場合、たとえばスカンジナビア諸国の一人当たり平均20ドルをモデルとすれば、約２、２００億円程度の予算が必要となる。この額は、先にスウェーデンで例示した軍事防衛の４・６％という数字に概ね相当する。

図表5-11　欧州諸国の民間防衛

	A軍事防衛*	B民間防衛*	B/A（%）
ベルギー	1,074	141	13.1
スイス	244	25	10.7
ノルウェー	42,737	2,717	6.4
スゥエーデン	41,523	1,918	4.6
デンマーク	21,610	582	2.7
フィンランド	2,557	57	2.2
ハンガリー	173,002	2,284	1.3
フランス	33,398	154	0.5
イギリス	35,716	131	0.3
ドイツ	27,397	10	0.0

出典：< http://ec.europa.eu/eurostat/statistics-explained/index.php/Government_expenditure_on_defence#Expenditure_on_.27defence.27_by_type_of_transaction > より筆者作成
*各国の軍事防衛及び民間防衛の経費は、2015年現地通貨で表示。

まとめ

本章では、弾道ミサイル防衛能力を強化する施策を、（1）ミサイル探知・追尾能力、（2）敵基地攻撃能力、（3）迎撃ミサイル防衛能力、（4）民間防衛の４つに区分して検討した。これらすべての局面で、検討した装備を取得し、運用を開始すると、年間で総額約５、６７４億９、３００万円になる（図表５－12参照）。つまり、現行の防衛予算の約10％で、ミサイル防衛能力の自立化が可能となる。仮に、各局面の費用対効果に応じて優先順位をつけるとすれば、すべての前提となるのが情報の取得である以上、ミサイル探知・追尾能力の８５０億円の優先順位が最も高く、完全な迎撃が困難であるとすれば、民間防衛への投資２、３００億円が次善の策になるだろう、また、敵基地攻撃能力とブースト段階の迎撃ミサイル能力は、どちらか一方を優先することも可能であろう。

図表5-12　弾道ミサイル防衛能力と年次経費

(1)ミサイル探知･追尾能力	850億円
(2)敵基地攻撃能力	869億4,300万円
(3)迎撃ミサイル防衛の向上	1,655億5,000万円
(4)民間防衛	2,300億円
合計	5,674億9,300万円

1　鈴木一人「日本の安全保障宇宙利用の拡大と日米同盟」日本国際問題研究所編『グローバル・コモンズ（サイバー空間、宇宙、北極海）における日米同盟の新しい課題』平成26年度、51～60頁。

2　人工衛星の周回速度は、高度が高くなるほど遅くなり、地球を1周するのに長い時間がかかる。たとえば、高度約2万キロメートルだと半日、高度約3万6千キロメートルだと1日かかる。＜http://spaceinfo.jaxa.jp/ja/orbital_motion.html＞

3　＜https://www.cas.go.jp/jp/gaiyou/jimu/pdf/h30_suii.pdf＞［２０１９年1月30日アクセス］

4　USDOD, "Space Based Infrared System High (SBIRS High)," *Selected Acquisition Report* (SAR,) March 23, 2016, pp.10-11.

5　Congressional Research Service, "Military Space Programs: Issues Concerning DOD's SBIRS and STSS Programs, *CRS Report for Congress*, January 30, 2006, p.2.

6　US Air Force Space Command, Fact Sheets: Defense Support Program Satellites, November 23, 2015. ＜http://www.af.mil/DesktopModules/ArticleCS/Print.aspx?PortalId=1&ModuleId=854&Article=104611＞［２０１７年6月12日アクセス］

7　GAO, *Space Acquisitions: Space Based Infrared System Could Benefit from Technology Insertion*

Planning, April 2015, p.10.

8 "Space Based Infrared System High（SBIRS High）," *Selected Acquisition Report*（*SAR*,）pp.73.

9 防衛省『弾道ミサイル防衛』平成20年３月、13頁。「平成24年度行政事業レビューシート」、事業番号０２７１。

10 US Air Force, E-8C Joint Stars in *Fact Sheets*, September 23, 2015.

11 丹下綾「平成29年度防衛関係予算の概要」『立法と調査』（２０１７年２月、３８５号）70頁。

12 防衛省管理局開発計画課「高高度無人機システムの研究」< http://www.mod.go.jp/j/approach/hyouka/seisaku/results/14/jizen/youshi/09.pdf#search=%27%E7%AE%A1%E7%90%86%E5%B1%80%E9%96%8B%E7%99%BA%E8%A8%88%E7%94%BB%E8%AA%B2%E3%80%8C%E9%AB%98%E9%AB%98%E5%BA%A6%E7%84%A1%E4%BA%BA%E6%A9%9F%E3%82%B7%E3%82%B9%E3%83%86%E3%83%A0%E3%81%AE%E7%A0%94%E7%A9%B6%E3%80%8D%E6%94%BF%E7%AD%96%E8%A9%95%E4%BE%A1%27 >［２０１７年６月28日アクセス］

13 西祐一郎「米国における無人航空機開発の現状と展望」*Space Japan Review*, 第74号、２０１１年６・７月、５頁。

14 外務省ホームページ。< http://www.mofa.go.jp/mofaj/area/usa/hosho/kyoryoku.html >［２０１７年７月１日アクセス］

15 １９９９年の衆議院安全保障委員会において、野呂田防衛庁長官は、「武力攻撃が発生した場合とは、侵害の恐れがある時ではなく、また、わが国が現実に被害を受けた時でもなく、侵略国がわが国に対して武力攻撃を着手した時である」と述べている。

16 金田秀昭、小林一雅、田島洋、戸崎洋史『日本のミサイル防衛―変容する戦略環境下の外交・安全保障政策』（日本国際問題研究所、２００６年）２３７頁。

17 < http://www.deagel.com/Offensive-Weapons/AGM-88A-HARM_a001155001.aspx >［２０１７年７月４日アクセス］

18 Australian Government, Department of Defence, *Defense Capability Plan: Public Version*, 2012, pp.32-33.

19 DOD, EA-18G Growler Aircraft as of FY 2017 President's Budget, *Selected Acquisition Report*, March 17,2016, I p.23, p.38< https://www.esd.whs.mil/Portals/54/Documents/FOID/Reading%20Room/Selected_Acquisition_Reports/16-F-0402_DOC_51_EA-18G_DEC_2015_SAR.pdf >

20 Office of the Under Secretary of Defense, *Program Acquisition Cost by Weapon System*, DOD FY 2016 Budget Request, February 2015, pp.5-14.

21 88式地対艦誘導弾を基にした対艦ミサイル（SSM-1B/ASM-1C）の開発経費57億円と、２０１２年度に計上された88式地対艦誘導弾改良型２式（12基）の取得単価59億円を参考にした。

22 読売新聞、２０１７年６月26日。
23 ＜http://www.defense-aerospace.com/article-view/release/154218/norway%E2%80%99s-mod-details-jsm-program%2C-schedule.html＞［２０１７年７月12日アクセス］
24 ＜http://www.mod.go.jp/atla/souhon/about/pdf/26lifecyclecost_houkokusyo.pdf#search=%27%E5%B9%B3%E6%88%9026%E5%B9%B4%E5%BA%A6%E3%81%AE%E3%83%A9%E3%82%A4%E3%83%95%E3%82%B5%E3%82%A4%E3%82%AF%E3%83%AB%E3%82%B3%E3%82%B9%E3%83%88%E7%AE%A1%E7%90%86%E5%B9%B4%E6%AC%A1%E5%A0%B1%E5%91%8A%E6%9B%B8%27＞［２０１７年７月12日アクセス］
25 Christopher Bolkcom and Steven A. Hildreth, "Airborne Laser（ABL）: Issues for Congress," *CRS Report for Congress*, Updated July 9, 2007, p.13.
26 National Research Council of the National Academies, *Making Sense of Ballistic Missile Defense: An Assessment of Concepts and Systems for U.S. Boost-Phase Missile Defense in Comparison to Other Alternatives*（Washington D.C.:The National Academies Press, 2012）p.213.
27 江畑謙介「ＧＭＤ構想の開発と技術」森本敏編『ミサイル防衛―新しい国際安全保障の構図』（ＪＩＩＡ選書、２００２年）１０９～１１０頁。
28 National Research Council of the National Academies, *op.cit.*,p.266.
29 ＜http://www.kokuminhogo.go.jp/pdf/keikakujyoukyou.pdf＞［２０１７年８月１日アクセス］
30 消防庁国民保護運用室『消防の動き』（２０１４年10月号）10頁。『Ｊアラート概要』＜http://www.fdma.go.jp/neuter/topics/fieldList2_1.html＞［２０１７年７月31日アクセス］
31 消防庁、報道資料、平成28年12月９日。
32 内閣官房副長官補（事態対処・危機管理担当）付『平成28年度　国民保護に係る訓練の成果等について』平成29年６月、１頁。
33 消防庁『自主防災組織の手引―コミュニティと安心・安全なまちづくり』平成29年３月。＜https://www.fdma.go.jp/html/life/bousai/bousai_2904.pdf#search=%27%E8%87%AA%E4%B8%BB%E9%98%B2%E7%81%BD%E7%B5%84%E7%B9%94+%E8%B2%A1%E6%BA%90%27＞［２０１７年８月１日アクセス］
34 ＜mfa.gov.il/protevtiveEdge/..Threat_to_%20home_Front.pdf＞［２０１７年７月31日アクセス］

第6章　シーレーン防衛

航行の自由が保障され、多様な主体に開放された海洋は、世界の平和と繁栄を支える公共領域である。同時に、海洋は様々な国益が複雑に錯綜する現実的な国際政治舞台でもある。それだけに、海上交通路（シーレーン）はしばしば国際紛争によって脅かされてきた。

資源・エネルギーの多くを中東からの海上輸送に依存する日本にとって、ペルシャ湾及びホルムズ海峡、紅海及びアデン湾からインド洋、マラッカ海峡、南シナ海を経て日本に至るシーレーンは死活的な生命線である。日本は、シーレーンの防衛を基本的に米海軍による西太平洋・インド洋全域の広域制海力に依存してきた。その中で、日本が独自にやるべき活動は何なのか、どこまで米国との協力にゆだねるべきなのか、という2つの課題に直面してきた。前者は、海上防衛政策としての目標と手段をめぐる適用範囲の問題であり、後者は日米安全保障関係における役割分担の問題であった。[1] まさに、日米同盟下での日本の自主と自律が交錯する課題である。

公共領域は、誰もがその便益を享受できるグローバル・コモンズ（国際公共財）である一方で、その経費を負担する責任を負う国家も世界政府も存在しない。それだけに、国際公共財の特性として、経費を負担せずに便益だけを享受するフリーライド（ただ乗り）が可能である。1970年代になってシーレーン防衛が日本の政策課題として浮上したのは、英国のスエズ以東からの撤退とソ連のインド洋進出によって、米海軍第7艦隊の活動範囲がインド洋にまで拡大し、結果的に西太平洋でのプレゼンスが弱まったという背景がある。

そして2010年代に入り、台頭する中国が力を背景に海洋権益を主張する一方で、米国は国際公共財を担うだけの能力と意思を失いつつある。1980年代から現在まで続けられてきた「1、000海里のシーレーン防衛」という日本の政策を改めて問い直す時期に来ている。海上自衛隊の役割として防衛白書に明記されてきた「国土の防衛とわが国周辺海域における海上交通路を保護する役割」に関しても、「1、000海里以遠」を視野に入れた費用対効果を検討する必要があるのかもしれない。

第1節　日本のシーレーン防衛と海上防衛力

1　対潜戦重視の日本の海上防衛力

2017年9月現在、海上自衛隊は護衛艦46隻、潜水艦17隻、機雷艦艇24隻、哨戒艦艇6隻、輸送艦艇11隻、補助艦艇29隻に加え、291隻の支援船を保有する。就役船舶の総トン数は、503、000トンにのぼる。主要航空機は、固定翼哨戒機（P－3C、P－1）74機、哨戒ヘリ（SH－60J／K）87機、固定翼救難機（US－1A、US－2）6機、掃海・輸送ヘリ（MCH－101）10機を保有する。[2]

護衛艦隊は4個護衛艦隊群で構成され、横須賀、佐世保、舞鶴、呉に司令部を置く。1個護衛艦隊群は、合計8隻の主力艦艇と対潜ヘリ8機を含む2個護衛隊で編成される。一つは、ヘリコプター搭載護衛艦（Helicopter Defence Destroyer：ＤＤＨ）を中心に4隻で構成される対潜作戦重視の護衛隊で、もう一つはミサイル搭載型護衛艦（Guided Missile Destroyer：ＤＤＧ）を中心に4隻で構成される対空・ミサイル防衛重視の護衛隊である。4個の護衛艦隊群はローテーションで訓練と保守・修理を繰り返し、常に最低1個艦隊群が高度な即応体制を採れるように運用されている。

ちなみに、ヘリコプター搭載護衛艦には「ひゅうが」型ＤＤＨ（「ひゅうが」と「いせ」）と「いずも」型ＤＤＨ（「いずも」と「かが」）があり、共に搭載ヘリの同時発着を可能にする全通甲板を備えた大型艦で、ヘリの搭載容量と併せて航空運用機能が従来型ＤＤＨから大幅に増強されている。「いずも」型は「ひゅうが」型の改良版で、基準排水量は19，500トン、全長248メートルで、ヘリの最大搭載数も14機とさらに大型化している。最大の相違は、単艦で戦闘能力をもつ「ひゅうが」型に対し、「いずも」型は最低限の自衛装備しかない反面、統合任務を担う多目的艦船としての機能が強化されている点にある。

またミサイル搭載型護衛艦には、「こんごう」型と「あたご」型がある。１９９０年代に4隻建造された「こんごう」型ＤＤＧ（「こんごう」「きりしま」「みょうこう」「ちょうかい」）は、初のイージス・システムを搭載した護衛艦で、優れた艦対空ミサイル能力をもつ。２０００年代に就役した後発の「あたご」型2隻（「あたご」「あしがら」）は、ステルス性が優れ、なによりもミサイル搭載型護衛艦として初めて哨戒ヘリコプター1機を搭載可能な格納庫を有する点に特徴がある。

１９８０年代、イージス艦導入を決定した際の目的は、旧ソ連の対艦ミサイル攻撃に対処する洋上防空能力を強化することにあった。その後、２０００年代になり、弾道ミサイル防衛に対処する能力が追加された。２０１８年までに「あたご」型2隻へのＳＭ－３ミサイル搭載の改修が完了すれば、すでに

２０１０年までに1艦当たり３３９億円を投じて改修が終わった「こんごう」型4隻と共に全6隻が弾道ミサイル防衛能力を有することになる。[3]そして、現在建造中の新型艦2隻を含め、２０２０年度までにミサイル迎撃が可能なイージス艦を8隻保有することになる。

他方で、護衛艦隊群の32隻とは別に、沿岸防衛を主任務とする5個護衛隊（地方隊）が、横須賀、呉、佐世保、舞鶴、大湊に配置されている。２０１７年現在の14隻体制は、対空、対艦、対潜のすべてで平均的な能力をもつ汎用護衛艦（Destroyer：ＤＤ）8隻と、近海での活動を主目的とし、汎用護衛艦より排水量が少なく対空能力に劣る沿岸型護衛艦（Destroyer Escort：ＤＥ）6隻で構成される。

2　沿岸防衛よりもシーレーン防衛を重視

海上自衛隊の主要な任務は、日本の周辺海域とシーレーン防衛である。特に対潜戦に関しては米国に次ぐ世界第2位の規模と能力を誇り、対機雷戦能力は米国さえ凌ぐといわれる。海上自衛隊の現有装備が、地方隊による沿岸防衛よりも護衛艦隊群によるシーレーン防衛を重要視してきたことがそれを端的に示している。前項で見たように、２０１７年現在、護衛艦47隻のうち、主力艦艇8隻を含む全体の68％に相当する32隻が護衛艦隊群に配置されている。残る32％に当たる14隻が5個の地方隊に分散配置されている。しかも、最新装備が配備される護衛隊群とは異なり、地方隊に配備される護衛艦のほとんどは、１９８０年代に就役したＤＤやＤＥで占められている。

このシーレーン防衛重視の編成は、２０１３年（平成25年）の「平成26年度以降に係る防衛計画の大綱」（26大綱）以降、沿岸防衛に幾分重点を移す兆しが見えはじめた。現在の地方隊5個護衛隊14隻編成は、南西諸島防衛のため6個護衛隊22隻編成に強化され、護衛艦の定数を47隻から54隻に引き上げた。[4]そして、「中期防衛整備計画」は、「周辺海域を防衛し、海上交通の安全を確保するため、（中略）多様な任務への対応能力の向上と船体のコンパクト化を両立させた新たな護衛艦を導入する」と指摘した。[5] そして、「多次元統合防衛力の構築」を目指す2018年の新大綱と中期防衛計画では、「1隻のヘリコプター搭載護衛艦（DDH）と2隻のイージス・システム搭載護衛艦（DDG）を中心として構成される4個群に加え、多様な任務への対応能力を向上させた新型護衛艦（FFM）や掃海艦艇から構成される2個群を保持し、これら護衛艦部隊及び掃海部隊から構成される水上艦艇部隊を新編する」とした。[6]

海上自衛隊がシーレーン防衛重視を打ち出す背景には、戦後日本の海上防衛力のあり方をめぐって、外洋展開が可能な本格的な海軍を指向する勢力と、周辺海域の防衛を重視する沿岸警備隊を指向する勢力との対立があった。それは、日米同盟という枠組みの中で、日本が担うべきシーレーン防衛の活動範囲をめぐる2つの潮流を形成した。[7]

一方は海上自衛隊の制服組を中心とする「関野構想」に、もう一方は防衛庁内局の背広組を中心とする「海原構想」に代表された。関野英夫元海軍中佐の名を冠した「関野構想」は、海上自衛隊の第一義的任務をシーレーン防衛とし、米軍の支援を期待できる直接侵略への対処を二義的任務と考えた。インドネシア以北の海域に安全海域を設定し、強力な海軍力でシーレーンを確保しようとするものであった。

他方で、海原治元防衛庁防衛局長にちなんで名づけられた「海原構想」は、海上自衛隊の唯一の正当な任務は直接・間接侵略の排除であり、日本から遠く離れた太平洋やインド洋でのシーレーン防衛は不可能であり、また認められるものでもないとした。シーレーン防衛も日本の防衛も米国に依存する以上、日本は沿岸警備を重視したコンパクトでバランスの取れた海軍力に徹するべきとした。

1960年代、海上自衛隊は3個護衛隊群で編成されていたが、有事の船団護衛をどのような戦術単位で実施するかは定まっていなかった。第3次防衛力整備計画（1967年度～1971年度）で、船団護衛に必要な護衛艦隻数を8隻とし、対潜攻撃を実施するヘリコプター4機を常時展開可能にする6機が必要と見積もられた。そして、1967年度まで3群体制だった護衛艦群は1971年に4群体制に移行した。この背景には、「近海の守勢作戦や周辺地域の対潜作戦は重視するが、海上交通保護作戦までは踏込まない」という2次防までの方針から、3次防の時点では、「周辺海域の防衛能力および海上交通の安全確保能力の向上」が「近海の守勢作戦」より重視されるよう変化していた。ただし、3次防の時点では、「周辺海域の防衛能力および海上交通の安全確保能力の向上」を目的としており、「沿岸、海峡など周辺海域の防衛力の強化」の方が「海上交通の安全確保」よりも重視されていた（外航・内航の各2個護衛隊群による4個護衛隊群が確立した）。

1976年（昭和51年）に策定された51大綱は、海上における侵略に常時対応する艦艇部隊を1個護衛艦群、沿岸海域の警戒及び防衛のための艦艇部隊として、所定の海域ごとに常時少なくとも1個隊を即応の体制で維持できる対潜水上艦艇部隊の保有を求めた。その結果、ヘリ搭載護衛艦1隻、対空多目的護衛艦1隻、対潜護衛艦4隻による8隻6機体制が策定された。当時、海自制服組は、常時2個護衛隊群を即応体制における5個護衛隊群体制を主張していたが、内局背広組の反対で現行の4群体制に決着したことがわかる。

その一方で、地方隊は実際の配備数以上の規模が大綱で想定されていた（図表6－1参照）。1976年の51大綱の別表には、機動運用の4個護衛隊群と地方隊10個隊が示されていた。しかも、1981年までに外航の第1・第2護衛隊群は8隻6機体制を整えたが、第3・第4護衛隊群は実現されなかった。その後、対艦ミサイルを装備した旧ソ連原子力潜水艦に対処するため、ヘリ搭載護衛艦1隻、ミサイル護

図表6-1　海上自衛隊部隊・装備の整備計画と実態

	1976	1995	2004	2010	2013	2018
護衛艦隊群	4(4)	4 (4)	4 (4)	4 (4)	4(4)	4(4)
地方隊	10(5)	7(5)	5 (5)	4 (5)	6(5)	*
護衛艦	60	50	47	48	54(47)	54(46)
潜水艦	16	16	16	22	22(16)	22(17)
作戦用航空機	220	170	150	150	170(170)	190(177)

出典：「防衛計画の大綱」における別表を基に筆者作成
注：防衛計画の大綱策定時に別表で示された定数、カッコ内は実数を示す。
*2018年の30大綱以降、水上艦艇部隊の新編に伴い、地方隊は護衛艦・掃海艦艇部隊13個隊で2個群を編成することになった。

衛艦2隻、汎用護衛艦5隻で構成される8隻8機体制に移行した。1995年に策定された07大綱では、4個護衛隊群と7個地方隊が想定されていたが、実際の地方隊は5個にとどまっていた。

「関野構想」も「海原構想」も、日米同盟下での米軍の支援を前提としていたが、自主防衛の色彩が強い前者は、安全を犠牲にしても自律を重視する傾向があり、対米依存の色彩が濃い後者は、自律を犠牲に安全を重視する特徴があった。小谷によれば、日本の海上防衛政策はシーレーン防衛を選択したが、「関野構想」のように「安全海域」を設定した自主防衛色の強いものでもなく、「海原構想」のように領域外の防衛をすべて米国に依存するものでもなかった。それは、「日本が担当海域と任務役割を分担して、西側全体の防衛のために協力する形となった[8]」。

1970年代、シーレーン防衛は自主防衛論の一環として議論された。ただし、「関野構想」で想定された「安全海域」は幾分後退し、シーレーン防衛は、海上に航路帯を設定し、ヘリ搭載護衛艦を中心とする対潜掃討部隊によって通行する商船を保護するものとなった。70年代後半になると、自主防衛論は挫折したものの、対ソ戦略の観点からシーレーン防衛が対米協力として議論されることとなる。

1978年11月に策定された「日米防衛協力の指針」（ガイドライ

ン）は、「海上自衛隊及び米海軍は、周辺海域の防衛のための海上作戦及び海上交通の保護のための海上作戦を共同して実施する」とした。その上で、日米の役割分担に関して、「海上自衛隊は、日本の重要な港湾及び海峡の防備のための作戦並びに周辺海域における対潜作戦、船舶の保護のための作戦その他の作戦を主体となって実施する」一方で、「米海軍部隊は、海上自衛隊の行う作戦を支援し、及び機動打撃力を有する任務部隊の使用を伴うような作戦を含め、侵攻兵力を撃退するための作戦を実施する」とした。[9]

　１９８１年5月に訪米した鈴木善幸首相は、１，０００海里のシーレーン防衛構想を表明した。以来、日本はシーレーン防衛の範囲として「周辺数百海里と航路帯１，０００海里」を打ち出していくことになる。当初日本は、洋上にフィリピン以北の南西航路とグアム以西の南東航路を設定し、ヘリ搭載護衛艦を中心とする対潜掃討部隊によって通行する商船を保護する形を想定していた。しかし、対ソ戦略の観点からシーレーン防衛を対米協力の一環として実現するに際して、「関野構想」にあった「安全海域」が２つの航路帯に挟まれた面として限定的な形で復活することになった。[10]つまり、日本はシーレーンを資源の輸送路として限定的に捉えていたが、米国の求めていたのは有事の際の兵站線の確保であり、ソ連の攻撃型原潜から米空母機動部隊を間接的に防護することを含んでいた。その結果、翌年7月にＰ３Ｃ対潜哨戒機75機とＦ15戦闘機１５５機の取得数拡大が決定された。

　１９８２年に中曽根内閣が発足すると、宗谷、津軽、対馬の３海峡封鎖を想定したシーレーン防衛の強化が謳われた。１９８３年には、シーレーン防衛に関する日米共同作戦計画の策定が始まり、１９８６年に計画が完成する。ここでは、先の海峡封鎖に加え、米空母機動部隊を海上自衛隊の護衛艦が守る作戦が想定されていた。ただし、米艦護衛は個別的自衛権の行使とされ、その範囲は「日本周辺数百海里、航路帯１，０００海里」の「近海に限る」とされた。また、83年9月にはシーレーン防衛の共同訓練が実施され、海上自衛隊は多国間演習リムパック（環太平洋合同演習）にも参加した。こうして有事の際の兵站線を確保するに足るシーレーン防衛能力を確保するため、１９８４年度中期防衛見積もりで日本は大幅な対潜・防空能力の保有が計画され、87年に達成された。

１９９７年9月に見直されたガイドラインでも、シーレーン防衛をめぐる作戦構想は、旧ガイドラインを一字一句変えることなく踏襲された。しかし、新たな安保法制で集団的自衛権の一部行使が可能になったことを受けて、２０１５年4月の新ガイドラインでは、自衛隊の米軍への支援が世界規模に拡大し、「周辺海域の防衛」と「海上交通の保護」のための共同作戦に、「当該武力攻撃に関与している敵に支援を行う船舶行動の阻止」という協力が追加された。こうした自衛隊の役割を担うため、「沿岸防衛、水上作戦、対潜戦、機雷戦、対空戦及び航空阻止を含むが、これに限られない必要な行動をとる」として活動の範囲が拡大した。他方で、「米軍は、自衛隊の作戦を支援し及び補完するための作戦を実施する」とされた。その一方で、従来明記されていた「機動打撃力を有する任務部隊の使用」や「侵攻兵力を撃退」するための具体的な作戦行動が削除された。[11] こうして、日本に対する武力攻撃の際の防衛分担について、新ガイドラインでは、自衛隊が主体的に作戦を実施し、米軍はそれを支援、補完することになった。

3　空母導入をめぐる議論

シーレーン防衛を契機に、海上自衛隊は対潜能力に優れた外洋艦隊の道を歩むこととなった。その過程で論議を呼んだのが、ヘリコプターや垂直離着陸機を搭載する対潜空母の保有の是非であった。すでに１９６０年代後半の3次防の頃、防衛庁内局及び海上自衛隊では、対潜ヘリコプターを数隻積んだ対潜空母の保有が検討されていた。だが、結果的に複数の護衛艦に分散してヘリコプターを搭載する形が選択された。1987年5月の参議院予算委員会において、西廣防衛局長（当時）は、その理由を「その空母がやられてしまいますと非常にダメージが大きすぎる」と説明し、「空母について私ども研究いたしておりませんし、現在あるいは近い将来にそのようなものを持つという計画はございません」と答弁していた。[12] 基準排水量8，900トンで全通甲板を備えた大型輸送艦「おおすみ」が、1998年に就役するものの、実際に全通甲板を備えた大型DDHが就役するのは2000年代以降のことである。

大型輸送艦や大型DDHを保有することになった理由として、2003年衆議院安全保障委員会において、石破防衛庁長官（当時）は「一にかかって使い勝手の問題」と答える一方で、海自が空母の運用を想定した垂直離着陸機ハリアーの購入を検討していたとの新聞報道について、石破防衛庁長官（当時）は「そのような構想はございません。……その有用な運用というものが私どもは考えつかない」として否定している。[13] ただし、1989年の参議院内閣委員会で、日吉防衛局長は「垂直離着陸機のみを搭載するような空母というものを想定いたしますと、それは大綱の別表の中に『対潜水上艦艇部隊』というふうに書かれてございますから、これは明らかに対潜水上艦艇部隊の一つの艦種として考えることができます」と指摘している。[14]

このように、ヘリ搭載型の大型DDHに関しては、導入に時間がかかったものの保有に至った。しかし、固定翼の垂直離着陸機離を搭載する空母に関しては、理論上保有可能であるが実務上導入せずという政策が採られてきた。

空母の取得構想は、水上艦艇による対潜掃討機能の強化という点から非公式に検討されては結果的に見送られてきた。1970年の防衛白書には、専守防衛の下で、「B52のような長距離爆撃機、攻撃型航空母艦、ICBM等は保持できない」と明記され、憲法上の立場から攻撃型空母を自衛隊が保有することは許されないとする1988年の政府見解が示されていた。これがヘリ搭載型の対潜空母の取得を阻んできたことは否定できない。しかし、それ以上に問題になったのは、洋上防空のあり方をめぐる論争にあった。

つまり、射程の長い空対艦ミサイル攻撃に対応するため、いち早くミサイルの発射を探知し、空対艦ミサイルに直接対処する方法と、ミサイルを発射する母機に直接対処する方法が考えられた。前者はイージス艦の導入であり、後者は航空機搭載型護衛艦(DDV)の導入であった。1986年5月から防衛事務次官を委員長として設置された防衛改革委員会の洋上防空研究会が提案したのはイージス艦の導入であった。[15] そして、固定翼機を搭載する大型DDHの整備に実際に着手するのは、それから30年以上が経過した2018年12月に閣議決定された大綱からであった。

第2節　米国のシーレーン防衛

1　シーレーン防衛の経費

中東・アフリカ方面から東アジアへのシーレーンには、①インド洋からマラッカ・シンガポール海峡を経て南シナ海に入るルート、②マラッカ・シンガポール海峡を通らず、インドネシア群島水域を通過して南シナ海に入るルート、③インドネシアやオーストラリア方面から南シナ海に入らず太平洋を北上するルートがある。上記のシーレーンが通る広大な海域を、インド太平洋軍(INDOPACOM)、中央軍(CENTCOM)、アフリカ軍(AFRICOM)の3統合軍が分割して防衛に当たっている。図表6－2は、INDOPACOMに所属する第7艦隊(7F)とCENTCOMに所属する第5艦隊(5F)の

図表6-2　米艦隊の担当海域

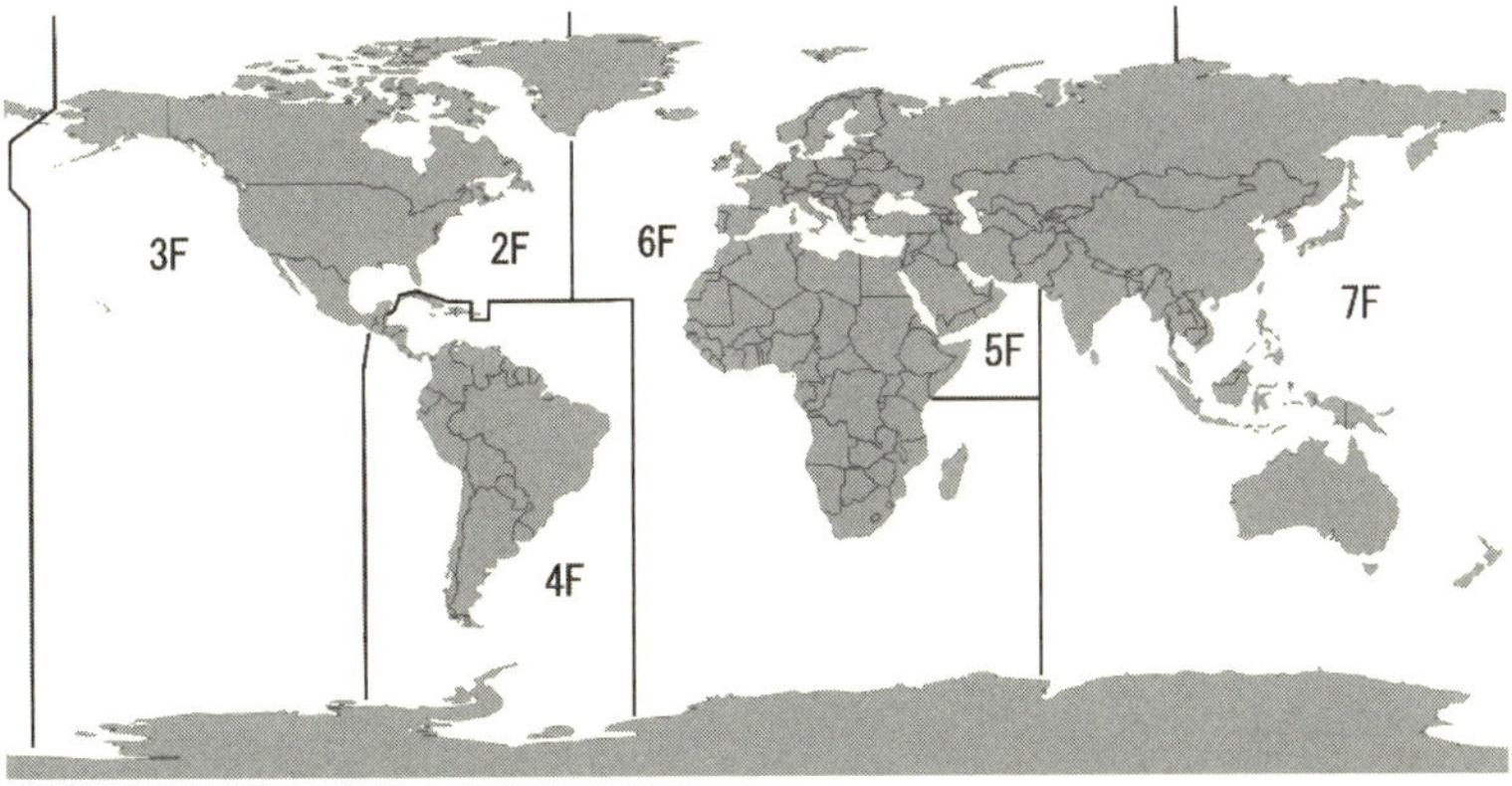

出典：< https://www.reddit.com/r/MapPorn/comments/32qdx8/us_navy_fleets_areas_of_responsibility_1024_x_512/ >（2018年8月25日アクセス）より引用
注：2F～7Fは、第2艦隊から第7艦隊の責任海域を示す。第1艦隊は欠番。

担当海域を示すものである。

バーレーンに司令部を置くＣＥＮＴＣＯＭ所属の第５艦隊は、ペルシャ湾、紅海、アラビア海から東アフリカを責任地域とする。第５艦隊は、１９９５年に中東を責任地域として再編され、１個空母打撃群、１個水陸両用即応群とそれらを支援する艦艇及び航空機に、１５，０００人の海上要員と約１，０００人の陸上要員が配置されている。他方で、インド洋から西太平洋までの広域を担当するのが、横須賀に司令部を置くＩＮＤＯＰＡＣＯＭ所属の第７艦隊である。第７艦隊は米海軍の中で最大の規模と戦力を誇り、地球の約半分を活動範囲とする。２０１７年現在、第７艦隊の主力は原子力空母「ドナルド・レーガン」で、12隻の艦船と75機の航空機で第５空母打撃群を編成し、１年の約半分を洋上で作戦任務にあたる。このほかに、第７艦隊には迎撃弾道ミサイルやトマホーク対地長距離ミサイルなどを搭載した10～14隻の駆逐艦・巡洋艦、8～12隻の潜水艦を擁する。他の支援部隊を加えると、総勢で常時約50～70隻の艦船・潜水艦、１４０機の航空機、約２万人の水兵を抱える。[16]

1970年以降、英海軍のスエズ以東撤退に伴い、(INDO)PACOMの担当海域が太平洋からインド洋まで広がった。しかし、現在に至るまで一貫したインド洋でのシーレーン防衛戦略が追求されることはなかった。それは、この海域の管轄が3つの統合軍によって分割されていたことと、財政赤字による国防予算の削減を受けて米海軍の能力が縮小したことによる。イラクとアフガニスタンへの軍事コミットメントの縮小で、米国のアジア回帰が可能になったとはいえ、海上での対ソ封じ込めに600隻の艦艇勢力を誇ったかつての米海軍は、2016年12月現在では270隻~290隻水準の艦艇兵力しか保有していない[17]。また、シェール革命によって石油・天然ガスの輸出国へと転じた米国にとって、中東からのシーレーン防衛の戦略的意義は幾分低下しつつあるといわざるをえない。

こうした状況において、米海軍はすべての作戦行動のうち、シーレーン防衛にどの程度の時間とコストを割いているのであろうか。米軍のアクセスと同盟国の通商の確保が米海軍の重要な任務であることは間違いないが、それがすべてではない。中国の武力行使を抑止したり、核戦争の危機を抑制するなど、シーレーン防衛以外にも重要な任務を抱えているからである。

米軍が負担するシーレーン防衛の経費見積もりに関しては、年間130億ドル~1、430億ドルと大きな開きが存在してきた。ランド研究所は、2009年に2つの手法で米国の中東からのシーレーン防衛の経費を試算している[18]。その一つは、2003年の「イラクの自由」作戦に投入された陸海空兵力を基準に、積み上げ方式で国防予算の中で中東のエネルギー資源の確保にかかる経費を試算したものである。それによれば、中東の石油資源を確保するため、陸軍2・5個師団、2個空母打撃群、344機の作戦機が投入されている。2009年のドル換算で、陸軍1師団94億7、000万ドル、1個空母打撃群148億4、000万ドル、作戦機1機当たり4、000万ドルの予算が配分されていると仮定し、陸軍約

図表6-3　米統合軍別のシーレーン防衛配分（単位：10億ドル）

統合軍	配分率(%)	活動予算	シーレーン配分(%)	シーレーン防衛費
CENTCOM	35	122.5	50	61
PACOM	20	70	10	7
AFRICOM	5	17.5	30	5
EUCOM	15	52.5	10	5
SOUTHCOM	5	17.5	5	1
NORTHCOM	5	17.5	0	0
STRATCOM	10	35	0	0
SOCOM	5	17.5	25	4
総額	100	350		83

出典：Keith Crane, et.al., *Imported Oil and U.S. National Security*, Santa Monica: RAND Corporation, 2009, pp.72-73より筆者作成

２３８億ドル、海軍約２９７億ドル、空軍約１２７億ドル、総額で約６７５億ドル（約７兆４、２５０億円）がシーレーン防衛経費ということになる。この試算によれば、米国は日本の防衛予算の約１・５倍もの予算をシーレーン防衛だけに投入していることになる。

もう一つは国防予算から固定経費を差し引いた上で、各統合軍のシーレーン防衛のための作戦経費を絞り込んでいくトップ・ダウン方式で試算したものである。この方式に基づけば、２００９年度国防予算から人件費、作戦維持費、研究開発費、調達費、建設費、住宅費等の米軍運用に必要な固定経費を差し引いた総額は約３、５００億ドルと推定される。図表６－３が示す通り、各統合軍への配分比率は、ＣＥＮＴＣＯＭが35％、ＰＡＣＯＭが20％、ＡＦＲＩＣＯＭが５％で、予算額にするとそれぞれ１、２２５億ドル、７００億ドル、１７５億ドルになる。この額に各統合軍がエネルギー安全保障に費やす比率をかけると、ＣＥＮＴＣＯＭが約６１０億ドル（１、２２５億ドル×50％×１１０円＝約６兆７、１００億円）、ＰＡＣＯＭが70億ドル（７００億ドル×10％×１１０円＝約７、７００億円）、ＡＦＲＩＣＯＭが50億ドル（１７５億ドル×30％×１１０円＝

約5、500億円）で、米軍全体で830億ドル（9兆1、300億円）と試算されている。

今後、日本の海上自衛隊が1、000海里以遠にシーレーン防衛の範囲を拡張する場合、PACOMのシーレーン防衛予算だけで日本の防衛予算（2017年度5兆1、251億円）の約15％程度に相当する。

2　空母打撃群の編成と経費

海外での軍事プレゼンスと危機対応を通じて米国のシーレーン防衛の中核を担っているのが空母打撃群である。1990年代初頭、米海軍は正規空母7隻、原子力空母7隻、訓練用空母1隻からなる14個の空母打撃群を擁していたが、その後毎年1隻ずつ正規空母を退役させ、2010年には全12隻で、地中海、西太平洋、インド洋・アラビア海の主要3海域に少なくとも各1個打撃群が常時プレゼンスを維持できる体制を続けてきた。つまり、保守点検、訓練及び人事上の理由から、海外で即応体制を採っていたのは全体の約25％であった[19]。

この体制を維持するために実際に各海域に展開される空母の数は、地中海が5・1個、西太平洋1・6個、インド洋・アラビア海が7・9個である。西太平洋という広大な海域を1・6個空母打撃群で賄える理由は、横須賀が第5空母打撃群の母港になっているからである。会計検査院の報告書によれば、仮に横須賀基地が存在しなければ、西太平洋には5個～9個空母打撃群を配置する必要がある。つまり、横須賀基地の存在は、米海軍の空母打撃群の約半数に当たる価値を提供していることになる[20]。

冷戦後の戦略環境の変化と国防予算の削減で、現在空母打撃群は11個体制で運用されている。先の報告書によれば、訓練用を除く10個体制の場合、地中海と西太平洋は12か月のプレゼンスが維持できても、インド洋・アラビア海には5・8か月しかプレゼンスを維持できない。言い換えれば、中東からのシーレーン防衛を高度なプレゼンスで実施するためには、地中海と西太平洋のプレゼンスの水準を落とさざるをえないのが実情である。また、10個体制で直ちに即応可能な空母打撃群は4個打撃群にすぎず、出撃までの準備期間を2か月以内にのばしても8個打撃群しか展開できないことが明らかになっている。[21]

ちなみに、米軍における空母打撃群の標準編成は、空母1隻、約80機の空母航空団、水上艦艇6隻（うち最低3隻はイージス駆逐艦・巡洋艦で対潜ヘリ10機搭載）、攻撃型潜水艦2隻、高速戦闘支援艦（補給艦）1隻からなる。2000年度の1個空母打撃群の総額経費は、1990年のドル換算で約15億7、100万ドル（1ドル135円換算で約2、121億円）だった。全体の59％に相当する9億3、300万ドルが作戦・支援経費で、41％が調達経費である。また、全体の約39％に相当する6億800万ドルが空母航空団、艦艇と搭載ヘリが約35％で5億5、200万ドル、空母自体は約17％の2億6、900万ドルであった[22]（図表6－4参照）。

西太平洋に展開する1・6個空母打撃群を維持するには、約3、394億円が必要とい

図表6-4　空母打撃群の年次経費（2000年度）

単位：100万ドル

	数	作戦・支援	調達	合計
空母				
空母	1	206	61	269
艦載機隊(80機)	1	263	345	608
小計		470	406	877
艦艇				
巡洋艦	2	85	48	133
駆逐艦	4	120	61	180
潜水艦	2	96	50	146
高速戦闘支援艦	1	45	12	57
SH-60Bヘリ	4	9	12	21
SH-2Fヘリ	2	5	3	8
CH-46ヘリ	2	5	2	6
小計		365	167	552
その他		98	45	143
合計		933	638	1,571

出典：GAO, "Navy Carrier Battle Groups: The Structure and Affordability of the Future Force," *Report to Congressional Requesters*, February 1993, p.94. より筆者作成

うことになる。同時に、5個～9個空母打撃群に相当する横須賀基地の価値は、最大1兆9、089億円に相当することになる。

正規空母（ジョン・F・ケネディ級）と原子力空母を能力面から比較すると、第1に、一定の作戦海域におけるプレゼンスの持続性という点では、正規空母の方が優れている。作戦期間と保守点検期間の比率は、正規空母が75対25であるのに対し、原子力空母は69対31である。その結果、12個空母打撃群体制を基準とすれば、正規空母のプレゼンスの方が約9％、32日分だけ原子力空母より作戦期間が長くなる。第2に、危機対応の速度という点では両者に大差はない。たとえば、正規空母は、米国西海岸からペルシャ湾まで到着するのに6時間、米国東海岸から地中海海域に到着するのに2時間程度原子力空母よりも遅れるにすぎなかった。この差は、燃料補給の必要性によるものであるが、空母打撃群全体では大きな差が発生しないからである。第3に、戦闘能力という点でも相違はない。たとえば、湾岸戦争に参戦した正規空母と原子力空母の艦載機の出撃回数に差はなかった。[23]

他方で、経費の面から比較すると、正規空母の方が圧倒的に原子力空母より安価である。図表6－5は、50年間の就役期間で見積もったライフサイクルコストの年次経費を比較したものであるが、原子力空母が4億4、400万ドルに対し正規空母は2億8、200万ドルと約58％も割安となる。その内訳別に見ると、作戦・支援経費に関しては、正規空母の

図表6-5　正規空母と原子力空母の年次経費

単位：百万ドル

	正規空母	原子力空母
投　資		
取得	41	81
更新	17	48
小　計	58	129
作戦・支援	222	298
廃　棄	1	18
合　計	282	444

出典：GAO, "Navy Aircraft Carriers: Cost Effectiveness of Conventionally and Nuclear- Powered Carriers," *Report to Congressional Requesters*, August 1998, p.74. より筆者作成

2億2、200万ドルに対して原子力空母が2億9、800万ドルで、その差は7、600万ドルにすぎない、ところが、取得費と更新費を併せた投資経費になると、5、800万ドルに対して1億2、900万ドルと約2・2倍、廃棄経費では18倍も正規空母より原子力空母の方が割高になっていることがわかる。[24]

第3節　1、000海里以遠のシーレーン防衛と空母機動部隊の経費

1　固定翼機と正規空母の導入

周辺国の海軍力の近代化を踏まえ、海上交通の安全確保や日本周辺海域の防衛を効果的に行うためには、対水上監視だけでなく対潜戦を遂行可能なヘリコプターを搭載し、対潜・対水上戦能力を向上することが重要になってきた。「いずも」型と「ひゅうが」型の計4隻の大型DDH（ヘリコプター搭載護衛艦）が運用可能になったことで、4個護衛隊群による1、000海里のシーレーン防衛態勢は整った。

しかし、前節で示した中東から北東アジアへの3つのシーレーンのうち、日本が1980年代初頭から1、000海里の防衛任務に当たってきたのは、マラッカ海峡から日本に向かうシーレーンの北半分程度にすぎず、その他はすべて米海軍第7艦隊に頼ってきた。今後、1、000海里以遠のテロや海賊の多発地域や領域をめぐる武力紛争の発生可能性がある海域で、海上自衛隊がシーレーン防衛に着手しようとした場合、どのくらいの装備と経費が必要になるのだろうか。図表6－4で示した空母打撃群の標準編成のうち、経費を左右するのは空母と艦載機の組み合わせである。

第1のシナリオは、第7艦隊のシーレーン防衛任務を可能な限り代替するものである。そのためには、

1個空母機動部隊が常時即応態勢を採れるよう、保守・点検と訓練に各1個空母機動部隊を配置する3個体制を想定する。空母機動部隊の具体的な装備として、最新鋭のステルス艦載機F－35Cを80機搭載したジョン・F・ケネディ級正規空母に加え、護衛艦6隻、潜水艦2隻に補給艦1隻を加えた標準編成をとる。護衛艦6隻のうち少なくとも3隻はイージス・システムを搭載し、他の3隻は汎用護衛艦とする。水上艦艇全体で哨戒ヘリ10機を搭載する。また、各艦艇にはそれぞれ8発の計64発の巡航ミサイルを搭載することとする。

まず、空母に関しては、図表6－5で示した年次経費の2億8、200万ドルを、計算の基準となった1990年為替レートの1ドル135円で換算すると約381億円になる。空母艦載機のF－35Cに関しては、通常離着陸（Conventional Take Off and Landing：CTOL）機のF－35Aに対する防衛省によるライフサイクルコスト（LCC）の試算を代用することにする。それによれば、運用期間30年で42機を取得した場合の総経費が2兆2、216億円と試算されている。[25] つまり、1機当たりの年次経費は約17億6、000万円になる。

しかし、防衛省のLCCは、人件費や廃棄経費が含まれておらず、特に運用・維持経費が幾分低めに設定されている。米国防省による2016年度のF－35の作戦・維持経費は、運用期間30年で2、457機を調達する場合、総額1兆1、238億ドルが計上されている。1機当たりの年次経費を1ドル110円の交換レートで換算すると約16億8、000万円（1兆1、238億ドル÷30年÷2、457機×110円）になる。他方で、防衛省は運用・維持経費を総額1兆4、038億円と見積もっているので、1機当たり年額約11億1、000万円（1兆4、038億÷42機÷30年）となり、約5億7、000万円の開きがある。[26]

さらに、試算の基準にした陸上配備用CTOLのF35－Aは、生産機数も多く単価が最も安く設定されている。防衛省のLCCで想定される調達経費の総額8、172億円は、30％増で調整しておく必要があろう。[27]1機当たりの年額経費に換算すると約1億9、000万円（8、172億円×30％÷42機÷30年）に相当する。

そこで、艦載機の運用・維持経費の差額分約5億7、000万円と調達経費の調整分約1億9、000万円を上乗せし、1機当たり25億2、000万円（17億6、000万円＋5億7、000万円＋1億9、000万円）で80機を運用した場合の年次経費は約2、016億円になる。つまり、空母と艦載機を併せた年次経費は、約2、397億円（381億円＋2、016億円）になり、3個空母機動部隊を想定した第1シナリオでは7、191億円となる。

次に、随伴艦艇について試算してみよう。まず、先の防衛省によるLCCに基づけば、イージス・システム搭載型護衛艦は、運用期間40年の2隻取得を前提に、総額8、328億円と見積もられている。[28]1隻当たり104億円（8328億円÷40年÷2隻）となり、1個空母機動隊に必要な3隻では312億円、3個空母機動隊では9隻分の936億円となる。新型汎用護衛艦は、運用期間40年の2隻取得を対象に、総額3、420億円と算定されている。1隻当たり43億円となり、1個空母機動隊では129億円、3個空母機動隊では387億円となる。潜水艦は、運用期間24年の2隻取得を前提に、総額2、073億円と見積もられている。1隻当たり43億円となり、1個空母機動隊では86億円、3個空母機動隊では258億円となる。補給艦に関しては、海上自衛隊の「ましゅう」型補給艦に匹敵する米海軍「サプライ」級高速戦闘支援艦4隻のライフサイクルコストを援用する。[29]同艦は、1隻当たりの建造費が3億6、580万ドルで4隻分の年次経費は5億6、895万ドルと推定されている。算定時の為替レート1ドル100円で換算すると、1個機動部隊だと約142億円、3個機動部隊で約426億円に相当する。

つまり、イージス・システム搭載型護衛艦、新型汎用護衛艦、潜水艦を併せた3個空母機動部隊の随伴艦艇の年次経費は、2,007億円となる。

最後に、護衛艦に搭載する哨戒ヘリと巡航ミサイルを試算してみよう。現有の対潜哨戒ヘリSH－60Kを改良し、海賊対処を含む多様な事態に対応可能な能力向上型に関して、防衛省のLCCは、運用期間15年で90機取得を前提に、9,838億円を計上している。[30] 1機当たり約7億円（9,838億円÷15年÷90機）となり、搭載機数10機の倍を保有すると仮定すると、1個空母機動部隊では140億円、3個空母機動部隊では420億円となる。

さて、米海軍が運用する巡航ミサイルは、射程距離や命中精度に優れたトマホークで、研究開発・試験・評価と調達経費を併せた2016年度予算では1発当たり210万ドル、日本円で約2億3,000万円と非常に高価である。トマホークは運用期間30年の間に能力向上を繰り返している。ライフサイクルコストという点ではトマホーク100発分の年次経費は700万ドル（1ドル110円換算で7億7,000万円）となる。しかし、米国がトマホークの売却を許可しているのは英国だけである。そこで、日本が開発に着手した国産の艦対艦誘導弾の改良型を想定してみよう。防衛省が公表する12式地対艦誘導弾のLCCを援用すると、運用期間20年で取得数量100式を前提に2,051億円が計上されている。[31] 年次経費は、1個機動部隊で103億円（2,051億円÷20年）、3個機動部隊では309億円となる。

図表6－6が示す通り、第1シナリオの年次経費は、1個空母機動部隊では3,309億円、3個空母機動部隊では9,927億円と試算された。年間予算が5兆円規模である中で、果たしてその5分の1になる。

図表6-6　<シナリオ1>　正規空母機動部隊の年次経費（単位：億円）

	標準編成数	運用年数	1個機動部隊	3個機動部隊
空母				
空母	1	50	381	1,143
艦載機	80	30	2,016	6,048
小　計			2,397	7,191
艦艇				
イージス搭載型護衛艦	3	40	312	936
汎用護衛艦	3	40	129	387
潜水艦	2	24	86	258
補給艦	1	40	142	426
小　計			669	2,007
その他				
哨戒ヘリ	10	15	140	420
巡航ミサイル	64	20	103	309
小　計			243	729
合　計			3,309	9,927

出典：筆者作成

相当する3個空母機動部隊の運用が、費用対効果という点で合理的な選択になりうるかどうかは現在進行中の「いずも型」護衛艦の改修と比較して判断する必要があろう。

2　垂直離着陸機と軽空母の導入

第2のシナリオは、CTOLより航続距離の短い短距離離陸・垂直着陸機（Short Take Off and Vertical Landing：STOVL）F－35Bを搭載した軽空母が、第1シナリオと同じ編成の随行艦隊で3個空母機動部隊を保有する場合である。第1のシナリオで想定したジョン・F・ケネディ級空母が搭載したのは通常離着陸型の防空戦闘機F14（トムキャット）で、当初同艦は攻撃型空母（CVA）に分類されており、日本の専守防衛原則に抵触する恐れがある。そこで、第2シナリオでは、英国クイーン・エリザベス級空母を想定することとする。

1998年、英国は垂直離着陸機（Vertical Take Off and Landing：VTOL）ハリアーを搭載

するインヴィンシブル級軽空母3隻を、大型化した2隻の軽空母に更新する決定をした。クイーン・エリザベス級空母は軽空母ながら排出量65、000トン、航続距離も最大1万海里を誇る。その導入過程で、搭載機が当初のSTOVL機F－35BからCTOL機F－35Cに変更され、空母の建造も当初の2隻から1隻に縮小された。ところが、納期の遅れや予算超過から、再び2012年5月の見直しで垂直離着陸機F－35Bを搭載した2隻体制に変更された。

図表 6-7　クイーン・エリザベス級空母

出典：< http://www.defenceimagery.mod.uk/fotoweb/archives/5042-Downloadable%20Stock%20Images/Archive/Royal%20Navy/45162/45162753.jpg >

この変更過程で明らかになった点は、艦載機のCTOL機F－35Cから垂直離着陸機F－35Bへの変更は、CTOL機の射出装置であるカタパルトと着艦時のアレスター・ワイアーを不要にし、約70人分の空母乗員者の削減を通じて、約23億1、900万ポンドの節約となったことである。その反面、垂直離着陸機の複雑な支援及び生産コストとして、約10億2、700万ポンドの経費が追加で必要になることが判明した。つまり、30年間の運用経費を試算すると、総額で5億9、200万ポンドの経費削減になることが判明した[32]。これは、1ポンド140円で換算すると約828億8、000万円に相当し、F－35Bを48機搭載した空母2隻の年次経費は27億6、000万円（828億8、000万円÷30年）の経費削減となる。3個機動部隊の場合でも、総額で約41億4、000万円の削減になる。

図表6-8　＜シナリオ2＞　軽空母機動部隊の年次経費（単位：億円）

	標準編成数	運用年数	1個機動部隊	3個機動部隊
空母				
軽空母	1	50	130.4	391.2
艦載機	48	30	1,901	5,703
小　計			2,031.4	6,094.2
艦艇				
イージス搭載型護衛艦	3	40	312	936
汎用護衛艦	3	40	129	387
潜水艦	2	24	86	258
補給艦	1	40	142	426
小　計			669	2,007
その他				
哨戒ヘリ	10	15	140	420
巡航ミサイル	64	20	103	309
小　計			243	729
合　計			2,943.4	8,830.2

出典：筆者作成

　Ｆ35Ｃ搭載のクイーン・エリザベス級空母１隻の50年間のＬＣＣは、年間1億３００万ポンド（為替レート１ポンド１４０円で約１４４億２、０００万円）と想定されている。[33] ３隻体制では４３２億６、０００万円となり、Ｆ35Ｂに変更した場合の41億４、０００万円を差し引いても、総額で３９１億２、０００万円にすぎない。これは、シナリオ１の場合の正規空母１、１４３億円の実に３分の１強である。他方で、Ｆ35ＢのＬＣＣはＦ35Ｃの25％増といわれている。[34] つまり、１機当たり31億７、０００万円だったＦ35Ｃに対し、Ｆ35Ｂの１機当たり年次経費は39億６、０００万円となり、48機分の総額は１、９０１億円となる。つまり、軽空母と艦載機の合計は６、０９４億２、０００万円で、シナリオ１（正規空母と固定翼機80機搭載）の７、１９１億円と比べて１０９６億８、０００万円の削減となる。随伴艦艇は一定であるとすると、３隻機動部隊の総額は８、８３０億２、０００万円で、シナリオ１の９、９２７億円と比べて約11％の削減となる。

小括

２０１８年12月に閣議決定された２０１９~23年度までの「中期防衛力整備計画」は、戦闘機（F－35A）45機のうち18機については、短距離離陸・垂直着陸機能を有する戦闘機（ＳＴＯＶＬ機）を新たに整備するとした。併せて、「ＳＴＯＶＬ機の運用が可能となるよう検討の上、海上自衛隊の多機能のヘリコプター搭載護衛艦（「いずも」型）の改修を行う」とした。改修後の目的は、「引き続き、多機能の護衛艦として、我が国の防衛、大規模災害対応等の多様な任務に従事するものと」としつつ、「憲法上保持し得ない装備品に関する従来の政府見解には何らの変更もない」と留保した。[35] さらに、専守防衛の範囲を逸脱しないよう、連立与党は常時戦闘機を搭載しないことを文書で確認した。

しかしながら、8~10機のF35Ｂを搭載した「いずも」型護衛艦（全長２４８メートル、２７、０００トン）は、その規模と機能において、米海軍のワスプ級強襲揚陸艦（全長２５７・３メートル、基準排水量２８、２３３トン）に相当するが、シーレーン防衛に必要な制海防空能力は限定的であろう。当面、領海内で陸戦部隊の支援を行う島嶼防衛に資する運用は可能でも、１、０００海里以遠のシーレーン防衛には、本章で検討した軽空母3隻体制を想定した８、８３０・2億円が必要となろう。これは２０１８年度防衛予算5兆１、９１１億円の約17%に相当する。「いずも型」護衛艦の改修には1隻当たり防衛予算の5%が必要との指摘もあることを考慮すれば、[36] 軽空母3隻体制を新たに導入した方が費用対効果は高いといえよう。

1 小谷哲男「シーレーン防衛―日米同盟における『人と人の協力』の展開とその限界」、『同志社法学』（58巻、4号）２００頁。
2 朝雲新聞社『防衛ハンドブック２０１８』（平成30年3月）３２３～３２４頁。
3「平成24年行政事業レビューシート」、事業番号００４５、1頁。

4「平成26年度以降に係る防衛計画の大綱について」平成25年12月17日、別表< http://www.mod.go.jp/j/approach/agenda/guideline/2014/pdf/20131217.pdf >
5 防衛省「中期防衛力整備計画（平成26年度～平成30年度）について」平成25年12月17日、6頁< http://www.mod.go.jp/j/approach/agenda/guideline/2014/pdf/chuki_seibi26-30.pdf >
6 防衛省「中期防衛力整備計画（平成31年度～平成35年度）について」平成30年12月18日、1頁、6頁< http://www.mod.go.jp/j/approach/agenda/guideline/2019/pdf/chuki_seibi31-35.pdf >
7 小谷哲男、前掲、１８１～１８５頁。
8 同上、２０１頁。
9 < http://www.mod.go.jp/j/approach/anpo/shishin/sisin78.html >
10 第96回国会、内閣委員会第5号、１９８２年4月1日。
11 < http://www.mod.go.jp/j/approach/anpo/shishin/shishin_20150427j.html >
12 参議院予算化開会議事録第15号、１９８７年5月19日、8頁。
13 衆議院安全保障委員会議録第2号、２００３年10月2日、4～6頁。
14 参議院内閣委員会議録第4号、１９９８年6月20日、29頁。
15 < http://kokkai.ndl.go.jp/SENTAKU/sangiin/113/1020/11310111020004a.html >
16 < http://www.c7f.navy.mil/Portals/8/documents/7thFleetTwoPagerFactsheet.pdf?ver=2016-01-27-061248-087 >
17 Ronald O'Rourke, "Navy Force Structure and Shipbuilding Plans: Background and Issues for Congress," *Congressional Research Service Report*, February 2, 2017, p.2.
18 Keith Crane, et.al, *Imported Oil and U.S. National Security* (Santa Monica: RAND Corporation, 2009) pp.63-73.
19 GAO, "Navy Carrier Battle Groups: The Structure and Affordability of the Future Force," *Report to Congressional Requesters*, February 1993, p.2.
20 Ibid., p.24.

21 Ibid., p.32.

22 Ibid., p.94.

23 GAO, "Navy Aircraft Carriers: Cost Effectiveness of Conventionally and Nuclear- Powered Carriers," *Report to Congressional Requesters*, August 1998, pp.6-8.

24 "Navy Carrier Battle Groups: The Structure and Affordability of the Future Force," op. cit., p.74.

25 装備施設本部『平成26年度ライフサイクルコスト管理年次報告書』平成27年3月30日、45～49頁。

26 F-35 Lightning II Program Fact Sheet: Selected Acquisition Report（SAR）2016 Cost Data, < http://www.jsf.mil/news/docs/20160324_Fact-Sheet.pdf#search=%27F35+Lightning+II+Program+Fact+Sheet%27 >［２０１７年９月３日アクセス］

27 上記資料によれば、１機当たりの引き渡し単価を、Ｆ－35Ａの９、４００万ドルに対して、Ｆ35－Ｂは１２、２００万ドル、Ｆ35－Ｃは１２、１００万ドルと推定されており、垂直離着陸機と空母搭載機は約30％増になっている。

28『平成26年度ライフサイクルコスト管理年次報告書』、76頁。

29 Forecast International, "AOE-6 Supply Class, *Archived Report*, December 2000. < https://www.forecastinternational.com/archive/disp_old_pdf.cfm?ARC_ID=1711 >［２０１７年９月４日アクセス］

30 防衛装備庁『取得プログラムの分析及び評価、新たな取得戦略計画及び取得 計画の策定について』平成29年８月31日、別紙第８ < http://www.mod.go.jp/atla/pinup/pinup290831.pdf >

31『平成26年度ライフサイクルコスト管理年次報告書』、40頁。

32 UK Ministry of Defence, *Carrier Strike: The 2012 Reversion Decision*, Report by the Comptroller and Auditor General, May 10, 2013, p.21.

33 < http://grandlogistics.blogspot.jp/2010/10/annualised-lifecycle-costs-of-major.html >［２０１７年９月６日アクセス］

34 Louisa Brooke-Holland , "The UK's F-35 Lightning II Joint Strike Fighter," 6 February 6, 2015, p.7 < http://researchbriefings.files.parliament.uk/documents/ SN06278/SN06278.pdf >

35 < http://www.mod.go.jp/j/approach/agenda/guideline/2019/pdf/chuki_seibi31-35.pdf. >

36 < https://www.popularmechanics.com/military/aviation/a14501269/japan-considers-converting-ships-to-aircraft-carriers/ >

第7章　島嶼防衛と在沖縄海兵隊の代替

第1節　在沖縄米軍基地の共同使用による自律性の回復

1　在沖縄米軍基地の役割と経費

２０１１年6月末現在、在沖縄米軍兵力は在日米軍全体の70・４％を占め、海兵隊は在日米軍の４軍種中87・４％を占める。沖縄には、軍人・軍属及び家族を含め、総勢４７、３００人が駐留している。そのうち、海兵隊は２３、５８３人で全体の約50％を占め、軍人に限れば２５、８４３人中１５、３６５人で約59％にのぼる。[1] このように、日本に駐留する米軍全体に占める在沖縄米軍、なかんずく海兵隊の集中配備が顕著であることがわかる。

沖縄に駐留する米軍海兵隊の任務は、強襲揚陸作戦のような大規模かつ高烈度な軍事行動に加え、島嶼防衛のためのヘリ部隊を用いた上陸作戦、日本周辺で危機が発生した場合の邦人を含む民間人の救出活動、自然災害発生時における探索救難活動等、多岐にわたる。こうした任務に機動力と即応性をもって対処するには、海兵隊を構成する司令部、陸上部隊、航空部隊、兵站部隊の4つが地理的に近い場所に所在する必要がある。

在日米軍基地の多くが沖縄に集中するのは、そうした海兵隊の運用上の理由に加えて、沖縄自身の地政学的な重要性も大きくかかわっている。沖縄本島は、南西諸島を包摂する半径500キロメートルの中心に位置し、島嶼防衛やシーレーン防衛の観点から極めて重要である。たとえば、沖縄から与那国島までの500キロメートルは、艦船（20キロトン）で約13時間、ヘリコプター（120キロトン）であれば約2時間で移動できる距離である。また、沖縄はソウルまで1,260キロメートル、台北まで630キロメートルの位置にある。朝鮮半島や台湾海峡といった潜在的紛争地域に迅速に対応できる反面、いたずらに緊張を高めるほど近接してもいない、という点で地理的に優れた場所にある。さらにいえば、西太平洋からアジア・中東までを管轄する米軍海兵隊にとって、沖縄は大陸と太平洋とのアクセスに影響を与える戦略的要衝といえる。

2017年3月末現在、沖縄の米軍施設・区域は、32施設で総面積188,222千平方メートルに及ぶ（図表7－1参照）。そのうち沖縄本島には25の施設が所在し、北部訓練場、キャンプ・ハンセン、嘉手納弾薬庫、キャンプ・シュワブ、嘉手納飛行場の5か所で総面積の約82%を占める。特に、全体の約19%を占める北部訓練場は、沖縄最大の演習場であり、米軍唯一のゲリラ戦を想定したジャングル訓練場である。離島に所在する他の7か所の米軍施設は、すべて射爆場である。[2] ちなみに、在沖縄米軍基地の総面積が沖縄県全体の面積に占める比率は、2017年3月現在で約8%である。[3]

2017年3月31日現在、在日米軍が日本全国で使用する128施設、981,084千平方メート

図表7-1　在沖縄米軍基地配置図

出典：< http://www.ryuukyuu.com/yakudachi/basemap.html >

ルに対し、沖縄県の占める比率は施設数で25%、総面積では19・25%に及ぶ。これを米軍専用施設に限定すると、沖縄の米軍施設・区域は31施設、186、092千平方メートルで、全国の78施設、264、405千平方メートルの実に約70%になる。[4] この数字が、在日米軍の沖縄集中と日本の自律性コストを象徴するものとしてしばしば引用されてきた。

他方で、在日米軍の沖縄集中と比べると、自衛隊の沖縄におけるプレゼンスは極めて小さい。2017年1月現在、沖縄に赴任する自衛隊員は7、100人で、その内訳は陸上自衛官が2、600人、海上自衛官が1、400人、航空自衛官は3、100人である。また、沖縄の自衛隊施設・区域は42施設、6、921千平方メートルで、全国の自衛隊施設・区域の2、332施設、108万7、783千平方メートルの各1・8%と0・6%にすぎない。沖縄本島に全体の90・6%が所在し、那覇市、うるま市、沖縄市に約70%が集中している。[5]

こうした在日米軍の沖縄集中を単に軽減するのであれば、米軍施設・区域の返還または自衛隊と米軍の共同使用が考えられる。日米両政府は、２００６年5月の「再編実施のための日米のロードマップ」と、これを精緻化した２０１３年4月の「沖縄における在日米軍施設・区域に関する統合計画」を策定した。これに基づいて、普天間飛行場の移転、キャンプ・フォスター（端慶覧）と北部訓練場の一部返還、牧港補給地区の全面返還が進められてきた。

ただし、現行の安全保障水準を維持することを絶対条件とするならば、抑止力を損なうような返還や県外・国外への移設は現実的選択肢にはなりえない。それは、先に指摘した沖縄の地理的重要性に加え、返還や移設した場合の負のメッセージ効果が想定されるからである。言い換えれば、日米同盟の抑止力や対処能力を損なうような米軍施設・区域の縮小という選択肢は、日本の安全保障を犠牲に自律性だけを回復する試みにほかならない。

日本の自主と自律を共に向上させる施策は、米軍施設・区域の返還よりも日米共同使用であろう。仮に北部射撃場、キャンプ・ハンセン、キャンプ・シュワブ、嘉手納飛行場の4か所を共同使用とすると、その総面積は１２４、９７７千平方メートルになる。これは、現在、在沖縄米軍が占有する面積の67・23%に相当し、結果的に全国の米軍専有面積に締める比率は、70%から44%にまで減少することになる。もしも残りすべての米軍占有施設を自衛隊の管理下に置くとすれば、この数字は０%となる。問題は、その際に新たに受け継ぐ施設の維持費として、どの程度の負担が発生するかである。

本土での米軍基地の87・4%が国有地であるのに対し、沖縄では国有地が34・6%にすぎず、民有地が実に32・4%も占めている。防衛省地方協力局の基地関係予算において、沖縄に配分される予算は

２０１６年度で約１、７３６億円と全国の４、５２８億円の約38％を占める。ところが、予算細目の中で沖縄の施設賃料だけは全国の約78％と突出している。[6] これは、沖縄の基地の所有形態の特殊性によるものである。在沖縄米軍基地を自衛隊が共同使用したとしても、施設賃料の部分に関してはほとんど変わりようがない。

共同使用によって増額が予想される主要な部分は、米軍駐留経費のうち、基地提供に必要な土地の賃料や補償、基地従業員経費や光熱水料費等の接受国支援の部分を除く米側負担の部分である。自衛隊経費でいえば、人件費及び駐屯地の業務実施に必要な「管理経費」と教育訓練及びその他の事業に直接必要な「業務経費」に相当する部分である。米国ランド研究所の『米軍部隊の在外基地─相対経費評価と戦略的価値』の分類を援用すると、在外基地の経費には、訓練活動費、人件費、施設関係費、地域兵站費が含まれ、それらは、駐留する人員の規模にかかわりなく発生する①固定経費と、人員の増減に応じて変化する②変動経費に区分される。[7] ちなみに、①と②からは接受国支援（ＨＮＳ）が差し引かれている。

図表７－２に示す通り、円換算された在日米軍の基地１か所当たりの固定経費は、米空軍が１３５億２、０００万円で最も高く、米海軍85億６、０００万円、米陸軍80億８、０００万円、そして米海兵隊の78億４、０００万円と続く。他方で兵員一人当たりの変動経費は、軍種間で大きな格差が存在し、米空軍では２６９万６、０００円であるのに対し、米陸軍は１９６万円、米海

図表7-2　在日米軍基地の経費　（単位：上段ドル/下段円）

	陸軍	海軍	空軍	海兵隊
固定経費 （1基地当たり）	1.01億ドル 80.8億円	1.07億ドル 85.6億円	1.69億ドル 135.2億円	0.98億ドル 78.4億円
変動経費 （1人当たり）	24,500ドル 196万円	20,700ドル 165.6万	33,700ドル 269.6万円	9,800ドル 78.4万円

出典：Michael J. Lostumbo, et.al., *Overseas Basing of U.S. Military Forces: An Assessment of Relative Costs and Strategic Benefits*, Rand, 2013, p.213. より筆者作成
注：2011～12年の平均為替レートを1ドル80円で計算。

軍が165万6、000円で、米海兵隊は784、000円と空軍の3分の1以下となっている。[8]

上記の軍種別経費を在沖縄米軍に適用して試算したものが図表7－3である。米陸軍は、トリイ通信施設に特殊作戦部隊群第1大隊の約390人を駐留させている。トリイ通信施設は総面積189万5千平方メートルの基地で、元々は中国や北朝鮮の電波情報を収集するための通信基地であったが、SACO最終報告で隣接する楚辺通信基地がキャンプ・ハンセンへ移設されてからは通信基地としては機能していない。現在は日本に駐留する唯一の米陸軍戦闘部隊が置かれている。トリイ基地の年間経費は、固定経費80億8、000万円に変動経費7億6、000万円（196万円×390人）を併せて88億4、000万円になる。

米空軍の嘉手納基地は、総面積19、855千平方メートルの中に3、700メートルの滑走路2本を備える、極東最大の米軍基地である。また、米空軍最大となる第18混成航空団を擁し、約7、100名の人員が作戦、保守、任務補助、土木、医療に常時従事している。嘉手納基地の総経費は、固定経費135億2、000万円に、変動経費約191億4、000万円（269万6、000円×7、100人）を加えた326億6、000万円にのぼる。

米海兵隊は、沖縄に7つの基地（キャンプ・ゴンザルベス、キャンプ・シュワブ、キャンプ・ハンセン、キャンプ・コートニー、キャンプ・フォスター（瑞慶覧）、キャンプ・レスター（桑江）、キャンプ・キンザー）を置き、これらを統括する基地の総称がキャンプ・バトラーである。キャンプ・ゴンザルベスは、総面積78、242千平方メートルの北部演習場を管轄する。総面積20、626千平方メートルのキャンプ・シュワブの任務は、訓練施設の整備と運営を行い、部隊配備プログラムに参加している2つの歩兵部隊、戦闘強襲大隊と第3偵察大隊に施設を提供し、普天間基地の移設先にもなっている。キャンヤンプ・ハンセンは、総面積49、785千平方メートルで、第3海兵遠征軍の訓練設備の維持・運営を支援する。2008年からは自衛隊も同施設で訓練ができるようになった。キャンプ・コートニーには在日米海兵隊の司令部がある。キャンプ・フォスターの任務は、基地内の部隊への作戦、運営、モラル、安全そして防衛支援管理にある。キャンプ・レスターはSACO最終合意で大部分が返還され、現在は主に米軍の住居専用施設として使用されている。キャンプ・キンザーの任務は、継続的な戦務支援（整備、補給、工作、そして医療支援）にある。普天間飛行場はキャンプ・バトラーには属さず、航行機の支援機能をもち、施設の維持・運営、そして役務や物資を提供して海兵航空団やその部隊の運営を支援する。[9]

図表7-3　主要な在沖縄米軍基地の年間運用経費
（単位：億円）

基地	人数	固定経費	変動経費	合計
陸　軍				
トリイ通信基地	390	80.8	7.6	88.4
空　軍				
嘉手納基地	7,100	135.2	191.4	326.6
海兵隊	11,075	156.8	86.9	243.7
キャンプ・バトラー	8,976	78.4	70.4	
普天間基地	2,099	78.4	16.5	
合計	19,740	372.8	295	658.7

出典：Michael J. Lostumbo, et.al., *Overseas Basing of U.S. Military Forces: An Assessment of Relative Costs and Strategic Benefits*, Rand, 2013, p.30. より筆者作成

米海兵隊にとって、キャンプ・バトラーと普天間基地の固定経費が各78億4、000万円ずつで156億8、000万円になる。変動経費は、8、976名が駐留するキャンプ・バトラーが70億4、000万円、2、099名の普天間基地が16億5、000万円となり、海兵隊全体で86億9、000万円になる。固定経費と変動経費を併せた総額は243億7、000万円になる。

在沖縄米軍の主要な基地を自衛隊が共同使用した場合の管理運営経費の総額は、陸軍の88億4、000万円、空軍の326億6、000万円、海兵隊の243億7、000万円を合計した658億7、000万円になる。これは、2017年度防衛関係予算4

兆8、996億円の1・3％にすぎないが、地方防衛局の予算198億円の約3・3倍に相当する額である。また、米軍専用施設の縮小という点で、基地の国外移転に必要な同年度の米軍再編関係経費2、011億円と比較すると、在沖米軍基地の自衛隊による共同使用は、米軍の抑止力を維持し、日本の安全保障水準を下げることなく自律性の回復を約3分の1の経費で実現可能な措置であるともいえよう。

2　在沖縄米海兵隊の構成と装備

在沖縄米軍海兵隊は、60日間の継戦能力をもつ第3海兵遠征軍（ⅢMEF）、その隷下にあって30日間の継戦能力をもつ第3海兵遠征旅団（3DMEB）、15日間の継戦能力をもつ第31海兵遠征部隊（31STMEU）で構成される。MEFは中将を司令官に2万人～9万人規模の兵力を有する。MEBは、准将を司令官に3、000人～2万人規模、MEUは大佐を司令官に、1、500人～3、000人規模の兵力を有する。

ⅢMEFは、キャンプ・コートニー（うるま市）に司令部を置き、第3海兵師団、第1海兵航空団、第3海兵兵站群、3DMEB及び31STMEUによって構成される。[10]

第3海兵師団は、約7、500人から成る陸上戦闘部隊で、キャンプ・コートニーに司令部を置く。同師団は、主に沖縄、日本本土、ハワイで訓練を行い、アジア太平洋地域における主要な陸上多目的部隊で、歩兵連隊2個のほか、第12海兵砲兵連隊、本部大隊、第3偵察大隊、戦闘強襲大隊で構成される。そのうち、歩兵連隊1個と砲兵大隊1個はハワイに駐留している。

第1海兵航空団の司令部はキャンプ・フォスターにあり、約7、500人の海兵隊員及び海軍兵から成る。その隷下には回転翼強襲支援群2個（普天間航空基地の第36海兵航空群とハワイ・カネオヘベイ基地の第24海兵航空群）、固定翼・戦闘攻撃群１個（岩国航空基地の第12海兵航空群）、航空指揮統制群１個（普天間航空基地の第18海兵航空管制群）で構成される。普天間航空基地には、ＣＨ－53Ｅ大型ヘリ15機、ＣＨ－46Ｅ中型ヘリ24機とＭＶ－22オスプレイのほか、ＡＨ－１Ｗ攻撃ヘリ10機、ＵＨ－１Ｙ汎用ヘリ７機、ＫＣ－１３０Ｊ空中給油機12機が配置されている。また、岩国航空基地には、Ｆ／Ａ－18戦闘攻撃機ホーネット36機とＡＶ－８Ｂ攻撃機ハリアー６機が配置されている。

第３海兵兵站群の司令部はキャンプ・キンザーに所在する。約６、８００人の海兵隊員と海軍兵から成り、沖縄、ハワイ、日本本土に点在する。その隷下部隊は、第３、35、37戦闘兵站連隊と、後方支援、物資補給、装備、土木工事、医療、歯科治療を行う６個大隊が含まれる。

３ＤＭＥＢは、７、０００人～１５、０００人の海兵隊員を擁する海兵空陸任務部隊で、キャンプ・コートニーに司令部を置く。連隊規模の司令部隊、陸上部隊、航空部隊、兵站部隊で構成され、任務内容に応じて規模や装備を柔軟に調整する。米海兵隊は、全18か月を約６か月ごとに３区分し、学校教育や実動訓練を行う「展開前」、前方展開や演習を行う「展開」、即応体制を維持しながら部隊編成の解除と次の展開準備を行う「展開後」というサイクルで運用されている。これは、部隊展開プログラム（Unit Deployment Program）と呼ばれ、３ＤＭＥＢはハワイから派遣された１個大隊を約６か月間受け入れることになる。

31ST ＭＥＵはキャンプ・ハンセンに司令部を置き、在沖縄米軍海兵隊の中で、常時前方展開する唯一の即応部隊である。つまり、31ST ＭＥＵは初動対処能力を有する中核部隊で、約２、２００人規模の即応性の高い部隊が常時編成されている。米軍再編によってⅢＭＥＦの要員８、０００人とその家族９、０００人が２０１４年までにグアムに移転する中で、31ST ＭＥＵとそれを支援する部隊は沖縄県内に残留した。

31STＭＥＵが島嶼防衛作戦を実施する際の初期対応の戦術編成が水陸両用戦隊（Amphibious Squadron：ＰＨＩＢＲＯＮ）である。ＰＨＩＢＲＯＮは、通常4万トン級の強襲揚陸艦（Amphibious Assault Ship：ＬＨＡ／ＬＨＤ）[11]1隻、2万トン級前後のドック型輸送艦（Amphibious Transport Ship：ＬＰＤ）1隻、1万トン級のドック型揚陸艦（Dock Landing Ship：ＬＳＤ）1隻の3隻で構成される。ＬＨＡ／ＬＨＤからヘリコプター、ＬＰＤやＬＳＤに搭載した上陸用舟艇及びエアクッション揚陸艇（ＬＣＡＣ）により、迅速な海兵隊員の揚陸に加え、大砲や水陸両用車両等の陸揚げが可能になる。ＰＨＩＢＲＯＮに定期的に乗船するＭＥＵを併せた編成を、水陸両用即応群（Amphibious Ready Group：ＡＲＧ）という。[12]つまり、自衛隊が単独で島嶼防衛を担う場合の標準的編成が、揚陸艦3隻（強襲揚陸艦、ドック型輸送艦、ドック型揚陸艦）と1個ヘリコプター中隊、1個攻撃飛行隊で編成されるＡＲＧ－ＭＥＵということになる。

第2節　自衛隊による島嶼防衛と水陸機動団

1　統合機動防衛力による島嶼防衛

日本の防衛政策の中で、島嶼防衛の強化が初めて明示的に謳われることになったのは、２０１０年12月に閣議決定された「防衛計画の大綱」及び２０１１年度～２０１５年度までの「中期防衛力整備計画」からである。そこで、従来までの「基盤的防衛力構想」から「動的防衛力」への転換が図られ、南西諸島の防衛強化が打ち出された。

「動的防衛力」とは、「基盤的防衛力構想」の有効な部分を継承しつつも、「即応性、機動性、柔軟性、持続性及び多目的性を備え、軍事技術水準の動向を踏まえた高度な技術力と情報能力に支えられた防衛力」とされた。それは、装備の量と質を確保すると同時に、自衛隊の活動量を増やしていくことを主眼とすると説明された。言い換えれば、自衛隊の運用を重視し、各種事態にシームレスに対応するもので、その具体例として、島嶼部への危機に対し、陸海空の部隊を迅速かつ機動的に運用して対処することが求められた。

続く2013年12月の新大綱では、「動的防衛力」に代えて「統合機動防衛力」を構築することとされた。これは「幅広い後方支援基盤の確立に配慮しつつ、高度な技術力と情報・指揮通信能力に支えられ、ハード及びソフト両面における即応性、持続性、強靱性及び連接性も重視した防衛力」と説明されており、「機動性」「柔軟性」及び「多目的性」の文言が「強靱性」及び「連接性」へと入れ替わった。その背景には、「動的防衛力」で想定された活動量を下支えする防衛力の質と量の確保が十分ではないとの認識があった。そこで、従来までの陸海空自衛隊ごとの能力評価ではなく、自衛隊全体の機能・能力に着目した統合運用を踏まえた能力評価を初めて実施することとなった。

2　島嶼防衛を担う水陸機動団と共同実働訓練

南西地域には、陸上自衛隊が配備されない空白地帯が点在してきた。こうした離島防衛の空白を埋めるには、警備と監視の体制を強化して離島への侵攻を防ぐと共に、万一の場合に備えて奪還可能な部隊を編成することが急務となっていた。

2014年、南西諸島の離島防衛体制を強化するため、初動対応に当たる500名規模の警備部隊を新編し、鹿児島県の奄美群島や沖縄県の先島諸島に今後配備する予定である。２０１５年には、宮古島に艦艇と航空機に対処する地対艦ミサイルと地対地ミサイルを運用する８００人規模の部隊の配備が決定した。また、２０１６年1月には南西諸島の防空体制を充実させるため、第8航空団（築城基地）の第３０４飛行隊を那覇基地に移動させ、Ｆ－15部隊の2個飛行隊で構成される第9航空団を50年ぶりに新編することとなった。そして、２０１６年3月には与那国島に沿岸監視部隊が新編され、以後奄美大島、宮古島、石垣島にも警備部隊を随時配置する計画である。２０１７年7月には、北部、中部、西部航空方面隊に次ぐ4番目となる南西航空方面隊が新設された。

一方、２００２年3月、島嶼防衛を主任務とする離島対処即応部隊として、西部方面普通科連隊が新編された。長崎県佐世保市の相浦駐屯地には、約７００人規模の西部方面普通科連隊部隊がいる。この部隊は、ゲリラや特殊部隊をはじめとする島嶼部への侵略行為や災害派遣に対応する部隊であり、ヘリコプターまたは偵察ボートにより島に上陸する機能を有している。しかし、６、８００もの島を防衛するには、海から島に戦力を迅速に機動展開して対処する本格的な水陸両用作戦能力を新たに整備する必要があった。

そこで、新大綱において、侵攻があった場合に速やかに上陸・奪回・確保するための本格的な水陸両用作戦能力（水陸機動団）を新たに整備することになった。「水陸機動団」は、着上陸をする部隊、水陸両用車を運用する部隊、火力によって上陸を支援する部隊などから構成される約３、０００人規模の島嶼防衛専門部隊として、２０１８年度末までに新編された。[13] 西部方面普通科連隊が水陸機動団へと変容する上で、極めて重要な役割を演じたのが米海兵隊との共同実動訓練であった。

島嶼防衛に必要な戦術・戦闘能力を維持・向上させる上で、実戦経験の豊富な米海兵隊のノウハウを共同訓練から学ぶ意味は大きい。同時に、島嶼防衛を米軍の支援を受けて実施する上で、訓練を通じて相互運用性を向上させておく必要がある。島嶼防衛の舞台となる沿岸地域では、陸海空の能力を統合的な方法で使用する統合作戦と、部隊を海洋から陸上へ、陸上から海洋へ移動する水陸両用作戦が採られる。それには複雑かつ難解な計画と調整が求められ、それを実施するための十分に訓練された部隊が必要とされるからである。そして、統合作戦と水陸両用作戦を明確な指揮統制体制の下で実施する組織と装備を備えているのが米海兵遠征隊である。他方で、日本では、専守防衛の下、攻勢的イメージが強い水陸両用作戦の能力整備や訓練が遅れてきたことは否めない。

米海兵隊と陸上自衛隊との共同実働訓練は、1981年より日本国内で実施されてきた「フォレスト・ライト」しかなかった。自衛隊が、米国で離島防衛の訓練を行う実動訓練「アイアン・フィスト」に部隊を派遣するようになったのは2005年からのことである。2017年1月～3月まで実施された第13回「アイアン・フィスト」には、陸上自衛隊・西部方面普通科連隊等から約350名、米海兵隊・第1海兵機動展開部隊第13海兵機動展開隊から約500名が参加して、120ミリ迫撃砲発射訓練や近接戦闘訓練が実施された[14]。2013年からは、島嶼防衛における自衛隊の統合運用能力の維持・向上を目的に、統合実動訓練「ドーンブリッツ」にも参加してきた。2015年8月に実施された「ドーンブリッツ15」には、水陸両用作戦にかかる一連の行動及びそれにかかる指揮幕僚活動の訓練に、陸上自衛隊の西部方面隊と中央即応集団の部隊、航行自衛隊の航空総隊と海上自衛隊の掃海隊群のほか、護衛艦「ひゅうが」、護衛艦「あしがら」、輸送艦「くにさき」が参加した[15]。2014年からは、米海軍が主催する「環太平洋合同演習（リムパック）」にも参加するようになった。そして、2017年の「フォレスト・ライト」では、初めてMV－22オスプレイを用いた日米共同のヘリボーン訓練が実施され、日米の相互運用性の向上が図られた。

図表7-4　島嶼防衛のための自衛隊の主要装備と予算措置（単位：上段数量、下段億円）

中期防衛計画	2014	2015	2016	2017	2018[注]	充足状況
陸上自衛隊						
水陸両用車（AAV7）	–	30	11	11	–	52/52両
		203	78	85		366
垂直離着陸機（V-22）	–	5	4	4	4	17/17機
		516	447	391	457	1811
輸送ヘリ（CH-47JA）	–.	–.	–	6	–	6/6機
				445		445
16式機動戦闘車	–	–	36	33	16	85/99両
			252	233	121	606
12式地対艦誘導弾	4式	–	1式	1式	1式	7/9式
	309		120	81	129	639
南西警備部隊の整備		32億円	195億円	707億円	552億円	1487
水陸両用作戦部隊の整備	158億円	179億円	106億円	–	4億円	286
与那国沿岸監視部隊		3億円	55億円	–	–	216
海上自衛隊						
おおすみ型輸送艦改修	3億円	6億円		12億円	9億円	30
航空自衛隊						
戦闘機（F35A）	4	6	6	6	6	28/28機
	638	1,032	1,084	880	881	4515
輸送機（C-2）	2	–	–	3	2	7/10機
	398			553	450	1401
空中給油・輸送機	–	–	1	–	1	2/3機
（KC-46A）			231		277	508

出典：主計局主計官による年度別防衛関係費の解説に基づいて筆者作成
< https://www.mof.go.jp/public_relations/finance/201705/201705e.pdf >
注：2018年度は概算要求ベース。

3　島嶼防衛に必要な装備

新中期防（2014年度から2018年度）では、水陸機動団に、52両の水陸両用車（AAV7）と99両の16式機動戦闘車、そして12式地対艦誘導弾9式を調達することとなった。また、輸送ヘリコプター（CH－47JA）を6機、ティルト・ローター機（垂直離着陸機）を17機調達することとなった。このほか、与那国島における沿岸監視部隊の新編・配備のほか、南西諸島での初動を担任する警備部隊の新編も盛り込まれた。海上自衛隊に関しては、水陸両用作戦における指揮統制・大規模輸送・航空運用能力を兼ね備えた多機能艦艇のあり方を検討することとした。航空自衛隊に関しては、F35A戦闘機を28機、C－2輸送機を10機、空中給油機を3機調達することとした。

こうした水陸両用作戦能力を含む新たな「統合機動防衛力」を整備するため、新中期防の実施に必要な防衛力整備の水準にかかる金額は、2013年度価格で概ね24兆6，700億円程度を目途とすることとなった。これまで過去4回連続で減額されてきたが、新中期防では前中期防の23兆3，900億円より約1兆2，800億円の増となった。

図表7－4は、2014年度から2018年度までの5年間を対象に、島嶼防衛に必要な装備や事業の達成状況と予算を年度別に整理し、中期防の充足状況と予算総額を示したものである。計画水準をすべて充足したのは、水陸両用車（AAV7）の52両、垂直離着陸機の17機、輸送ヘリコプター（CH－47JA）の6機、戦闘機（F－35A）の28機で、それぞれの予算総額は、366億円、1，811億円、445億円、4，515億円であった。その一方で、16式機動戦闘車は計画時の99両中85両の充足で予算総額606億円、12式地対艦誘導弾9式中7式の調達で639億円、C－2輸送機は10機中7機で1，401億円、空中給油機は3機中2機で508億円であった。このほか、水陸両用作戦部隊の整備に286億円、南西諸島警備部隊の整備に1，487億円、与那国島の沿岸監視部隊の整備に216億円を費やした。おおすみ型輸送艦の改修には30億円が投じられた。

上記の装備や事業をすべて合計すると、島嶼防衛全体で5年間に1兆2，310億円の予算が投入されたことになる。この間の防衛予算は、2018年度の概算要求額を含む24兆3，881億円で、年平均4兆8，776億円であった。島嶼防衛費は1年間に2，462億円となり、防衛予算全体の5％を占めていたことになる。

第3節　米国海兵隊の標準編成と陸自水陸機動団の対比

水陸機動団は、海自や空自との統合運用により水陸両用作戦を行う。その点で、自前の着上陸、火力支援、海上輸送能力を保有する米国海兵隊とは異なる。しかし、米国の水陸両用即応群（ＡＲＧ）の標準編成をモデルとして、中期防衛計画に基づいて整備されてきた現行の水陸機動団を中心とする統合運用を対比した場合、米国の水陸両用戦隊（ＰＨＩＢＲＯＮ）に相当する海上輸送能力が特に手薄であることがわかる。

第1節で示したように、ＰＨＩＢＲＯＮの標準編成は、揚陸艦3隻（強襲揚陸艦、ドック型輸送艦、ドック型揚陸艦）と1個ヘリコプター中隊、1個攻撃飛行隊で構成されている。水陸機動団が単独で島嶼防衛に対処するような即応体制を常時維持するには、保守点検、訓練、即応の3局面に対応した揚陸艦3隻（①強襲揚陸艦、②ドック型輸送艦、③ドック型揚陸艦）の編成を3組整えておく必要がある。

2017年現在、海上自衛隊は「おおすみ型」輸送艦を3隻保有する。同型の補給艦は、基準排水量8,900トン、速力22ノット、エアクッション型揚陸艇（ＬＣＡＣ）を2隻装備する。1隻で陸自隊員330名と戦車を含む1個中隊戦闘群の輸送が可能である。ヘリコプター甲板にはＣＨ－47輸送ヘリの駐機・発着スポットが各1個設定されている。2014年から18年までに総額30億円を費やして、水陸両用車（ＡＡＶ7）や垂直離着陸機オスプレイの運用を可能にする改修が施された。

しかし、「おおすみ型」輸送艦は、米海軍が現在運用するドック型揚陸艦のＬＰＤ17（サンアントニオ）

図表7-5　揚陸艦の性能とライフサイクルコスト注

	輸送能力			年次経費（百万ドル）			3隻分経費（億円）
	兵員（人）	LCAC（隻）	積載量（立方フィート）	調達費	維持費	合計	
①強襲揚陸艦 LHD-1/LHA-6	1,687	0〜3	125,000〜160,000	90.23	159.0	249.23	905
②ドック型輸送艦 LPD-17	720	2	34,000	43.17	40.5	83.67	303
③ドック型揚陸艦 LSD-41/49	402	4	5,000	25.1	65.1	90.2	216
合　計							1,424

出典：DOD, LHA 6 America Class Amphibious Assault Ship（LHA 6）As of FY 2017 President' s Budget, *Selected Acquisition Report*（*SAR*）; LPD 17 San Antonio Class Amphibious Transport Dock（LPD17）As of FY 2016 President' s Budget, *SAR*; Allison Hills, *Life Cycle Cost Estimate of LSD*（*X*）, 2012-06, Naval Postgraduate School, June 2012. より筆者作成
注：③以外は、耐用年数40年でライフサイクルコストを計算。

級と比べて輸送力がかなり劣ることは否めない。たとえば、積載可能なＬＣＡＣの数は共に2隻で同じであるが、ＬＰＤ17級が兵員720名を輸送できるのに対し「おおすみ」型輸送艦は330名しか輸送できない。また、「おおすみ」がＣＨ４大型輸送ヘリの駐機・発着スポットを各1か所保有し、同時着艦が困難であるのに対し、ＬＰＤ17級はＣＨ－46中型輸送ヘリなら4機、ＭＶ－22オスプレイなら2機を運用可能である。何よりも、海上自衛隊による現在の「おおすみ」型輸送艦の3隻体制では、有事と大規模自然災害が同時に発生した場合には対応できない。仮に島嶼防衛だけに専念するとしても、6,800もの島々からなる島嶼防衛を完遂することも難しい。

第1に、強襲揚陸艦としては、ＬＨＤ－1（ワスプ）級とＬＨＡ－6（アメリカ）級の選択肢がある。アメリカ級は、従来のワスプ級を基に航空運用機能が増強され、2014年に就役した最新型である。垂直離着陸機ハリアーⅡ、Ｆ－35Ｂ、ティルト・ローター輸送機ＭＶ－22Ｂなど多様な航空機の運用が可能で、

図表7-6　アメリカ級強襲揚陸艦

出典：
< https://www.aviation.marines.mil/Portals/11/2018%20AvPlan%20FINAL.pdf >

図表7-7　サンアントニオ級ドック型輸送揚陸艦

出典：
< https://www.navy.mil/view_image.asp?id=216577 >

図表7-8　ホイッドビー・アイランド（LSD-41）級ドック型輸送艦

出典：
< https://www.navy.mil/management/photodb/photos/160625-N-TA425-375.JPG >

最大で固定翼機20機に回転翼機を加えて合計30機の搭載が可能である。両級とも兵員1、687名を運搬可能であるが、アメリカ級は航空運用機能を強化した代わりに、LCAC（エアクッション型揚陸艦）を運用できない。その一方で、ワスプ級は航空運用機能が劣る分、ウエルドックを有しLCACを3隻搭載できる。本書では、3隻の調達を想定して計算された最新鋭のアメリカ級のライフサイクルコストから、年次経費を試算してみることにする（図表7－5参照）。

2015年12月の米国防省の選択的取得報告書（SAR）によれば、アメリカ級強襲揚陸艦の研究開発費と調達費を含む1隻当たりの取得経費は、約36億910万ドルと算定された。40年間の就役期間とした場合の年次経費は約9、023万ドルとなり、これに年間維持経費1億5、900万ドルを足した総経費は、年間2億4、923万ドルとなる。当時の1ドル121円の為替レートに換算すれば、約302億円となる。また、これを3隻体制で運用するとすれば、年次総経費は約906億円になる。[16]

第2に、ドック型輸送艦に関しては、LPD－17（サンアントニオ）級で試算してみよう。同艦の積載量はLHA－6級の3分の1程度で輸送可能な兵員数も2分の1にすぎない。しかし、ヘリ発着スポット2個とLCACを2隻搭載可能で、優れた車両運搬能力と航空運用能力をもつ。2015年3月のSARによれば、サンアントニオ級12隻分の調達は207億1、920万ドルと算定され、耐用年数を40年と見積もった場合の1隻当たりの取得経費（207億1、920万ドル÷12隻÷40年）は4、317万ドルである。これに年間維持費の4、050万ドルを加えると、総額8、367万ドルとなる。[17] 当時の為替レートである1ドル121円で換算すると約101億円となり、3隻体制だと総額303億円になる。

第3に、ドック型揚陸艦に関して、米海軍は現在12隻のLSDを運用している。その1番艦ホイッドビー・アイランド（LSD－41）級は1985年に就役し、12番目となるハーパー・フェリー（LSD－

49）級の就役は1998年であった。就役期間30年の半ばを迎え、新型揚陸艦の調達計画を策定するにあたり、米海軍はライフサイクルコストの再検討に着手した。強襲揚陸艦やドック型輸送艦と比べ、LSD－41は兵員輸送約400名、積載容量5、000立法フィートと少ないながら、LCAD4隻を運用可能な点に特徴がある。米海軍大学院の試算を基に3隻体制を想定した調達費は、1番艦が10億1００万ドル、2番艦が6億3、300万ドル、3番艦が6億1、780万ドルで、1艦当たりの平均調達費は平均7億5、360万ドルで、年間経費は2、510万ドルとなる。また、同艦の年間維持経費は、人件費2、350万ドル、作戦経費800万ドル、支援経費3、360万ドルを合計して総額6、510万ドルと想定されている。[18] したがって、調達費と維持費を合計した1隻当たりの年間経費は9、020万ドルとなる。2012年時の換算レート1ドル80円を使用すると、1隻当たりの年次経費は約72億円で、これを3隻体制で維持するとなると、年間216億円になる。

図表7-9　島嶼防衛経費

在沖縄米軍施設・区域の共同使用	658億7,000万円
水陸機動団の即応態勢	1425億円
	2,083億7,000万円

小括

島嶼防衛における自律性と自立性を向上させるには、第1に、在沖米軍の施設・区域を自衛隊が共同使用することに加え、第2に揚陸艦の整備により、水陸両用作戦能力を強化することが求められる。米陸軍特殊部隊が駐留するトリイ通信基地、米空軍の嘉手納基地、米海兵隊のキャンプ・バトラーと普天間基地の施設管理を自衛隊が引き継ぐ場合、年間約658億7、000万円が必要になる。また、水陸機動団の即応態勢を維持するには、強襲揚陸艦、ドック型輸送艦、ドック型揚陸艦1隻ずつで編成される3

隻体制を3組整備する必要がある。これらを新たに調達し、維持するための年次経費は、約1、425億円（906億円＋303億円＋216億円）と試算された。これらをすべて実施した場合、年間約2、083億7、000万円の経費が掛かることになる。

1　沖縄県『沖縄の米軍及び自衛隊基地（統計資料集）』平成29年3月、3頁。
2　朝雲新聞社『防衛ハンドブック　平成29年度』520頁。
3　『沖縄の米軍及び自衛隊基地（統計資料集）』平成29年3月、1頁。
4　<http://www.mod.go.jp/j/approach/zaibeigun/us_sisetsu/index.html>
5　『沖縄の米軍及び自衛隊基地（統計資料集）』、33頁。
6　同上、7頁、45頁。
7　Michael J. Lostumbo, et.al. *Overseas Basing of U.S. Military Forces: An Assessment of Relative Costs and Strategic Benefits.* Rand.2013, Chapter 8. 訓練活動費には、部隊の活動を可能にする日々の運用支援（operation and sustainment）経費で、部隊の種類や規模によって異なる兵士の軍事費は含まない。人件費には各種手当（住宅手当、家族別居手当等）や基地移動費（permanent change of station: PCS）が含まれる。施設関連費は、施設の運用・維持の他にも、福利厚生、娯楽、医療、教育等の経費も含まれる。地域兵站費は、物資補給の運送経費を指す。
8　Michael J. Lostumbo, et.al., p.213.
9　<http://www.kanji.okinawa.usmc.mil/Installations/Butler.html>［2017年10月8日アクセス］
10　<http://www.kanji.okinawa.usmc.mil/units/Units.html>［2017年10月8日アクセス］
11　LHAはLanding Helicopter Assault、LHDはLanding Helicopter Duckの略。
12　中矢潤「我が国に必要な水陸両用作戦能力とその運用上の課題—米軍の水陸両用作戦能力の調査、分析を踏まえて—」『海幹校戦略研究』2012年12月、（2-2）86頁。2003年以降、より烈度の高い強襲揚陸作戦を実施するため、ARGに水上戦闘艦（巡洋艦、駆逐艦、フリゲイト）3隻と潜水艦1隻を加えた遠征打撃群（Expeditionary Strike Group：ESG）という新しい編成方式も導入された。福好昌治「再編される米太平洋軍の基地」『レファレンス』（２００６年10月）80頁。

13　２０１４年度『防衛白書』〈Q&A〉水陸機動団（仮称）の新編について。< http://www.clearing.mod.go.jp/hakusho_data/2014/html/nc015000.html >

14　陸上自衛隊陸幕広報部「ニュースリリース」平成29年1月26日。

15　< http://www.mod.go.jp/js/Activity/Exercise/dawn_blitz2015.htm >

16　< https://apps.dtic.mil/dtic/tr/fulltext/u2/1019496.pdf >

17　< https://www.esd.whs.mil/Portals/54/Documents/FOID/Reading%20Room/Selected_Acquisition_Reports/15-F-0540_LPD%2017_SAR_Dec_2014.PDF >

18　Allison Hills, *Life Cycle Cost Estimate of LSD*（*X*）,2012-06, Naval Postgraduate School, June 2012, p.18, pp.37-39.

結論

冷戦終結後、日米同盟は統合運用に向けて「深化」し、「物と人の協力」から「人と人の協力」へと変容してきた。この間、自衛隊は米軍の前方展開を支援する任務を担うようになり、日米同盟の防衛コストには、経費の分担に任務の分担も加わるようになった。しかし、日本の自律性が回復することはなかった。在日米軍施設の土地面積は、米軍再編によってわずかに縮小するにとどまり、2000年代に一時減少した在日米軍関係経費は、むしろ米軍再編経費の増大によって全体として上昇し続けてきたのである。

本来、防衛コストと自律性コストは、反比例する関係にある。しかし、防衛コストと自律性コストが相反する動きを見せたのは、1950年代、70年代、2010年代だけで、それ以外の時期は防衛コストと自律性コストが共に増大した。そして、防衛コストの中で、「見捨てられ」リスクや「巻き込まれ」リスクと連動したのは任務分担の方であった。経費分担の方は、脅威認識や同盟のリスクではなく、経済財政の論理と平和憲法の理念に強く規定されていた。他方で、自律性コストの方は、60年代を別にすれば常に増大してきた点に注目する必要がある。特に2000年代以降は、在日米軍駐留経費の減少を米軍再編関係経費の増加で補完してきたが、これは、ポスト冷戦期の「見捨てられ」リスクへの対応と解釈することができよう（第1章参照）。

さて、「適正な防衛の対価」を求めるトランプ政権に対し、日本は、防衛費の対ＧＤＰ比を増大させるか、在日米軍駐留経費の負担を拡大させるか、という難題に直面している。防衛費を対ＧＤＰ比2％に引き上げるということは、現在ＧＤＰ比約1％で約5兆円強の防衛費をその2倍の約10兆円にすることを意味する。一方で、２０１７会計年度の米国の在日米軍駐留経費予算は48億７００万ドル（５、８８６億円）であるから、[1] 在日米軍駐留経費を仮に日本が全額負担したとしても、防衛費の10％前後、もしくはＧＤＰ比０・１％程度の増額で対応が可能ということになる。しかし、在日米軍駐留経費を増額する形で米国の防衛負担の拡大要求に応えることが、日本の国益にかなうとはいえない。というのも、在日米軍駐留経費の負担増は、自律性コストのさらなる拡大を意味する。米国の拡大抑止の信頼性が揺らぐ中で、自律性コストの拡大は必ずしも日本の安全保障に貢献するとは限らないからである。

特に、米国第一主義を掲げ、孤立主義と単独主義に傾斜するトランプ政権下では、拡大抑止の信頼性は案件別に問い直す必要性がある。つまり、尖閣諸島の領有権侵犯と北朝鮮の核・ミサイルの脅威に対する米国の対日防衛コミットメントは、随時確認をする必要がある。また、トランプ政権を産んだ米国社会の構造的変化が今後も続き、米国がもはや世界の警察官に復帰できないとすれば、拡大抑止の信頼性は、今後の日米同盟が直面する深刻な課題であり続けるだろう。平和安保法制は、集団的自衛権を行使する条件を「存立危機事態」と定めた。これに対応しうる能力を高めるには、在日米軍駐留経費の増大による「自律性コスト」の負担ではなく、防衛費の拡大と部隊運用による任務分担などの「防衛コスト」を負担する必要があるだろう（第2章参照）。

日本の安全保障は、米国歴代政権の政策選択の関数であると同時に、日本を取り巻く戦略環境の変化に左右されてきた。中国の台頭が引き起こす地域秩序と海洋戦略の変化は、東シナ海、南シナ海、台湾海峡における戦略環境を悪化させている。特に、尖閣諸島周辺の中国の動向は、日本の実効支配を侵食し、日米同盟を発動させる要件を脅かしつつある。また、北朝鮮の核・ミサイル能力を残したままの「朝鮮半島の非核化」という事態に進むようであれば、日本として独自の対応が求められることになるかもしれない（第3章参照）。こうした戦略環境の悪化は、弾道ミサイル防衛、シーレーン防衛、島嶼防衛の能力向上が急務であることを物語る。

日米同盟のコストは、①経費の分担と②任務の分担で構成される防衛コストと、③主権の制約と④駐留経費の負担で構成される自律性コストで構成される。一般に、日米間の経費分担は、上記で示した米国が負担する在日米軍の維持・作戦経費と、日本が負担する在日米軍関係経費を対比して論じられ、過去5年間の平均は、在日米軍の人件費を除けば7対3、人件費を含めれば概ね1対1の分担比率であった（第4章参照）。

この分担比率だけを見る限り、日米間の負担は公平に分担されていることになる。それにもかかわらず、日米双方に不満が残るのは、②の任務の分担を米国が一方的に負担していることと、③の主権の制約を日本だけが被っているところにある。したがって、在日米軍駐留経費の全額負担では不満の解消にはならないことがわかる。また、トランプ政権の求める防衛費の対GDP比2％要求は、その経費をどのような任務の分担に当てるのか、同時にそれがどのような自律性コストの軽減につながるのかを細かく詰めて検討する必要がある。

本書は、日本に前方展開するインド太平洋軍と在日米軍の戦力の一部を自衛隊に移行することで自主防衛能力を強化し、同時に米軍基地の提供による主権の制約を軽減するシナリオとして、弾道ミサイル防衛、シーレーン防衛、島嶼防衛を想定してコストを試算した。コストの算定に際しては、研究開発から廃棄に至る防衛装備品のライフサイクルコストを、耐用年数で割った年次経費に換算することで、年度の防衛予算やＧＤＰ比との比較衡量を可能にした。

第1に、弾道ミサイル防衛能力の強化を、（1）ミサイル探知・追尾能力、（2）敵基地攻撃能力、（3）迎撃ミサイル防衛能力、（4）民間防衛の4つに区分して検討した。（1）ミサイル探知・追尾能力に必要な早期警戒衛星の年次経費に８５０億円、（2）敵基地攻撃能力に必要な防空網の制圧と敵基地爆撃に８６９億４、３００万円、（3）迎撃ミサイル防衛の向上に必要なブースト段階での空中発射レーザー（６６０億円）、ミッドコース段階のイージス・アショア（４１２億５、０００万円）、ターミナル段階のＴＨＡＡＤシステム（５８３億円）の合計で１、６５５億５、０００万円、（4）国民保護に必要な２、３００億円を併せて年間最大で５、６７４億９、３００万円と試算した（第5章参照）。

第2に、第7艦隊のシーレーン防衛任務を可能な限り代替するために、1個空母機動部隊が常時即応態勢をとれるよう、保守・点検と訓練に各1個空母機動部隊を配置する3個体制を想定した。空母機動部隊の具体的な装備として、最新鋭のステルス艦載機Ｆ－35Ｂを48機搭載したクイーン・エリザベス級軽空母に加え、護衛艦6隻、潜水艦2隻に補給艦1隻を加えた標準編成をとる。護衛艦6隻のうち少なくとも3隻はイージス・システムを搭載し、他の3隻は汎用護衛艦とする。水上艦艇全体で哨戒ヘリ10機を搭載する。また、各艦艇にはそれぞれ8発の計64発の巡航ミサイルを搭載することとした。その総額の年次経費を、８、８３０億２、０００万円と試算した（第6章参照）。

第3に、島嶼防衛に関しては、在沖縄米軍の施設・区域を自衛隊が共同使用することに加え、揚陸艦の整備により、水陸両用作戦能力を強化することを想定した。米陸軍特殊部隊が駐留するトリイ通信基地、

図表8　自主防衛に必要な年次経費

①弾道ミサイル防衛	
(1)ミサイル探知・追尾能力	850億円
(2)敵基地攻撃能力	869億4300万円
(3)迎撃ミサイル防衛能力	1,655億5,000万円
(4)民間防衛	2,300億円
合計	5,674億9,300万円

②シーレーン防衛	
(1)軽空母+艦載機	6,094億2,000万円
(2)艦艇	2,007億円
(3)その他(哨戒ヘリ・ミサイル)	729億円
合計	8,830億2,000万円

③島嶼防衛	
(1)在沖縄米軍施設・区域の共同使用	658億7,000万円
(2)水陸機動団の即応態勢	1,425億円
	2,083億7,000万円
総額	1兆6,588億8,300万円

米空軍の嘉手納基地、米海兵隊のキャンプ・バトラーと普天間基地の施設管理を自衛隊が引き継ぐと、年間約658億7,000万円が必要になる。また、水陸機動団の即応態勢を強化するには、強襲揚陸艦、ドック型輸送艦、ドック型揚陸艦1隻ずつで編成される3隻体制を3組整備する必要がある。これらを新たに調達し、維持するための年次経費は、約1,425億円と試算された。これらをすべて実施した場合、年間約2,083億7,000万円の経費がかかることになる（第7章参照）。

上記のすべてを合計すると、経費の総額は最大で1兆6,588億8,300万円となる。これは、2018年度の防衛予算5兆1911億円の約32％に相当し、GDP比の約0・3％分に相当する。これを現行の防衛予算に上乗せしても、トランプ政権の要求するGDP比2％には及ばない。しかし、米軍の任務分担と日本の主権の制約を共に軽減できる点で、日米同盟に内在する日米双方の不満の源泉を緩和することに貢献するものである。何よりも、日米同盟の枠内で自主防衛と自律を確保する点で、現実的な日本の安全保障政策ともいえよう。

最後に残された課題は、日本の経済財政がそれを許容するかどうかである。その検討作業は、本書の分析の射程を超えた問題ではあるが、日本の財政状況を踏まえた防衛予算の比重を他国と比較した際の位置づけを示しておこう。2018年度の一般会計予算は97兆7,128億円、一般会計と特別会計の純計ベースで見た国全体の実質的な財政規模は238兆9,000億円であった。[2] 防衛予算5兆1,911億円は、一般会計予算の5・3％、財政規模の2・2％に相当する。本書で試算した同盟コストを加えた防衛予算は、約6兆8,500億円となり、一般会計予算の7％、財政規模の2・9％に上昇する。

ちなみに、2018年度の一般会計予算に占める社会保障費は33・7％で、2000年度の17・5％と比べると16・2ポイントの増加であった。他方で、防衛予算は同時期に6・3％から5・3％へと1ポイント減少している。[3] 防衛予算が全体の７％に拡大することは、高齢化を反映して伸び続けてきた社会保障費の圧縮を意味する。有権者がそれを許容するかどうかである。

他方で、財政規模に占める防衛予算の比率を、米国、韓国、ドイツ、欧州ＮＡＴＯ諸国の平均値と比較しておこう。ストックホルム国際平和研究所（ＳＩＰＲＩ）のデータによれば、２０１７年度の政府支出に占める軍事支出の比率は、日本の２・６％に対し、米国が８・８％、韓国が12・１％、ドイツが２・７％、欧州ＮＡＴＯ諸国の平均値が３・５％であった。[4] 仮に財政規模の２・９％にまで拡大したとしても、西側諸国の中での日本の財政負担は決して大きくないことがわかる。

軍事への過剰投資によって経済を破綻させることがあってはならない。同時に、福祉への過剰投資によって安全を損なうことがあってもならない。本書で試算した自主防衛と自律を追求するためのコストが、現行の安全と福祉のバランスを変更するに値するか否かは、ひとえに有権者の選択の問題である。

1 Office of the Under Secretary of Defense, *Operation and Maintenance Overview Fiscal Year 2017 Budget Estimates*, p.201.
2 財務省『日本の財政関係資料（平成30年10月）』1頁。財務省、『特別会計ガイドブック（平成30年度版）』10頁、28頁。
3『日本の財政関係資料（平成30年10月）』12頁。
4 < https://www.sipri.org/databases/milex >

あとがき

本書『日米同盟のコスト――自主防衛と自律の追求』の前に、『コストを試算！ 日米同盟解体』を上梓している。2つの著作の間に、米国は民主党のオバマ政権から共和党のトランプ政権へ、日本は民主党の野田政権から自民党の安倍政権に交代した。この間、普天間問題をめぐり混迷した日米関係は、格段に修復された。しかし、日米同盟が抱える基本的な構造と問題の本質は変わっていない。本書を改めて上梓するに至ったのは、日米同盟のコスト計算の前提、方法、目的が前著とは異なるからである。

第1に、『コストを試算！』が、日米同盟の解体を前提にそのコストを試算したのに対し、『日米同盟のコスト』は日米同盟を維持しつつ、日本が自主防衛と自律を追求した際のコストを算定した。『コストを試算！』では、約23兆円もの金額を投入しても日米同盟が提供する安全保障の水準を「自主防衛」では達成できないことを示した。他方で、『日米同盟のコスト』では、自主防衛と自律を達成するシナリオに応じた経費を算定することで、現実的な政策オプションを提示した。

第2に、『コストを試算！』では、米国が提供する拡大抑止を代替するのに必要な直接経費と、日米同盟解体に伴う経済的な間接経費の総額を示した。他方で、『日米同盟のコスト』では、日米同盟の維持が前提になっているため、分析の対象を直接経費に限定した。その上で、在日米軍の役割を自衛隊が代替するのに必要な防衛装備のライフサイクルコストに着目した。『コストを試算！』では取得経費だけを取り上げたが、ライフサイクルコストには、防衛装備の研究・開発から取得、維持・運用、更新、そして廃棄に至るすべての経費が含まれる。それを耐用年数で割った年次経費に換算することで、国家財政や防衛予算、さらにはＧＤＰに占める経費の比重が見えやすくなった。その結果、現行の防衛予算の約30％、ＧＤＰの約０・３％の増加で、安全保障水準を下げることなく自主防衛と自律を追求するシナリオが提示された。

第3に、『コストを試算！』は、「日米同盟基軸」との決まり文句の背後で、日米同盟が不断の手入れを必要としない当たり前の存在であるかの幻想に警鐘を鳴らすことを意図して著したものであった。他方で、本書は、「世界の警察官」ではなくなった米国が、日米同盟の負担の分担を日本に迫る中で、どのような対応が日本の防衛・安全保障に資するのかを考えてみた。それは、単に駐留米軍経費の増額という従来の対応を超え、米軍の役割を一部代替するような任務の拡大に踏み込むことで、日米同盟に特異な非対称構造に由来する日米双方の不満に応えることを意図した。

本書の執筆に着手したのは、米国大統領選挙の予備選が開始された２０１６年頃だった。いうまでもなく、トランプ候補（当時）が防衛予算の拡大と在日米軍の撤退を声高に主張していたことが執筆の動機の大きな部分を占めたことは間違いない。日米同盟を維持するコストの負担は、米国の不満に応えるだけでなく、日本の防衛・安全保障に資するものであり、同時に日本国民の不満にも応えるものでなくてはならない。それが、日米同盟のコストを、自主防衛と自律の追求という視点から再考した理由である。

２０１８年以来、秋田県と山口県では、イージス・アショアの配備に住民が反対の声を上げている。

2019年2月の住民投票では、沖縄県有権者の約38%、投票者の約72%が普天間飛行場の辺野古移設に反対を表明した。国民生活を守るための安全保障が、国民生活を圧迫するようなことがあってはならない。しかし、国民生活を守るための安全保障が、何の代価を払うことなしに手に入るわけでもない。日米同盟と自主防衛のバランスをどのように維持すべきかを常に検討する必要がある。コストの視点から分析を試みた本書が、今後の日米同盟の方向性を検討するための一助となれば幸いである。

本書の刊行に当たり、同盟のコスト分析にいち早く関心を寄せていただき、当初予定を大幅に遅れてしまった拙稿を、忍耐強く待ち続けていただいた亜紀書房と木村隆司(木村企画室)氏に、心より御礼を申し上げたい。そして、筆者に執筆の環境を与え、応援してくれた防衛大学校国際関係学科の同僚並びに総合安全保障研究科の学生諸氏にも感謝したい。最後に、執筆の途中で病に倒れたものの、奇跡的な回復と共に本書の完成を祈念してくれた妻悦子に、本書をささげたい。

2019年2月末日

武田康裕

武田康裕 Yasuhiro Takeda

北海道大学法学部を卒業。東京大学で博士号(学術)を取得。防衛大学校国際関係学科兼総合安全保障研究科教授。専門は国際関係論、比較政治、アジア安全保障。主著に『新訂第5版 安全保障学入門』(共編著、亜紀書房、2018年)、『エドワード・ルトワックの戦略論―戦争と平和の論理』(共訳、毎日新聞出版、2014年)、『コストを試算！日米同盟解体』(共著、毎日新聞出版、2012年)、『民主化の比較政治―東アジア諸国の体制変動過程』(ミネルヴァ書房、2001年／大平正芳記念賞)など。

日米同盟のコスト

自主防衛と自律の追求

2019年6月15日　第1版第1刷発行

著　者　武田康裕
発行者　株式会社亜紀書房
郵便番号 101-0051
東京都千代田区神田神保町1-32
電話 (03)5280-0261 (代表)
(03)5280-0269 (編集)
振替 00100-9-144037
http://www.akishobo.com
印刷・製本　株式会社トライ　http://www.try-sky.com

ISBN978-4-7505-1539-7